Eierschecke

Dresdner Kindheit

Inhalt

Wem Dresden von Kindheit an das
Zuhause bedeutet hat, erstes Leid,
erste Freuden, ein vorzeitiges,
unruhevolles Ahnen davon, wie
menschliches Dasein aussehen müßte,
dem steht das Bild dieser Stadt
für die Kindheit selbst.

Heinz Klemm (1915–1970)

Letzter Appetit

Wenige Monate nach ihrem 80. Geburtstag, der gefeiert worden war, legte sich Urgroßmutter Minna im November 1929 in aller Ruhe zum Sterben. In ihrem kleinen Zimmer bei uns. Damals starb, wer konnte, zu Hause. Betreut von den Nächsten. Meine Erinnerungen als Dreijähriger an eine weißhaarige, zusätzliche Großmutter sind verschwommen. Um so deutlicher das Urnenerdloch, in das ich einen kleinen Blumenstrauß werfen durfte.

Minna Schnee, Tochter eines »Bürgers, Fleischhauers und Ratskellerpächters« in Elstra, südlich von Kamenz, heiratete 24jährig den 28 Jahre alten Klempnermeister Bernhard Naumann, der stammte aus Wittenberg. Sein Vater, Robert mit Vornamen, war Braumeister und später Brauereibesitzer in Seyda. Alles echte Sachsen. Nicht zu übersehen meine urgroßelterliche Herkunft aus kulinarischen Gefilden.

Das Ehepaar Naumann wurde in Dresdens Frauenkirche – über die noch zu reden sein wird – »copuliret«, wie die handschriftlich vom Kirchner Klingsohr ausgefertigte und vom Herrn Pastor dick und unleserlich unterzeichnete Urkunde »glaubwürdig bescheinigt«.

Sie ließen sich in Blasewitz nieder, bekamen zwei Kinder – Oscar und Elsa –, bald aber starb Bernhard 36jährig an der Tuberkulose. Im gleichen Jahr entdeckte Robert Koch den Tuberkelbazillus.

Minna als junge Witwe. Eine Schwägerin hatte in Blasewitz einen Bäckermeister geheiratet. So fehlte es nie an Brot.

Wenig später starb Oscar an der Krankheit seines Vaters. Ihre Tochter Elsa überlebte, damit sie meine Großmutter werden konnte. Mußte aber bald mitverdienen als armer Mutter Kind; schleppte anderer Leute Kinder hin und her, bekam dadurch eine etwas schiefe Schulter, wurde belastbar und blieb zeitlebens bescheiden.

Minna, was sollte sie außer Wirtschaften gelernt haben, wurde Waschfrau. Elsa trug die Plättwäsche aus und brachte schmutzige

Oberhemden mit. Zeitlebens wusch, plättete und stärkte Minna Oberhemdenkragen und Manschetten für ihre Blasewitzer Kundschaft. Man blieb einander treu, egal wer regierte. Mochte es später Tochter und Schwiegersohn peinlich werden, wenn die Endsiebzigerin mit dem Waschkorb unterm Arm ihre Kunden beliefern ging – »das hast du doch nicht nötig« –; sie bestand darauf. Und wusch, plättete und stärkte, bis ihre Kräfte versagten.

Das zu wissen ist wichtig, denn wir sind wieder am Bett, in dem Minna Naumann, geb. Schnee, ihr Dasein beendete. Todesursache: Altersschwäche. Damit durfte man damals unbehelligt davongehen.

Zuvor aber wurde sie gefragt, immer wieder, ob sie einen Wunsch hätte oder Appetit auf etwas. Sie hatte. Und wünschte sich »ein Stückel Quarkkuchen«. Der wurde sofort geholt aus der vertrauten Bäckerei, aber nicht mehr angebissen. Es blieb beim Wunsch. Er war erfüllt. Hauptsache.

Mir hat man davon erzählt. Daher ist solcher Abschied mit Kuchen für mich ein vorstellbarer, nur noch nicht geäußerter Wunsch. Aber wer geht zum Bäcker? Aus der Intensivstation?

Damals begeisterte mich mehr noch als Quarkkuchen die Eierschecke. Dieser spezielle Kuchen, zu dem das Wort Dresdner als Zutat gehört; unverwechselbar. Im Unterschied zum Wiener Schnitzel, Berliner Pfannkuchen, Frankfurter Würstchen und so weiter hat es die Eierschecke schwer. Man kennt sie nicht überall. Die nördliche Eierscheckengrenze verläuft etwa auf der Linie Haldensleben – Doberlug-Kirchhain – Görlitz. Vorsicht, wenn in Berlin »Dresdner Eierschecke« angepriesen wird, gar mit dem Zusatz »Echte«, den echte Dresdner Eierschecke gar nicht nötig hat. So ist das manchmal.

Viele kennen das Wort überhaupt nicht. Der Duden spricht diplomatisch von »landschaftlich für eine Kuchensorte«. Eine außerhalb Sachsens verlegte Sonntagszeitung ließ unlängst ihrer in die Landeshauptstadt entsandten Hofjournalistin die Formulierung »Eierschnecke« mehrmals durchgehen.

Da ist es angebracht, hier ein paar Rezepte zu verstreuen. Nicht jedes zum Nachahmen, wie sich zeigen wird. Als erstes aber ein echtes, zuverlässig geprüftes und von Versuchsessern bestätigtes, anerkanntes Rezept. Zuvor als untrüglicher Beweis, denn Kinder und Narren sagen die Wahrheit: Als Vierjähriger nannte ich die Dresdner Straßenbahn wegen ihrer weiß-gelben Farbe »Eierscheckenbahn«.

Die Eierschecke des Konditors

Hefeteig aus 400 g Mehl, 100 g Zucker, 40 g Hefe, 1 Tasse Milch, einer Prise Salz, einem Ei. Den Teig auf einem Backblech mit möglichst hohem Rand ausrollen. Darüber eine Quarkmasse aus 700 g Magerquark, 125 g Butter, 200 g Zucker, 2 Päckchen Puddingpulver Vanille, 6 Eßlöffel Milch.
Ein viertel Liter saure Sahne, ein achtel Liter Milch, 50 g Stärkemehl, 5 Eier, 75 g Zucker, ein Päckchen Vanille-Zucker, 65 g Butter und 4 Eßlöffel Rum werden im heißen Wasserbad dicklich geschlagen. Dann wird die Quarkschicht damit überzogen. Backzeit im vorgeheizten Ofen bei maximal 200 Grad etwa 30 Minuten.

Das Radio

Der Großvater kaufte 1929 einen schwarzen Kasten, auf dem stand »Mende 100«. Eine Skala mit Ziffern, zwei oder drei Knöpfe zum Drehen – ich durfte nicht dran. Großvater und Papa, gewöhnlich »die Männer« genannt, zogen an der Decke ringsherum im Wohnzimmer eine Antenne. Dann kamen die ersten Töne aus dem Lautsprecher, manche in Tschechisch. Dazu ein neues Wort: Rückkopplung.

Damals spielten die Sender häufig Opern und Operetten. Vielleicht deshalb hatte der Großvater diesen Apparat erworben und war bei dieser Musik auf den Einfall gekommen, mich mit erzählten Opern zu unterhalten und zu faszinieren. So hörte ich statt Märchen die nicht weniger märchenhaften Inhalte der Opern. Ich saß auf seinem Knie, um zwei Minuten länger Aufbleiben kämpfend.

Er saß in seinem Sessel, dem Radio gegenüber. Den Kopf bequem an die Wand gelehnt. Bald bildete sich dort, wo sein Hinterkopf die Tapete berührte, ein Fettfleck, den die Großmutter mit einer neuartigen Reinigungsknete zu entfernen suchte, was gelang, aber nichts nützte gegen fast tägliche Erneuerung. Nach Großvaters Tod blieb der Fleck unberührt.

Sobald sie es sich leisten konnten, waren die Großeltern in die Oper gegangen. Hatten Uraufführungen erlebt, zum Beispiel Kienzls »Evangelimann«. Ich begriff den Inhalt nicht recht, liebte eher Taten. Doch der Kinderchor »Selig sind, die Verfolgung leiden«, der blieb haften. Und sollte es heutzutage rein zufällig einmal aus dem Radio klingen, zupft es, wie man so sagt, an meinen Herzsträngen. Obgleich ich schon damals nicht recht einsah, wie Verfolgte selig sein können. Es war wohl etwas anders gemeint.

»Carmen« war besser. Kleine Jungen, die mitmarschieren bei der Wachablösung. (War ich als Schüler nicht auch dabei, 1938 in Berlin?) Das Mitmarschieren ... Schon damals gab es ein altes Liedchen: »Wer will unter die Soldaten / der muß haben ein Gewehr. / Das muß er mit Pulver laden / und mit einer Kugel schwer«.

Die kehrte nach 1939 oft genug auf einige der Abschießenden zurück.

»Carmen« lockt einen liebenden Mann in sein Verderben. Das hätte eine Warnung werden müssen fürs Leben. Aber wer sagt's einem beizeiten? Mir tat Carmen damals leid, bis ich mir selber an Stelle des José gelockt vorkam. Begeistert las der Kriegsgefangene in den USA von einer Variante. »Carmen Jones«. Aus dem Stierkämpfer war ein Boxer geworden. Die Musik hatte ein bißchen mehr Schwung, die Trommeln waren härter und lauter. Das Finale bleibt.

»Die verkaufte Braut«. Es waren Melodien seiner nahen Heimat in Böhmen. »Salome«. Da wollte er mir von der Flammenschrift an der Wand des Nebukadnezar erzählen, wußte es aber nicht mehr genau, wie das ging, rief: »Elsa, hol mal die Bibel!« Die Großmutter stand auf und suchte das Buch oben auf einem Regal. Er blieb sitzen.

Der Großvater war zu Hause die Autorität. Er konnte herrlich brüllen und beruhigte sich sofort wieder. Ich bin sein Nachkomme. Jedoch hat das Gehorchen der Meinen nachgelassen.

Niemand bei uns war so bibelfest, daß die Stelle mit dem Menetekel gefunden werden konnte. Kurzer Abbruch, ich mußte ins Bett. Aber die Lücke bleibt. Das Kind merkt sich, wenn es etwas nicht bekommt. Wird zu Bett gebracht.

Da fällt mir sofort ein, daß ich dabei einmal nach den Brüsten meiner Mutter griff und mehr darüber wissen wollte. Ihre Antwort: »Das erkläre ich dir später mal.« Selbstverständlich gab sie diese Auskunft nie.

Als sie aber im Nicht-schnell-sterben-dürfen-Bett der Intensivstation lag, 84jährig, mit Schläuchen in Mund und Nase schlafend, und ich sie besuchen durfte, lag sie entblößt. Ich sah zum erstenmal ihre Brüste, die ich doch seit meinen ersten Erdentagen kannte. Da war ein Voyeurgefühl der Scham, andererseits Ur-Dank vom Sohn zur Mutter, ferner nicht Formulierbares.

»Der Freischütz«. Meine Oper vor allem. Wie er mir den Jägerburschen Kaspar beschrieb. Den Samiel mit seinem »Sechse treffen, sieben äffen«. Eine Lebenserfahrung. »Der Freischütz« wurde meine Lieblingsoper. Wenn niemand zuhört, singe ich sämtliche Arien mit. (Loriots Inszenierung ist die beste. Zum Schluß sitzen Samiel und der Eremit beisammen; stumme Zeugen, daß sich doch nichts ändern wird.)

Webers Spuren bei uns in Berlin-Pankow bin ich nachgegangen: Er freute sich dankbar, wenn ihm jemand die Droschke bezahlte. Weber wurde von reichen Berliner Familien zum Sonntagnachmittag in die Sommerwohnung eingeladen. Er musizierte dort für sie, komponierte gar. Wer Musik wollte, mußte welche machen lassen. Es gab noch kein Radio.

Die Großmutter liebte Opern wohl weniger, war jedoch angetan von der »Fledermaus«, besonders von der Quadrille. Da bekam sie junge Augen. Zum »Kaiserwalzer« stellte sie sich vor, wie der alte Kaiser Franz-Joseph in Wien – den sie höchstens von einem Bild kennen konnte – ihn ganz langsam getanzt hätte.

Meine Geburtsurkunde

Auf dem Rand meiner Geburtsurkunde – es ist ein kräftiger, großformatiger Bogen, auf dem sogar die Geburtszeit vermerkt steht: 3 Uhr 40 Minuten – entdeckte ich eines Nachkriegstages einen grünen Stempel, der mir nie aufgefallen war. Zweisprachig in Tschechisch und Deutsch heißt es: »Aus dem Staatsverband der ČSR ausgeschieden.« 1929. Da war ich drei Jahre alt und hatte die Stadt, in der ich geboren wurde, nie verlassen. Und mein Vater, dreißig Jahre zuvor in Dresden geboren, war ebenfalls »aus dem Staatsverband der ČSR ausgeschieden« und alles nur deshalb, weil der aus Böhmen stammende Großvater um 1890 nach Dresden übergesiedelt war, von Kaiser Franz Josephs Land ins Königreich Sachsen. Seines österreichischen Vaters wegen hatte mein Vater den Ersten Weltkrieg in österreichischer Uniform mitmachen müssen und war durch vaterländische Bürokratie ein ČSR-Staatsbürger geworden. Und ich war einbezogen. Vaters Land als Vaterland?

So lebte ich als Ausländer unter dem Reichspräsidenten v. Hindenburg, der an dem Tage, an dem ich zur Welt kam, die Leipziger Messe besichtigte, wie ich zeitungsblätternd nachlas. Was tat ČSR-Präsident Masaryk gerade, der Reiter auf dem Schimmel auf der Ansichtskarte, die man im unvergessenen Prager Frühling 1968 auf den Straßen Tschechenlands kaufen konnte, bis sie verboten wurde.

Da bin ich drei Jahre lang Tscheche gewesen und wußte es gar nicht. Wo ist denn Ihr Vaterland? Melde gehorsamst, sagt Schwejk, daß die Sache übersichtlich ist und sich schnell ändern kann.

Er versteht doch noch nichts

Sonnabend war der Tag. Damals wurde sonnabends noch gearbeitet, zumindest bis zum frühen Nachmittag.

Es wurde Brauch, daß Großmutter Elsa mit mir »in die Stadt« fuhr. Zum Pirnaischen Platz, wo wir den Großvater in der Konditorei Schmorl erwarteten.

Was bekam ich? Einen Mohrenkopf. Oder etwas anderes? Mir war jeder Kuchen recht. Eierschecke aß ich dort wohl nicht. Die kam vom Bäcker.

Zuweilen oder öfter gingen wir anschließend einkaufen, was mich kaum interessierte. Mir wurde manches anprobiert. Im Schuhgeschäft Tack oder Salamander und überhaupt bekam solches Kind einen Luftballon in die Hand gedrückt an metallener Stange. Das aber mochte mein Großvater nicht, was ich heute gern nachfühle; er mochte nicht mit einem Luftballonkind durch Geschäfte und Warenhäuser gehen. Erbat statt dessen einen, den man später zu Hause aufblasen konnte. Manchmal bekamen wir einen. Daß ich keinen Luftballon aus dem Laden tragen durfte, nahm ich nie übel.

Oft trafen wir meine Eltern. Die waren so selbstverständlich, daß ich sie kaum wahrnahm. Großeltern zählen mehr.

Einmal wollten wir alle in ein Kino an der Prager Straße. Jedoch uns ließen sie nicht hinein. Meinetwegen. »Aber er versteht doch noch nichts«, sagte mein Großvater. Das Gesetz war stärker. Das hat fortan in mir ein Empfinden gefestigt gegen Gesetze und Vorschriften, bei denen sich ein Teil der davon Betroffenen mit dem Finger an die Stirn tippt. Wieder hat eine Verweigerung, etwas gegen mich Gerichtetes sich in mir gefestigt.

Da fällt mir der 75. Geburtstag meiner Mutter ein, die in West-Berlin lebte. Allein. Ich wollte eine Besuchsgenehmigung beantragen. Dazu muß erinnert werden, daß die Mauer zwischen uns stand.

Ich ging zum Polizeipräsidium, um ein Formular zu holen, und erfuhr, daß als Voraussetzung für den Besuch – und das waren 1976 schon als Erleichterung ausgehandelte Bedingungen – galten nur Tod, lebensgefährliche Erkrankung, Heirat und Geburt ... Warum sollte ich all das meiner Mutter zumuten. Also schrieb ich ans Polizeipräsidium und beantragte. In Unkenntnis der Tatsache, daß es bereits etwas von der Behörde Gewährtes war, überhaupt einen Antrag stellen zu dürfen.

Antwort kam. Mein Begehren um ein Besuchsvisum sei nicht in den Richtlinien des Ministers für Innere Angelegenheiten für die Besuchserlaubnis usw. usw. vorgesehen.

Ich schrieb zurück, daß ich die Genehmigung zum Besuch am 75. Geburtstag meiner Mutter nunmehr »außerhalb der Richtlinien des Ministers des Innern« beantragte. Das war von mir aus gesehen völlig normal. Es muß doch etwas »außer der Reihe« möglich sein. Der gesunde Menschenverstand ist es, der mich dazu veranlaßt. Der aber ärgert jegliche Behörde. Immerfort und überall. Und so müssen sie sich damals dort sehr gewundert und geärgert haben, denn Antwort kam nicht. Nur etliche Wochen später wurde ich deshalb an meiner Arbeitsstelle gefragt, ob ich denn von allen guten Geistern verlassen sei. Hielten mein Verhalten mir entsprechend (Schreibende sind meistens ein wenig meschugge), dachten: »Er versteht doch noch nichts.« Großvaters Einwand, dieses »Er versteht doch noch nichts«, höre ich bis heute. Und bin recht froh, auch späterhin oft noch nicht alles so verstehen zu können, wie das Gesetz es gern hätte. Mich aber, wo immer ich lebte, mag das Gesetz recht eigentlich nicht. Als Kafka-Leser habe ich es begriffen, aber immer noch nicht anerkannt.

Es ist dieser Satz des Großvaters ... 1957 gelangte ich als Journalist in die Besuchsreise einer DDR-Volkskammer-Delegation in Ungarn und fiel auf, weil ich alle Größen unverwandt anstarrte. Im Speisewagen. Bei der Unterhaltung. Waren sie auch richtige Menschen? Wie ich? Jedenfalls blieb von sämtlichen offiziellen Reden bei mir nur ein Satz haften. Den sprach Karl Schirdewan, der später in Ungnade Gefallene, als wir ein Warenhaus besichtigten, angesichts einer überraschten jungen Frau mit einem Säugling auf dem Arm – ich habe das Foto – und sagte dem unbekannten Säugling beinahe wehmütig-beneidend ins träumende Angesicht: »Du weißt noch von gar nichts.« Das war der Satz für die Zukunft.

Wenn wir ohne Kinobesuch alles erledigt hatten, gingen wir in den Ratskeller. Ich aß, was man für mich bestellte. Aber wohl kaum jemand außer mir beschäftigte sich mit den Kellnern, die am Jackett eine Nummer trugen; und wenn etwas zum Servieren bereitlag, leuchtete diese Nummer über dem Büfett auf.

Beim Gehen, es war dunkel, stand eine alte Bettlerin neben dem Goldenen Esel. Jedesmal bei solcher Begegnung bekam ich ein größeres Geldstück, trug es hin, hörte Dank. Es war mir unbehaglich. Ich bekam ein Gespür für uns drinnen und jene draußen. Selber hingehen mochte Heinrich nicht. Längst weiß ich, warum. Weil er sich schämte. Für einen Zustand, an dem er nichts ändern konnte.

Mit einem Taxi fuhren wir nach Hause. Das waren damals noch richtige Automobile. Mein Vater saß vorn. Die Großeltern hinten. Vor ihnen konnten Sitze herausgeklappt werden, auf denen meine Mutter und ich Platz nahmen. Wunderbare Fahrt. Ich genoß sie und freute mich über das Schnelle. Lachte über die Großmutter, weil das Schnelle sie erschreckte, während der Großvater sich über mich freute.

»Heb es auf, wenn jemandem etwas heruntergefallen ist«, sagte der Großvater. »Aber nicht, wenn es Geld ist.«

Neben dem Blauen Wunder

Der nasse Elbsand ließ sich gut formen. Zu einem Hafen, dessen Wände mit seit Urzeiten von Wasser geschliffenen Steinen befestigt wurden. Wer dabei eine »Butterbemme« fand – einen zur Scheibe abgewetzten Stein –, warf ihn flach in die Elbe, wobei er mindestens dreimal aufspringen mußte vorm Versinken.

Alle Hände voll zu tun, denn jede halbe Stunde tauchte ein Schiff der Weißen Flotte auf, stromauf oder stromab. Die Dampfer in Richtung Pirna legten gegenüber in Loschwitz an, da kamen schon Wellen. Anschließend fuhren sie schräg vor uns zur Haltestelle Blasewitz. Bewegten Wasser. Der Sinn unserer Häfen war, dabei unversehrt zu bleiben. Eigentlich aber mochten wir ihren Untergang: Er verlangte neuen Beginn. Der aber wurde gestört von unangenehmen Wellen der Schaufelräder der Schlepper mit schwarzem Schornstein. Die zogen vier, fünf Kähne ...

Seltener der Anblick eines Floßes. Das kam harmlos ohne Wellen aus Böhmen, sorgsam mit drei langen Rudern gelenkt von Männern; auch am Heck steuerte einer. Das Floß wurde bestaunt wie der Kettenschlepper, der sich an seiner bis Magdeburg reichenden Kette rasselnd selber zog. Sein nervenzerrüttendes Geräusch war bis sonstwohin zu hören und sorgte wohl für sein baldiges Ende.

Freude, daß meine sonst zu ängstliche Mutter dieses nahe Spielen an unserer Elbe nicht verbot. Bis eines Abends der kleine Beyer am Angelsteg ertrank. Da aber gingen wir schon zur Schule und bekamen keine Zeit, um wenigstens die Hände in unseren Sand zu stekken.

Kuchenränder

Wenn wir uns nicht am Sonnabend »in der Stadt« trafen, brachte der Großvater ein großes Kuchenpaket mit. Auf der flachen Hand. Das freute ihn. Es war sein Vergnügen, in der Konditorei Schmorl Kuchen auszusuchen und sorgsam einpacken zu lassen. So stieg er fröhlich in die Straßenbahn.

Dort aber wurde er eines Sonnabends wegen seines Kuchenpakets angepöbelt. Hatte er etwa seinen steifen Hut auf, den Eiersieder? Damit, seinem guten Mantel und seinem Bauch sah er aus wie der Kapitalist bei Masereel und der Ausbeuter in der »Roten Fahne«. Beides war er nicht, sondern Angestellter. Wenn auch als Direktor in einer großen Druckerei.

Es war die Zeit der Wirtschaftskrise, der Arbeitslosigkeit, der sozialen Kämpfe und der politischen. Sie hatten wie so oft den Falschen im Visier. Er sah bloß so aus, als trüge er den Mehrwert nach Hause. Seinem kranken Herzen tat diese Begegnung nicht gut. Er kam erregt an. Ohne Appetit. Fortan gab es kein öffentliches Kuchenpaket mehr. Heinrich zog sich in sich selbst zurück, wie ich das vielleicht unbewußt von ihm lernte.

Zum Kuchenholen wurde ich geschickt. Und ging, um keine Straße zu überqueren, ins Nebenhaus, wo es einen Bäcker gab, bei dem wir nicht kauften.

Die Großmutter hatte seit eh und je ihren Bäcker, das war Verwandtschaft.

Die Mutter suchte sich, als sie verheiratet in Dresden erschien, eigene Läden. Fand Fleischer, Bäcker, Kaufmannsladen.

So betrat ein unbekannter Junge den Bäckerladen. Die Verkäuferin stutzte sicher, als ich von einem Zettel, doch wohl mehr nach Anblick wählend großzügig vom Besten nahm in genügender Menge. Sie hielt mich für einen bedürftigen Knaben, der für fremde Leute Kuchen einkaufen geschickt worden war, und dem nun das Wasser im Munde zusammenlief. Beim Einpacken fragte sie: »Möchtest du Kuchenränder?«

Kuchenränder …?

Kuchenränder gibt es längst nicht mehr. Man vermeidet sie beim Backen, oder sie werden einfach mitverkauft.

Kuchenränder!

Noch nie hatte ich solches Angebot bekommen und nickte froh.

Sie schnitt von mehreren Blechkuchen die Ränder ab. Vom Streußel-, vom Quark-, vom Zucker-, vom Kirmeskuchen – und packte sie gesondert ein. Reich beschenkt und höflich dankend rannte ich unsere zwei Treppen hinauf.

Wollte bei Tisch diesmal nichts, sondern holte begeistert meine Kuchenränder, von denen ich schon heimlich gekostet hatte. Sie schmeckten köstlich. Lösten aber Befremden aus. Woher hat der Junge das? Freimütig bekannte ich mein Erlebnis. Und wurde nie wieder zum Kuchenkaufen geschickt.

»Schau nie durch ein Schlüsselloch«, sagte der Großvater. »Vielleicht kommt gerade eine Fliege hindurch – und dann wirst du blind!«

Viele Fräuleins

Ein Fräulein, und ihren Namen weiß ich nicht mehr, verkaufte freundlich Milch und Butter im Laden der »Pfunds Molkerei«. Die Omi ging dorthin am Schillerplatz, nahe der Bäckerei Reimert, von der noch zu erzählen sein wird. Doch eines Tages verabschiedete sich das hübsche »Pfunds«-Fräulein lächelnd für immer von ihrer Kundschaft. Sie hatte es angekündigt. Sie würde heiraten. Und zwar nach Schanghai. Eine gute Partie. Später schickte sie Fotos, die noch lange im Familienalbum lagen. Ihr Mann trug einen Smoking und sah blendend aus, wie alle sagten, die das beurteilen konnten.

In gewissen Abständen kam als Näherin Fräulein Quietsch in die Wohnung. War das eine der guten Taten vom Opa? Er ließ auch einen großen Jungen kommen zum täglichen Freitisch. Ich bestaunte seinen Appetit. Ich war zu wählerisch; doch er machte vor, wie man alles schluckt. Wenn der Vater einem die Nase zuhält.

Fräulein Quietsch weinte manchmal vor sich hin. Erzählten sich die Frauen. Sie war, wie man heute sagen würde, eine Graue Maus. Eines jener Mädchen, denen man den für sie bestimmten Ehemann im Ersten Weltkrieg weggeschossen hatte. Es gab immer etwas zum Ausbessern. So leicht warf man nichts weg.

Fräulein v. Trebra brachte das »Kirchenblättel« ins Haus und kassierte. Sie sah streng aus. Das Haar hinten zum Dutt geschlungen. Ich spürte, sie war etwas Besseres und kam nur aus Nächstenliebe. Jedoch fordernd. Warum seufzte die Großmutter, wenn sie nach ihrem »Portmonnäh« griff?

Fräulein Ida war eine entfernte Verwandte. Sie wohnte kaum zehn Minuten entfernt. Ich mochte sie nicht. Kinder mögen keine Kranken. Doch ein Besuch bei ihr war unumgänglich. Fräulein Ida war rheumagelähmt, stützte sich auf Stock und Krücke. Holte Kaffeegeschirr und Kuchen, langsam, sehr langsam. Die Großmutter half. Fräulein Ida mochte mich leiden, lächelte. Ich saß, »zu Besuch« mitgenommen; das mußte eben sein. Worüber wurde eigentlich geredet? Schließlich kam, brummig-freundlich, ihr Onkel, der Tapezierer Kießlich, bei dem Fräulein Ida wohnte. Er trug einen steifen Hut, einen sogenannten Eiersieder, und setzte sich schnaufend. Das war die Gelegenheit, sich dankend zu verabschieden. Nein, zum Abendbrot bleiben wir nicht.

Fräulein Ida, die wohl damals schon nicht mehr auf die Straße konnte, hat Dresdens Untergang überlebt. Sie schrieb mir noch aus einem Heim in der Nähe. Und verdient meine Erinnerung, wie sie, sich mit beiden Händen am Tisch abstützend, mühsam verzerrt lächelnd sich zur Begrüßung erhob, als ob sie sich dafür noch entschuldigen müsse.

Der Zeppelin, so hießen Luftschiffe. Und eines mit Namen »Graf Zeppelin«; vielleicht flog es auch einmal über Dresden. Außerdem gab es kleinere zu Reklamezwecken, ebenso die »Himmelsschreiber«. Und waren schnurrende Doppeldecker, aus denen Zettel flatterten. Angeblich auch manchmal Bonbons. Wer würde nicht den Zeppelin sehen mögen! Sonntags, zum Mittagessen, saßen wir alle Fünf zu Tisch. Vorm Nachtisch zog der Großvater seinen Salatteller näher – jemand schrie: »Der Zeppelin!« Ich stürzte zum Fenster und sah ihn nicht, er war wohl schon vorbei. In dieser Zwischenzeit hatte der Großvater seine Salatsoße ausgetrunken, ohne sie auszulöffeln, was er nicht mochte. Verständlicherweise. Aber es gehört sich nicht! Ich aber hatte nicht erblickt, was sich bei Tische nicht gehört!

Spielzeuge, Spielzeug

Bekam ich genug. Meist aus Holz. Die kleinen, erzgebirgisch geschnitzten Kühe, Pferde, Schafe, dazu Männlein. Kutschen sogar, doppelspännig mit Zwirnsfaden. Deshalb ging ich ganz gern zum Zahnarzt. Schräg über die Straße. Großmutter Elsa immer neben mir. (Ja, ich hatte ein sauberes Taschentuch einstecken. Linke Hosentasche. Das war beim Zahnarzt in der Hand zu halten. So halte ich es heute noch.) Warum meine Mutter nicht mit mir ging? Erklärlich. Ich habe, so wurde überliefert, während meiner Geborgenheit in ihr vielerlei verbraucht. Ihr wurde erst wohl, als sie nur noch künstliche Zähne hatte. Jedenfalls gelangten wir beim Heimwärts-Überqueren der Tolkewitzer Straße wie zufällig vor das Schaufenster des Drechslers an der Ecke Kretschmerstraße. Dort standen kleine erzgebirgisch geschnitzte Pferde, Kühe und Männel bereit für jemanden, der ohne Zetern zum Zahnarzt gegangen war.

Kindergeburtstage, selten mit anderen Kindern begangen, brachten neue Spiele. Stille Post, bei der es darauf ankam, Mitteilungen zu verfälschen beim Weitersagen. Daraus entstanden bei einigen Berufswünsche.

In der Schule gelernt, daß die rechte Hand an die linke Achselhöhle gepreßt, durch schnelles Drücken des linken Armes an den Körper wunderschöne Furzlaute verursacht, die Lehrer und Eltern mißfallen. Echtes Geräusch dieser Art ließ sich damit tarnen. Man mußte nur üben. Aber welcher Pädagoge erlaubte sich die Mitteilung, so könne man das kleine Einmaleins oder unregelmäßige Verben lernen, im Takt, wenn auch taktlos.

Einmal, da war ich ganz klein, brachte mir ein Besucher der Eltern ein Kästchen Bleisoldaten mit. Ich sah sie, durfte sie nicht einmal berühren. Mein Vater nahm sie weg für alle Zeit. Sagte etwas von gefährlicher Krankheit, hatte recht, denn sie waren unbemalt, aus purem Blei. Er wußte aus seinem graphischen Beruf, was Bleikrankheit bedeutet. Ich weiß das so genau, weil mir das Geschenk vorenthalten wurde. Behalten wir nur in Erinnerung, was uns entging? Ein anderes Geschenk, unterm Weihnachtsbaum, war ein hölzerner Zug. Lokomotive und drei Wagen, fast wie ein Schuhkarton groß. Die Mutter spielte »Stille Nacht« auf dem Klavier, während die drei anderen Großen darauf warteten, was ich sagen würde zu dieser Eisenbahn. Mein erster Satz kam blitzschnell: »Da sind ja keine Puffer dran!«

Ich wurde aber deshalb nicht zu Dankbarkeit ermahnt, eher war wohl der Großvater betroffen, weil er viel Geld für so schöne Wagen ohne Puffer ausgegeben hatte. Selbstverständlich spielte ich mit Hingabe mit den Wagen, in denen die kleinen Teddybären spazierenfahren konnten. Niemand beriet mich: Du mußt den Leuten die Meinung nicht ins Gesicht sagen! Folglich verbaute ich mir später Wege, auf denen ich wer weiß wohin gelangt wäre; das blieb mir erspart. Es ist ein Unterschied, ob man rangiert wird oder sich arrangiert. Zumeist sind keine Puffer dran.

Straßenjungen, so der Ausdruck zu Hause, rannten mit am Stock geführten Rädern, die von Kinderwagen stammten, die Bürgersteige entlang. Das war kein Umgang. Besser ein Kreisel. Kunterbunt, dazu eine Peitsche. Doch er wollte nicht. Da ging meine Mutter mit mir eines schönen Abends in die Berggartenstraße und versuchte auf dem Asphalt, dem Kreisel sein Kunststück zu lehren. Es mißlang. Immer wieder. Sie hockte auf dem Fahrdamm – seinerzeit kam vielleicht jede Stunde einmal ein Auto – und mühte sich. Ich stand erwartungsvoll dabei. Es sah wohl so aus, als würde ich es ihr beibringen, als wolle sie in die Kindheit zurückkehren. Ein Radfahrer rief spöttischen Rat. Das hemmt mich bis heute, unerwünschtes Einmischen. Nach weiterer vergeblicher Liebesmüh gingen wir mit dem Kreisel nach Hause und sprachen nie mehr darüber.

Extrablatt

Es gab oft Extrablätter. Einzelne Zeitungsseiten. Auf der Straße ausgeschrien, wenn etwas Besonderes geschehen und zu melden war. Das wird heute vom Fernsehen erledigt und von den Rundfunksendern. Damals aber …

Meine Mutter ging mit mir spazieren in Richtung Waldpark. Da fuhr ein offener Mercedeswagen an uns vorbei und bog in die Einfahrt einer bedeutend aussehenden Villa am Barteldesplatz. Im Auto saßen Herren mit Zylinder. Einer war der damalige, kurzzeitige Reichskanzler v. Papen. Den kannte und erkannte ich.

Verfaßte zu Hause mit dickem Buntstift flugs ein Extrablatt über das Erschaute: »Bapen am Barteldesblatz«. Als echter Dresdner alles ohne das harte P. Auflage: Zwei Exemplare. Für Vater und Großvater, wenn sie nach Hause kamen.

Das war der Beginn meines Schreibens für andere.

Ich hockte oft neben dem Klavier, auf dem meine
Mutter Melodien spielte, die mir angst machten.
Düstere Klänge, deren Namen ich nie erfragte.
Sicher von Namhaften komponiert. Es klang nie lustig.
Aber vielleicht entfernte meine Mutter sich
so mancherlei Kummer von der Seele.

Hm

Im Nachlaß meiner Mutter ist einiges aufgetaucht, das mich an meine Tätigkeit im Kindergarten erinnert. Ein roter Topflappen (selbstverständlich nie benutzt), einen Schlittenfahrer zeigend, bergab unterwegs, den ich mit langen Stichen sorgsam ausgestickt zu haben scheine. Die dicken Schneeflocken allerdings, die dem Lappen erst die Atmosphäre geben, stammen von Erzieherinnenhand. Eltern bewundern nun das von ihnen ins Leben entsandte kleine Genie.

Relativ spät, mit fünf Jahren, kam ich in den Kindergarten. Das hatte der Großvater angeordnet; wohl wissend, wie schwierig es sonst für mich sein würde in der Schule. Er bezahlte wohl allerhand. Daher wurde ich von einem großen Mädchen abgeholt und nachmittags wieder nach Hause gebracht.

Aber am ersten Tag händigte meine Mutter mich dort aus. Ich vergaß sie auf der Stelle. Ganz im Banne einer resoluten Frau, die mich sofort ernst nahm und mir eine Schaufel aushändigte mit den Worten: »Du bist jetzt unser Kohlenmann!«

Allerdings führte sie mich zu einem Sandhaufen. Dort schaufelte ich meine Schubkarre voll. Zugegeben, ich hatte Kohlen erwartet. Die Frau klang so glaubhaft. Dennoch fühlte ich mich nicht getäuscht, sondern spielte mit.

So geht mir das im Grunde mein Leben lang.

Ewiger Alltag im Kindergarten: Basteln! Eines Tages hatte ich keine Lust mehr. Es sollte etwas zum Muttertag angefertigt werden. Meine stille Aufsässigkeit, hm, muß so ausgeprägt gewesen und unangenehm aufgefallen sein, die anderen Kindlein verderbend, daß man mich in das Zimmer der Chefin führte. Vor ihrem Schreibtisch im Sessel sitzend – ich könnte es malen, wie man zu sagen pflegt.

Freundlich hielt sie mir einen Vortrag über die Rolle der Mutter, warum man ihr dankbar eine Freude machen undsoweiter undsofort. Nun war es an mir, mich zu äußern, und ich antwortete: »Hm.«

Ich hatte nichts gegen meine Mutter. Warum sollte ich ihr keine Freude basteln? Doch störte tiefinnerlich irgend etwas wegen des vorgeschriebenen Anfertigens eines vorgeschriebenen Geschenks.

Die Chefin appellierte an meinen kindlichen Verstand.

Mein kindliches Gemüt antwortete: »Hm.«

War das zunehmende Einsicht oder ein »Nein!« aus der Position des Schwächeren?

Aus späterer Sicht, wenn man es recht bedenkt, sie hätte mich und meine Unlust der emsig zum Muttertag schnippelnden Mannschaft vorführen müssen, mich der Verachtung aller braven Kinder preisgeben. Damals hatte ich keine Ahnung davon, daß in Kollektivzeiten derartiges möglich ist.

Die Direktorin entließ mich sanft: »Nun geh, du kleine Hm-Maschine.« Das hat sie wirklich so gesagt. Und es gab keine Folgen.

Solches trug sich zu vor langer Zeit im lieben Dresden. Im Vor-Hitler-Jahr 1932. Der Kindergarten ist im Krieg verglüht. Die Stelle würde ich noch finden.

Wenn der Vater sagte: »Warte, bis ich mal die Spielhosen anhabe!« Doch er trug sie so selten. Manchmal hob er mich hoch, zu hoch, und setzte mich rittlings auf seinen Nacken. Ich bekam fürchterliche Angst vor solcher Erhebung.

Wie unser K entstand

Eines Abends, als wir beide Abendbrot aßen, fragte mein Großvater: »Weißt du, wie der Buchstabe K entstanden ist?« Ich ging schon eine Weile zur Schule und schüttelte stumm vor Aufregung den Kopf.

Wahrscheinlich hatte ich sorgfältig nach Gräten durchforschten Bückling auf dem Butterbrot. Hingestellt mit der Ermahnung, nicht zu hastig zu schlingen, sondern auf haarfeine Gräten zu achten, die dem Mutterauge entgangen sein konnten.

Möglich, daß mein Großvater ebenfalls Fisch aß und dabei auf den Gedanken kam, mir etwas zu erzählen. (Die Kinder ahnen nie, wie wir Großen mit ihnen ins Gespräch kommen möchten. Erst später erleben sie am eigenen Herzen, was wir auf dem Herzen hatten.)

Vielleicht hatte sein Großvater – Anton hieß er und war als Heizer auf den ersten Lokomotiven der Böhmischen Eisenbahn gefahren – meinem zukünftigen Großvater schon die Geschichte mit dem K erzählt.

Bis ins Innerste berührt, hörte ich die Geschichte von dem Mann, der frohgemut Fisch aß, vermutlich Karpfen. Wohl zu hastig, so daß ihm eine Gräte im Halse steckenblieb. Oh, weh. Er mühte sich keuchend, sie herauszujagen. Nicht hustend, sondern schon in Atemnot, blau angelaufen, mit jenem kch-kch, das mein Großvater so hinreißend vormachen konnte, daß ich es ihm sogleich nachtat. Fast bedauernd, daß mich keine Gräte im Halse zu naturgetreuerer Wiedergabe nötigte. Kurze Zeit nur, denn wir wurden beide ermahnt, uns anständig zu benehmen bei Tische.

»So hat dieser Mann damals das K erfunden«, sagte mein Großvater. »Das ist der erste Buchstabe unseres Namens.«

Ich war sehr stolz darauf, daß unser K nicht auf langweilige Art entstanden ist, sondern notgedrungen. Von nun an erwartete ich bei jedem Abendbrot, daß er etwas Aufregendes von den anderen Buchstaben erzählen würde. Wie kam es zum N? Und wer hat zuerst O gesagt? Und warum?

Vergebens. Wahrscheinlich kannte er keine Geschichte von den anderen Buchstaben.

Eierschecke Dresdner Heide

Hefeboden: 250 g Mehl, 50 g Margarine,
50 g Zucker, 25 g Hefe, 1 Prise Salz, etwas Milch. Den
Hefeteig locker, nicht zu fest kneten, zu einer dünnen
Unterlage ausrollen und in die Springform geben.
Die Quarkschicht (500 g Magerquark) wird mit zwei
Eiern, einem Päckchen Vanillezucker und 100 g Zucker,
50 g Butter, 100 g Rosinen, 1 Eßlöffel Vanille-Pudding-
pulver, etwas Zitronensaft und abgeriebener Zitronenschale
(ungespritzte) vermischt und auf den Teigboden gestrichen.
Für die Scheckenmasse wird ein halber Liter Milch mit
zwei Eßlöffeln Zucker, einem Vanille- (oder Sahne-)
Puddingpulver aufgekocht. In den fertigen Pudding
kommen 150 g Butterflöckchen. Auf den erkalteten Pudding
sechs Eidotter geben und unterheben. Das Eiweiß mit 50 g
Zucker zu Schnee schlagen, alles unter den Pudding heben
und diese Masse auf den Quark verteilen. Eine gute Stunde
auf Stufe 3 (Gas) backen. Etwa in der Mitte der Backzeit
nachsehen. Auf die Springform einen Bogen Alufolie legen,
damit die Masse auch in der Mitte fest wird.

Der rote Hahn

So hieß in Dresden eine große Feuerwehr-Ausstellung. Vor Hitlers Antritt. Wir wurden als Schulklasse hingeführt und sahen, wie ein Feuerwehrmann – was er wohl gar nicht gedurft hätte – mit einem Streichholz einen Tankwagen mit Benzin in Brand steckte. Den löschte kurzerhand und endgültig ein anderer Feuerwehrmann in besonderer Schutzkleidung mit viel Schaum. Es bleibt doch etwas haften, wenn man kleinen Schulkindern etwas vorführt.

Damals war es, daß man uns in der Schule diese Testfrage vorlegte: Jemand setzt einen Topf mit Wasser auf den Herd. Da fängt die Gardine Feuer – was tun? Unten im Haus ist die Feuerwache. Ich schüttete das Wasser auf die Gardine und alarmierte anschließend die Feuerwehr. Das war mittelmäßig! Ein paar Aufgeweckte rissen die Gardine herunter. Ich braves Kind kannte nicht einmal den Gedanken, daß man eine Gardine herunterreißen dürfe.

Manchmal war die Feuerwehr tutend durch unsere Straße gefahren. Da bekommt man doch bis heute Angst. Fährt sie weiter?

Die Großmutter, Kind noch zu Zeiten der Feuertute mit ihrem Schnarren, wußte sich zu fürchten. Schon im voraus, wenn ihre Mutter abends wegging, Wäsche einweichen für den anderen Tag. Da sagte die Mutter beruhigend: »Faß die Wand an, ob sie noch kalt ist.«

Was für ein guter Rat. Beruhigend und zum Nachprüfen.

Hat vielleicht ihre Mutter schon der Urgroßmutter so geraten, als sie noch ein kleines, ängstliches Mädchen war?

Ich kokelte am Gasherd mit Streichhölzern, baute kleine Scheiterhaufen. Schlimm genug. Oft ermahnt. Wenn aber abends die Feuerwehr vorbeitönte, bekam ich Angst. Es kann auch der Donner eines Gewitters gewesen sein. (Glückliches Dresden, dem Donner kein Luftangriff bedeutete). Der Großvater wußte Trost mit einer glaubhaften Geschichte. Vielleicht spielten sie im Radio gerade etwas aus einer Wagner-Oper. Jedenfalls, dieser Richard Wagner, bei uns in Dresden lebend, saß an seinem Klavier und komponierte zögernd an einer Oper, als ihm nichts mehr einfiel. Da – ein Gewitter! Blitz und Donner. Bald darauf die Feuerwehr. Sie raste an seinem Haus vorbei mit Ta Tüü, Ta Taa. Und schon hatte Wagner sein Motiv. Mit Ta Tüü, Ta Taa ist die Dresdner Feuerwehr in die »Tannhäuser«-Ouvertüre gelangt. Ich höre sie gern.

Da sitzt dieser Wagner mit langer Mähne unterm Barett am Klavier. Ach, es fällt ihm nichts ein; nur der Termin brennt. Hört! Die Feuerwehr! Er malt die rettenden Töne aufs Notenpapier.

Doch 1841, als er den »Tannhäuser« komponiert, wird in Meißen gerade die allererste deutsche Freiwillige Feuerwehr gegründet. Erst 1868 gab es die erste Berufsfeuerwehr, und nicht vor 1897 ratterte die erste pferdebespannte Dampfspritze durch Dresdens Straßen. Woher hatte Wagner sein inspirierendes Ta Tüü, Ta Taa? Wie kam der Großvater zu dieser Geschichte? Nie wird man ihn befragen.

In der Schule

Sie nannte sich 63. Volksschule. Der Lehrer hieß Herr Großmann. Er hatte bereits meinen Vater unterrichtet, was ihm bei meinem Namen aber nicht wieder einfiel. Wer weiß, wozu es gut war. Der Herr Großmann war nicht mehr der Jüngste. Das ist deutlich auf dem Klassenfoto zu sehen. Er lächelt. Mit uns abgebildet ein junger Lehrer, ein Referendar. Was mag aus ihm geworden sein? Er gab eine Zeitlang Unterricht, ich weiß nicht, welchen, und verschwand wieder. An seine Stelle trat eine junge Dame. Die war sehr freundlich und erklärte uns einen Bauernhof.

Den gab es tatsächlich. Eine Wanderung elbaufwärts in Richtung Laubegast. Unterwegs besuchten wir zuvor das große Familiengrab auf dem Tolkewitzer Friedhof, inmitten der Kommerzienräte und Generale gelegen. Es wird nicht bloß ein Bauernhof, sondern ein Gut gewesen sein.

Anderntags sollten wir in der Schule das dort Erlebte nachgestalten und dazu Haus, Hof, Vieh und anderes mehr aus eigenen Spielzeugbeständen mitbringen. Ich packte meine schwarzweißen Kühe ein, aber nicht aus, als ich sah, welche Bestände andere Knaben aufstellten. Es waren die Mitschüler aus den Blasewitzer Villen. Ihnen gehörten größere Tiere und großzügigere Bauernbauten. Nicht daß ich neidisch wurde. Ich fühlte mich auch nicht zurückgesetzt. Du sollst nicht begehren deines Nächsten Haus, Hof, Vieh und so weiter. Außerdem hat mich die Landwirtschaft noch nie interessiert.

Die Schule begann am 1. April 1932. Zuvor gingen etliche Eltern mit ihrem Kind in die Kirche zu einem kurzen Gottesdienst. Damit fortan alles gelänge. So auch Großmutter Elsa und meine Mutter mit mir. Jedes Kind bekam ein Bild, etwa in A 4, das unverzüglich zum Einrahmen gebracht wurde: »Lasset die Kindlein zu mir kommen.« Das Hauptwerk von Fritz von Uhde, der einst an Dresdens Kunstakademie studiert hatte, Offizier wurde, bald aber religiöse Themen malte und 1911 starb. Sein Bild wurde über meinem Bett angebracht. Warum auch nicht? Es bot Beruhigung. Heutzutage hängt über meinem Bett Moses Mendelssohn.

Als wir dann im Schulhaus eintrafen und in Klassen eingeteilt wurden, hörte ich meine Mutter sagen: »Ich bin recht froh, daß er in keiner gemischten Klasse ist!« Also kein Unterricht zusammen mit Mädchen. Auch dazu habe ich versäumt, meine Mutter eines späteren Tages zu befragen. Vermutlich hätte sie es nicht mehr gewußt.

Der erste Schultag war damit vorbei. Wir gingen anschließend, wie sich das gehörte, ins Fotoatelier Kotzsch in der Hüblerstraße. So gibt es den eingeschulten Heinz mit ledernem Schulranzen und verhaltenem Lächeln – bitte, recht freundlich! Für solch großes Schulkind kam kein Vögelchen mehr aus dem Apparat wie bisher versprochen. Dennoch hält das Kind in der Hand einen hölzernen Hasen. Ostern ist ein Schultermin. Der Hase trägt deshalb einen Schulranzen, das ist ein Radiergummi, und hält sich an einem Bleistift fest. Die Zuckertüte ist beachtlich groß.

Dieser erste April 1932. Genau fünfzig Jahre später, auf den Tag genau, wie das manchmal vorkommt, hatte ich bei uns in Pankow eine Lesung in einer Sonderschule. Für die Lehrer und ein paar Eltern. Die Lehrer in solcher Schule für Behinderte und Zurückgebliebene waren ausgesucht gute Pädagogen. Vorzüglich ausgebildet. Und sie waren ein anderes Publikum als in gewöhnlichen Schulen, wo die Deutschlehrerin sich quälte als Beauftragte für Literarisches, die Direktorin die Aussagen des Schriftstellers verbessern zu müssen glaubte und der Sportlehrer dümmlich grinsend in der letzten Reihe saß. Ich las daher lieber für gebildete Sonderschullehrer. Die verstanden die Nebensätze. An diesem 1. April 1982 konnte ich mir nicht verkneifen, den Zuhörern von meinem Schuljubiläum zu erzählen.

Verblüfft bekam ich zum Schluß eine kleine Zuckertüte überreicht. Zwischendurch heimlich gefüllt mit Stiften, Radiergummi und allerlei. So kleine Zuckertüten hielten sie bereit zum Trost für kleine Geschwister, die diesmal noch nicht in die Schule aufgenommen wurden. Meine Schultüte in der Hand, ging ich beglückt und gerührt nach Hause. Langsam. Nie wieder würde mir solches geschehen. Es mußte genossen werden.

Die Schule in Dresden. 1932 wurde morgens gebetet. Hin und

wieder ein Lied gesungen aus dem Gesangbuch. Ich war sehr stolz, weil ich ein Gesangbuch hatte, auf dem vorn in Goldschnitt 1888 stand. Das war unglaublich lange her: (12 Jahre plus 32=44). Das Gesangbuch der Großmutter (1875 geboren, 1888 = 13 Jahre, da war ihre Konfirmation gewesen). Aber das konnte ich nicht als »Achtkläpsler«, wie uns die aus der siebten Klasse nannten, ausrechnen.

Als das Jahr 1933 seine ersten Monate überstanden hatte, hieß es in der Schule: »Wir grüßen jetzt mit dem deutschen Gruß!« Die rechte Hand ausgestreckt nach oben. Anderes blieb, wie es war. Morgens stellten sich ein paar verstört wirkende Knaben aus höheren Klassen neben der Tür auf, bis Herr Großmann erschien. Der griff seinen Rohrstock, rief »Hand her!« und hieb den Delinquenten auf die Pfoten, bis sie aufheulend wegrannten zu ihrem Unterricht. Wir saßen sehr still und brav.

Auf uns paßten, ehe der Lehrer kam, große Mädchen auf. Sie mochten dreizehn sein, was für Autoritäten!, und schrieben die Namen der Lärmlümmel an die Tafel, damit Herr Großmann seinen Rohrstock benutzen könne gegen jene, die sich in seiner Abwesenheit schlecht benommen hatten. Eigentlich wirkte er milde.

Am 28. Februar 1933 hatten wir Wandertag. Wir gingen den nicht weit entfernten Weg stromab auf die Elbwiesen, nahe dem Blauen Wunder, der Hängebrücke.

Guter Schnee lag bereit für eine Schneeballschlacht. Die ließ Herr Großmann stattfinden. Ich aber warf nur auf den Lehrer, die ganze Zeit. Einige andere auch, so daß Herr Großmann in Hut und Mantel bald ziemlich weiß mit beiden Händen abwehrend stand. Die Bälle flogen. Zu schnell wurde abgebrochen. Herr Großmann sagte etwas unmutig, der Lehrer sei keine Zielscheibe!

Wir trödelten nach Hause. Ich überlegte, wie man unseren Fleischwolf in eine Schneeball-Anfertigungs-Maschine verwandeln könne, fand aber zu Hause kein Gehör. Schon morgens war eine gewisse Unruhe spürbar gewesen; auch am Abend sprachen die Erwachsenen miteinander: Ich mußte früh zu Bett. Was ich nicht erfuhr: In Berlin hatte der Reichstag gebrannt. Ein böses Omen. Auch für Parteilose. Später, sehr viel später, als ich knapp Dreißigjähriger über den Reichstagsbrand las, fiel mir unsere unbekümmerte

Schneeballschlacht ein. Nur wenige Kilometer entfernt die Bahnlinie nach Prag und Wien. Wer war seit gestern nacht herzklopfend dem neuen Deutschland entflohen? Brecht? Wer saß im Zug? Alfred Kerr? Genug Berühmte. Die, gewarnt, einen Paß griffbereit und das notwendige Fahrgeld hatten. Andere aber, im Schlaf überwältigt und in Zellen verschleppt, gequält beim Verhör, dann in umzäuntes Gebiet verbracht, das Konzentrationslager hieß; im Sprachgebrauch der Sieger bis in den Kinderalltag aber »Konzertlager«. Sieger bringen immer ihre verharmlosenden oder abwertenden Ausdrücke mit. »Reichskristallnacht« gehört dazu.

Die 63. Volksschule hatte einen Spielmannszug. Trommeln und Pfeifen. Bei Gelegenheiten, deren Grund uns nicht mitgeteilt worden war, denn zuviel muß das Fußvolk nicht wissen, marschierte er am strengen Direktor vorbei. Der Mann flößte schon von fern Furcht ein.

Ich war wohl oft krank. Einmal brachte mich meine Mutter wieder zur Schule. Waren die Plätze neu verteilt? Wer weiß. Aber an der Wand im Klassenzimmer hingen Plakate. Auf einem war ein größerer Junge abgebildet in schwarzer Jungvolk-Uniform! Dazu die Zeile: »Wir sind die Garanten der Zukunft.« Das Wort »Garanten« kannte ich nicht. Das Wort »Granaten« war vertraut. Daher las ich froh meiner Mutter vor: »Wir sind die Granaten der Zukunft.«

Schon früh entwickelte ich die Eigenart, Wörter zu schnell zu lesen und umbildend. Damit habe ich heute noch meinen Spaß und Schwierigkeiten, z. B. wenn statt »Generalklausel« entsteht »Generalkonsul«, »Granaten der Zukunft« aber stimmte. Auch wenn meine Mutter mich erschrocken verbesserte. Ist nicht genau sechs Jahre später der von manchem vorausgesagte Krieg ausgebrochen? Und wurden nicht solche Jungen im Frühjahr 1945 als gläubig-gehorsame Granaten in den Tod gejagt …

Mein Vater beauftragte mich, ihn sofort zu holen, wenn der Marsch »Einzug der Gladiatoren« im Radio erklang. Leicht zu verwechseln, aber von mir nicht, mit dem »Florentiner Marsch«.

»Einzug der Gladiatoren« wurde nämlich bei Boxveranstaltungen gespielt; und mein Vater, was er zögernd zugab, hatte früher geboxt. Ein bißchen, und dieser Marsch weckte Erinnerungen. Sein Nasenbein hatte er sich schon als Junge gebrochen.

Vergeudet!

Ich hatte in diesen frühen Jahren seltsame Schuldgefühle, die Geld betrafen. Warum? Wir waren nicht arm. Niemand hatte mir im voraus etwas vorgehalten. Warum also? Aber vergeuden durfte man nichts.

Erlebnis in der Schule: Man bezahlte eine Flasche Milch oder Kakaomilch für die Pause. Pappverschluß mit vorgeprägtem Loch für den Strohhalm. Der war damals tatsächlich aus Stroh. Oder sah so aus. Fühlte sich so an.

Ich trank meine Milch. Doch einmal, in einer Pause, stellte ich meine noch recht volle Flasche Milch aufs Fensterbrett und rührte sie nicht mehr an. (Wenn ich doch wüßte, warum ...! Hatte jemand etwas gesagt?! Aber was?) Die anderen packten ihre geleerten Flaschen in den Sammelkasten. Meine blieb stehen. Der Lehrer kam herein, sah und fragte, wessen Milch ...! Ich meldete mich nicht. Aus Angst oder aus Scham, wer weiß. Meine Milch war es nicht – und blieb es doch. Fortan hatte ich das schlimme Gefühl, Geld vergeudet zu haben. Und etwas Lebensmittel.

Bis zu dieser Sekunde weiß niemand außer mir von jener ungetrunkenen Flasche Milch. Und ich werde niemals erfahren, weshalb ich sie nicht mochte und ins Abseits stellte.

Meine Mutter gab Sätze mit für Das Leben.
Sagte mehrmals: Man muß zusehen, daß man
im Leben die Spargelköpfe bekommt.

Du wirst noch mal froh sein ...

Dieser Satz, immer kam er von der Mutter, war nicht zukunftsstärkend, denn er endete mit dem Komma vor »wenn«... Auch »Das Leben«, von dem öfter die Rede war, gab es zwar für mich noch nicht; es schien aber etwas, in das ich später gelangen würde. Aber wie? Und warum war es offenbar nur etwas Ernstes, nichts Schönes? Und immer mit ungewisser Bedrohung verbunden: »Wenn du erst mal Das Leben kennenlernst ...«

Wenn die Eltern mit mir an der Elbe spazierengingen, bei gutem Wetter sonntags nach dem Mittagessen, von der Dampferanlegestelle elbaufwärts, saßen nahe dem Hotel Bellevue am Wegrand die Elenden. Beinlose Invaliden in kleinen Wägelchen, Beschädigte, Blinde, Arbeitslose. Einer spielte auf der »Singenden Säge«. Begabte streuten mit farbigem Pulver auf dem Sand des Uferweges Gemälde von überraschender Schönheit, die nicht in Ruhe betrachtet wurden. »Komm weiter.« Drehorgelmusik, geleiert. Wer will's mir verdenken, wenn ich den Leierkasten, der leider eine Berliner Tradition geworden ist, verabscheue, denn nur unangenehme Eindrücke aus der Kindheit holt er in Herz und Sinn. Die Drehorgel ist mit Armut verbunden, mit Betteln und nicht mit Vergnügen.

Ich bekam eine Münze, um sie in eine offene Mütze zu werfen oder in einen Teller. Es war schrecklich peinlich, weil ich dank Du-wirst-noch-mal-froh-sein mich künftig dort sitzen sah.

Mit einem neuen Krieg, der neue Krüppel schaffen würde, hatte mein Gefühl nichts zu tun. So weit dachten nicht einmal die Erwachsenen, leider. Außerdem werden die Schwerstverletzten hinterher vom jeweiligen Staat sorgsam versteckt in verschwiegenen Heimen, wo sie zumeist von frommen Schwestern betreut werden. Für ihre Angehörigen gelten sie als tot, oder »gefallen«, wie es schändlich-beschönigend heißt. Den Wehrpflichtigen zeigt man sie schon gar nicht. Und wenn erbarmenswürdige Kriegsopfer z. B. vor Kasernen oder Wehrmeldeämtern musizierend (»Wer will unter die Soldaten?«) sich vorführten?

Jedenfalls war mir der Anblick dieser Armen an der Elbe beschämend und quält mich bis heute. Es kostet Überwindung, bis heute, im Vorübergehen eine Münze zu werfen. Auch wenn es auf andere Art Verheerte sind. (Man sehe sich dieses Wort »verheert« einmal an. Das Heer war es, das Felder und Höfe, Vieh und Ernte, Weib und Kind durch sein Auftauchen verheerend überkam.)

Noch immer droht im Hinterkopf die mütterliche Voraussage: Du wirst noch mal froh sein ... Und wer weiß, was mir künftig bevorsteht »im Leben«?

Meine Kinder erlebten das nicht. Es gab in der DDR keine Bettler am Straßenrand. Es gab keine Musikanten aus Existenznot. Niemand erwartete »'ne Mark« am U-Bahn-Eingang. Daher hatte ich meine Kinder nie mit einer Münze zu einem bedürftigen Mitmenschen schicken müssen, ihnen solche Kindheitserfahrung am Straßenrand beim Spaziergang nicht weitergeben müssen. Statt dessen ihnen aber auch gedroht! Mit untergeordneten Tätigkeiten (heute gut bezahlten; wer konnte das ahnen?), wenn sie nicht ordentlich lernten in der Schule.

Früh genug, 1934, wurde mein Vater arbeitslos. Einmal besuchte er mit mir wegen möglicher Arbeit vergeblich jemanden in einer Villa bei uns in Blasewitz, und die Frau schenkte mir gleich eine Apfelsine. Mitten im Sommer. Ich hatte bis dahin nicht gewußt, daß es Apfelsinen nicht nur zu Weihnachten gab. Was dafür spricht, daß wir nicht im Überfluß lebten, auch nicht zu Großvaters Lebzeiten. Diese Apfelsine als überwältigendes Geschenk. Aber ohne Freude. Weil aus fremder Hand. Waren wir nun auch Bettler?

Gleich hinterher der erste Winter in Berlin. Mein Vater ging mit mir in den Grunewald, wo wir an eine lange Schlittenbahn gerieten und zuschauten. Da zog gerade eine junge Dame ihren Schlitten bergan und fragte: »Möchtest du mitfahren?«, ein Blick zum Papa, und setzte mich vor sich – schon sausten wir bergab. Mir gefiel es nicht sehr, auch wegen der ungewohnten Schnelligkeit. Was aber blieb? Ein armer Junge, der nicht einmal einen Schlitten hatte.

Zum Blasewitzer Dasein gehörten an der Wohnungstür klingelnde Bettler. Sie baten um ein bißchen Geld oder um etwas zu essen. Kein Gedanke an eine Bedrohung. Mit einer Geste wurde die Tür geschlossen. (Alles kommt zu dem, der warten kann.) Die

Mutti ging in die Küche. Ich immer hinterher und sah, wie sie zwei große Scheiben vom Brot abschnitt, mit Butter bestrich, Wurstscheiben auflegte und das Ganze in ein Blatt Butterbrotpapier schlug – der vor der Tür hoffende Mann (Frauen kamen nie, soweit ich es registrierte) bedankte sich sehr. Das Wort »Wieder ein Bettler« gehörte zum Alltag. Wenn aber gerade warmes Essen bereit war, bekam er einen Teller voll. Der stand später leer mit dem Löffel vor der Schwelle.

Mittags nicht aufessen, mäkeln? Du wirst noch mal froh sein, wenn du »bei irgend jemand einen Teller Suppe bekommst!«

1947 war es, in Schottland, in der angenehmen Stadt Galashiels mit ihren Webereien. Wir Kriegsgefangenen arbeiteten dort in einer Kunstdüngerfabrik. Einer von uns war gelernter Gärtner. Ob er nicht den Garten von Mister MacJemand im Frühjahr bearbeiten könnte, in der Freizeit am Sonnabend? Ich ging in einer Mittagspause mit zum Übersetzen. Mister MacJemand empfing uns in seinem Arbeitszimmer; alles klärte sich schnell. Ein Termin wurde vereinbart. Dann bat uns das Dienstmädchen mit Häubchen und Schürze hinaus und servierte uns vor der Wohnungstür auf der läuferbespannten Treppe einen Teller Suppe. Die brauchten wir eigentlich nicht. Wir waren nicht hungrig. Eine Geste schottischer Gastfreundschaft. (Das ist keine Ironie! Wir haben damals so viele gutmütige und freigiebige Schotten erlebt!) Keine schlechte Suppe, gewiß nicht. Wir löffelten sie auf der Treppe. Wie von meiner Mutter prophezeit.

Zeitungsseiten

Als ich nach und nach die Büroartikel auf Großvaters Schreibtisch entdeckt hatte, vor allem den Locher, wollte ich mir für mein späteres Leben selber einen Kalender machen. Denn aus diesem Locher kamen Monde und Halbmonde, man mußte ihn nur ordentlich schütteln. Geöffnet reichte sein Vorrat für ein Jahrzehnt.

Da lagen auch richtige Kalender. Mit vielerlei Daten. Und wie man Ostern berechnet! Mit Wunderworten wie Goldene Zahl, Sonntagsbuchstabe und anderes. Noch zur Berliner Kindzeit saß ich am Sonntagmorgen und schrieb aus solchen Kalendern solcherlei heraus; immer von dem angenehmen Gedanken verfolgt, später würde ich mancherlei wissen müssen; da wäre es gut, es beizeiten aufgeschrieben zu haben. Daraus wurde nichts. Nie im Leben erwartete jemand von mir, daß ich Ostern berechnete oder Auskunft über die Eigenarten der Paspelierung bei Militäruniformen gab.

Ich las im Bett gern im Lexikon, unserem einbändigen Knaur. Aber das war schon in Berlin.

Mein Vater sammelte Zeitungsseiten und Extrablätter. Die älteste stammte vom März 1888 und behandelte den Trauerzug für Kaiser Wilhelm I. Ich holte sie mir zuweilen aus dem Bücherschrank. Da war auch das Extrablatt Ende Juni 1934 oder einen Tag danach. Der Röhm-Putsch in Einzelheiten. Dort hieß es: Heines, ein hoher SA-Führer, »lag mit einem homosexuellen Jüngling im Bett«. Das fremde Wort zu ergründen, blätterte ich im Knaur und wurde dabei von meiner Mutter überrascht. Ich zeigte unbefangen auf das unbekannte Wort. »Das ist etwas sehr Unschönes«, sagte meine Mutter und verwies darauf, daß man sich nicht mit allem beschäftigen müsse.

Jener Röhm war erschossen worden, stand im Extrablatt. Dazu eine Reihe SA-Führer mit wohlklingenden Namen. Jener Röhm als SA-Stabs-Chef war im Frühjahr 1934 in Dresden gewesen zu einem Aufmarsch seiner Sturm-Abteilungen, kurz SA genannt. Wir Jungen waren auf die Elbwiesen gerannt, wo die Formationen angetreten standen. Wo sie gestanden hatten, war das Gras niedergetreten und blieb lange liegen, nachdem sie abmarschiert waren.

Mein Vater nahm mich mit zum Altmarkt, wo der Vorbeimarsch stattfand. Der hatte schon begonnen, als wir kamen. Ganz gewiß mochte mein Vater dort nicht allein hingegangen sein und womöglich als Interessierter gesehen werden. Aber mit seinem Kind zufällig dort vorbeigekommen beim Spaziergang am Wochenende …

Auch ich habe meine Kinder zu solcher Gelegenheit mitgenommen. Nicht nur als Eigen-Alibi, aber doch auch.

Jedenfalls kaufte mein Vater damals bei einem Schwarzhändler zwei Tribünenkarten. Nun saßen wir der Ehrentribüne gegenüber, hörten die Militärmusik und sahen die Marschkolonnen in Reih und Glied. Eine Weile ist das ganz interessant.

Auf einem Podest stand Röhm und nahm mit erhobenem Arm, wie von Hitler gelernt, den Vorbeimarsch ab.

Die Marschblöcke wechselten. Es kam eine Abteilung SA-Männer mit Schäferhunden an der Leine. Die liefen gehorsam mit, und die Leute auf unserer Tribüne seufzten laut vor Rührung über dieses Wunder der Dressur. (Heute ahne ich, was dieses arme, verführte Hundevolk in den Konzentrationslagern zu tun hatte.)

Röhm führte so in Dresden die Machtfülle seiner SA vor. Zu lange für mich. Ich mußte mal mit voller Blase, traute mich aber nicht, es zu sagen. Vor lauter Respekt vor der Eintrittskarte. Wußte nicht, daß man nach Erledigung der Notdurft – dies herrlich urdeutsche Wort kannte ich damals noch nicht –, daß man auf seinen Sitzplatz zurückkehren konnte.

Schließlich hielt ich es nicht mehr aus und teilte es mit. Sofort verließen wir die Tribüne. Es gab eine Toilette. Heute weiß ich, daß mein Vater froh war über diese unverfängliche Lösung, denn wir kehrten nicht auf unseren Platz zurück, sondern fuhren nach Hause. Dort, wie es sich gehört, nach dem Ausflug befragt, sagte mein Vater, noch stehend: »Er sieht aus, als ob er oft –« und machte dabei die Geste eines in den Hals geleerten Glases.

»Gerhardt, um Gottes willen!« rief seine Mutter und hob die Hände hoch. Sie las Zeitung, hörte manches. Ich noch nicht. Doch weil sie sich so ungewöhnlich benahm, so angstvoll, vermag ich alles noch haargenau zu beschreiben. Ein Kind registriert.

Eierschecke aus Leipzig

Hefeteig für ein Kuchenblech (Rezept wie bei der Eierschecke des Konditors). Das Blech mit Alufolienstreifen am Rand erhöhen. 750 g Quark, zwei Eier, ein Päckchen Vanillezucker, 50 g Mandeln, 50 g Rosinen, etwas Milch. Mit dem Rührgerät vermengen und auf dem schon gegangenen Hefeteig verteilen.
Scheckenmasse: Anderthalb Päckchen Vanillepudding in 1 l Milch kochen. Den kochenden Pudding in eine Schüssel geben, fünf Eigelb, 150 g Butter zugeben und mit dem Rührgerät gut schlagen. Eiweiß und 100 g Zucker zu Schnee schlagen, auf den heißen Pudding geben, mit Hand und Löffel vorsichtig unter den Pudding ziehen, auf den Quark schütten und sofort in den vorgeheizten Ofen schieben. Backzeit: 25 Minuten. Damit die Oberfläche nicht braun wird, mit Pergament abdecken.
Durch Mandeln und Rosinen kommt eine neue Geschmacksnuance. Die Scheckenmasse ist durch den Eierschnee schaumiger.

Die Fälle

Als wir eine Spur größer geworden waren, kamen wir in eine neue Klasse und lernten Deutsch schreiben anstelle der Blockbuchstaben. Oder hatten wir bereits Sütterlins Schrift geübt? Wie dem auch sei, in meiner Handschrift befinden sich Buchstaben aus drei Schriften in einem gefälligen Durcheinander, das Graphologen zu nachteiligen Schlüssen über meinen Charakter führt. Einer sagte: »Sie werden oft mißverstanden werden!« Aber damals war ich noch kein Schriftsteller.

Der neue Klassenlehrer hieß Hornoff. Er benutzte keinen Rohrstock, brauchte keinen. Er trug einen braunen Arbeitsmantel; im Innern jedoch war er nicht braun. Als die Juden angeprangert wurden, lange vor den Nürnberger Gesetzen, ließ er einen von uns aufstehen. Der hieß Israel mit Nachnamen und mußte auf die Schulbank klettern und in alle Himmelsrichtungen rufen: »Ich heiße Werner Israel und bin kein Jude!« Wie das zu bewerten sei aus späterer Sicht … Wie immer gibt es mehrere Möglichkeiten.

Ein paar Lehrer lernt der Mensch kennen, von denen er lernt. Die anderen bieten nur Lehrstoff. Diesen Herrn Hornoff verehrte ich. Merkte aber, daß auch ich ihm angenehm aufgefallen war.

Wir lernten bei ihm, daß es vier Fälle gibt. Und für jeden Fall eine Frage. (Das lernen sie heute sicher anders, aber lernen wir denn nicht für Das Leben und für die Schule nicht?) Er hat uns auch auf den Zufall vorbereitet. Stand das im Lehrplan?

Erster Fall: »Wer oder was ist da?« Na, wir, selbstverständlich!

Zweiter Fall: »Wessen Bild ist schön?« Darauf konnte man in Dresden antworten: Die Sixtinische Madonna. Die habe ich aber erst in den fünfziger Jahren ansehen können, als die Sowjets sie herausgaben. Als Schüler zu jung für die Galerie – manches wurde mir Kind nicht gezeigt, getreu der Devise der Hamburger Großmutter, wenn ihre drei Töchter nach Eindrücken verlangten: »Wenn ihr schon alles kennt, was sollen euch später eure Männer zeigen?!« Jedenfalls beschränkte sich meine damalige Kenntnis der Sixtinischen auf die beiden Engelknaben am unteren Rand, die sich – aufgestützte Ellenbogen – so benahmen wie ungehörige Schüler in seiner Klasse, sagte Herr Hornoff.

Dritter Fall: »Wem gebe ich etwas?« Das dürfte mittlerweile eine Lebens- oder Existenzfrage geworden sein. Aber vormals? Als wir Schriftsteller auf der Brühlschen Terrasse saßen und unter Sonnenschirmen unsere Bücher anboten. Das ist so einfach nicht, sich dem öffentlichen Verwundern preiszugeben. Man sieht nämlich nicht so aus, wie manche sich es nach unserem Gedruckten vorstellen. Aber unsereiner sieht seine Leser: Die Frau mit dem Kind an der Hand und im Augenwinkel; sie liest das Inhaltsverzeichnis, besieht den Umschlag und kauft auch dieses Lebensmittel nicht ungeprüft. Oder zwei, über ein Buch gebeugt, lesen einen Absatz. Kopf an Kopf. Wie zu Hause. Wessen Bild ist schön? Wem gebe ich etwas? Vierter Fall: Lautete seine Frage »Wen oder was habe ich gern?« Vielleicht. Also doch nicht genug aufgepaßt im Unterricht. Zum Trost kann ich noch die schönen Verse: An, auf, hinter, neben, in und so weiter, die mit dem vierten Fall auf »wohin« stehen, mit dem dritten aber nur auf die Frage »wo«. Ferner: »Durch, für, ohne, um, gegen, wider – schreib stets den« – ja, welcher Fall war das? Die Schule wollte uns für alle Fälle vorbereiten.

Jedenfalls waren diese Fragen nach den Fällen einleuchtend und zuverlässig. Es müssen sächsische Fragen gewesen sein. Denn als ich in Berlin in die Schule kam, merkte ich bald: Die Sachsen hört man, aber sie sprechen ein richtiges Deutsch. Die Berliner haben ihre Probleme mit unserer Sprache. Und mit den Fällen. Besonders mit dem dritten. Hört nur mal hin.

Es war eine gute Volksschule, damals in Dresden. Abgesehen vom Gruß gab es keine politische Beeinflussung.

Wenn ich dennoch eine anhaltend unangenehme Erinnerung an die Dresdner Schule behalten habe …

Der Unterricht im Turnen machte Spaß. War gemütlich sächsisch. Mein Vater meldete mich beim Blasewitzer Turnverein an, dem hatte er vormals selber angehört. Wir spielten ein bißchen Ball, rannten um die Wette, machten Freiübungen. Bis wir vor unseren Eltern im späten Frühling turnen mußten. Eingeübt, problemlos, wer kann nicht die Arme seitwärts strecken und senken? So sahen erfreute Eltern auf ihr jeweiliges Kind. Wir aber, erlöst, tobten herum auf jener frisch gemähten Wiese. Bewarfen uns mit Heu – wenn ich zeitlebens eine ungute Erinnerung an die Dresdner Schulzeit mit mir trage, dann ist es der Heuschnupfen.

Die sparsame Eierschecke

Der Teig für den Boden von 350 g Mehl.
Der Belag: 3/8 l Milch, 40 g Margarine, 100 g Zucker, 1 Päckchen Vanillezucker, 1 Päckchen Puddingpulver, 250 g Quark, 2 Eier, 1/4 l Milch mit Margarine, 80 g Zucker und Vanillezucker aufkochen, das in 1/8 l Milch angerührte Puddingpulver zugießen und unter Rühren aufkochen. Den durch ein Sieb gestrichenen Quark löffelweise zugießen, ebenso die beiden Eigelb, und alles gründlich verrühren. Beim Schlagen dem Eiweiß den restlichen Zucker beigeben, den schnittfesten Eischnee unter die Quark-Pudding-Masse ziehen und auf die Teigplatte streichen.
Backzeit bei starker Hitze etwa 40 Minuten.
Vom Probieren wird abgeraten.

Lob der Dresdner Omi

Morgens, wenn ich mich auf den Schulweg machte, fragte die Großmutter: »Hast du ein sauberes Taschentuch?!« Ich habe es bis heute. Es dient nur der Beruhigung und wird unbenutzt gewechselt. Aber ihre Frage höre ich im stillen.

War das saubere vorhanden, denn nicht um ein womöglich benutztes Taschentuch ging es, sagte sie: »Geh mit Gott!« Auch das zur beiderseitigen Beruhigung.

Einmal hatte ich angenommen, die Schule beginne nach der großen Pause, doch als ich hinkam, sah ich im leeren Klassenzimmer an dem, was auf den Pulten lag, daß schon längst Unterricht gewesen war. Also floh ich nach Hause. Da band meine Großmutter sich die Schürze ab und schaffte mich gleich wieder hin. Wir kamen an, als der Lehrer gerade begann. Ohne viel Fragen, ohne Schimpfen, Ermahnen und Federlesen war sie mit mir losgegangen. Sie hat mich nicht allein losgeschickt auf den peinlichen Weg.

Wir hatten Trinkbecher mit Henkel. Jedenfalls ich bekam meinen Tee in solchem Topf. Darauf eine Landschaft, die nichts mit Dresden zu tun hatte, sondern von irgendeinem Ausflug stammte. Wichtig nur, daß ein zweiter Becher existierte, ohne Bild. War der Tee zu heiß, wie immer, wurde er aus dem einen in den anderen gegossen, in der Luft, mit kühnem Schwung, kühlte auf diese Weise schnell sich selber trinkbar. Gäbe es doch mehr so praktische Verfahren im Leben …

War das Wetter gut und hatte sie Zeit, gingen wir an der Elbe nach Hause auf dem Uferweg. Einmal sahen wir dort eine Alte, die schnitt Brennesseln ab in solchen Mengen, daß die Großmutter stutzte und nach dem Warum fragte. Frauen kommen miteinander leicht ins Gespräch.

Jene antwortete, sie würde diese Brennesseln in ihr Bett und sich dann darauflegen. So ließe ihr Rückenschmerz nach. Weiß ich, ob sie Hexenschuß sagte oder Rheuma? Jedenfalls war es ein Mittel gegen das Weh. Die Großmutter und ich waren uns einig, daß uns das ein wenig seltsam vorkam. Und nicht zum Nachahmen geeignet.

Aber! Ich hege meine Brennesseln im Garten. Sie sind das einzige Gewächs, das sich im Gießwasser auflöst als köstlich-kostbarer Dünger. Außerdem fasse ich gern einmal hinein, wenn die alten Hände Auffrischung brauchen. Es tut eine Weile weh – und dann gut. Wenn mir Mitmenschen daraufhin mehr oder weniger diskret einen Vogel zeigen, fällt mir die alte Frau am Elbufer ein.

Einen Garten hatten wir nicht, nur Fensterbretter. Irgend etwas wurde ausgesät. »Im April«, sagte die Großmutter, »komm' ich, wann ich will. Aber im Mai, komm ich glei'.« Das ist ein Gartenvers, den sage ich mir mahnend vor in jedem April.

Gab es Kirschen, wurden die Kerne am Tellerrand aufgereiht. Dazu der Reim: »Kaiser, König, Edelmann. / Bürger, Bauer, Bettelmann. / Schuster, Schneider, Leineweber. / Doktor, Pastor, Totengräber.« Warum er zum Schluß?

Ich durfte zusehen, wenn sie eine Gans ausnahm. Das fiel mir wieder ein, als wir Schriftsteller einmal den Gerichtsmedizinern zuschauen durften bei einer Obduktion.

Sie holte Hefeklöße aus dem Dampf. Welche Aussicht, sie hinterher mit brauner Butter, Zucker und Zimt – Leute, eßt eure Hefeklöße beizeiten! Sie rollte Streußelteig und verwendete gute Butter.

Oft gingen wir spazieren. In den Waldpark oder an die Elbwiesen; und wenn dort eine Bank stand, die uns gefiel, setzte sich die Großmutter. Zum Ausruhen, wie ich heute aus Erfahrung weiß. Und bald genug kam irgendeine andere alte Frau und setzte sich neben die Großmutter. Und schneller, als du »Eierschecke« sagen kannst, waren die beiden im Gespräch. Das entwickelte sich meistens so, daß die eine ausführlich erzählte, wie ihr Mann gestorben war. Die andere seufzte zwischendurch »ach, gar«, weil sich das so gehört in Dresden, und erzählte anschließend, wie ihr Mann gestorben war. Das war wirklich die gute alte Zeit vor dem Kriege.

Dann kam die Rede auf Krankheiten. Wo tat es einem weh, woran litten Bekannte, welche Schicksalsschläge gab es in der Nachbarschaft; ach, gar, sagten sie abwechselnd, ach, gar, etwas Bedauerliches kommentierend. Man selber war von dieser Unabänderlichkeit nicht betroffen. Dieses »ach, gar« war Mitgefühl und Abwehr zugleich.

Ich empfand solches Gespräch als überaus interessant, zumindest anfangs, denn ich spielte neben der Bank mit Moos und Stöckchen; auch konnten Ameisen manipuliert werden und flache rote Käfer, wohl Feuerwanzen benannt, die den ersten Schock meist nicht überlebten, während eine Ameise sich nur nervös oder totmachen ließ, aber nie zahm. Heute schaue ich im Maigarten wie ein Gottvater meinen – meinen! – Feuerwanzen zu, wenn sie sich paaren.

Zuweilen setzte sich eine junge Frau mit Kinderwagen mit auf die Bank und redete, aufgefordert, über ihr Baby. Sie sprachen aber meist zu leise, wobei sie sich nach mir umsahen. Diese alten Frauen wußten über alles Bescheid und gaben ihre Ratschläge. Seltsam nur, daß diese jungen Frauen niemals »ach, gar« seufzten, sondern heiter waren und gern lachten. Vielleicht mußte ihnen erst der Mann gestorben sein, ehe sie mit »ach, gar« beginnen konnten.

Manchmal mußten die alten Frauen auch lachen; es war mehr ein Kichern, bei dem man wenig Zähne sah. So gaben sie auf ihre Weise Unterricht.

Ein Zaun trennt ein Kind von der Welt der Erwachsenen. Eltern und Lehrer öffnen Fenster, aber nicht alle. So sind die Begegnungen im Park, das »ach, gar« der alten Frauen Astlöcher.

Wohin sind diese Erlebnisse vergangen? Ich bedaure längst, daß mir diese Geschichten zu langweilig waren, so daß ich fortlief zu den Ameisen und sie von ihrem rechten Wege abzulenken suchte. Hätte ich nur einen Bruchteil der Geschichten der alten Frauen erfaßt und mir die Hälfte gemerkt, was für ein erfolgreicher Kriminalautor und Sittenschilderer hätte aus mir werden können.

Ach, gar.

Stechalben

Das muß sorgfältig erklärt werden. Damals gab es in den Zigarettenpackungen bunte Bilder zum Sammeln. Jeder Junge, dessen Vater rauchte, hatte ganze Stöße Zigarettenbilder. Mit Uniformen, Tieren und allem, was kleine Jungen anlockt.

Faltet man die Seiten eines Schulhefts in der Mitte längs, entsteht ein Album, in dem man solche Bilder verstecken kann. Mit einem Bild, das er einsetzt, sticht der Spieler in das Heft. Trifft er auf ein Bild, hat er es gewonnen und behält seinen Einsatz. Ist die Seite leer, hat er seinen Einsatz verloren.

Wir spielten das mit Begeisterung. Nur waren die Pausen nie lang genug. Einer bot in jeder Falte einen Gewinn, wenn man zwei Bilder einsetzte. Falls er nicht im Krieg getötet wurde, ist er heute irgendwo vielfacher Millionär.

Gleichzeitig gab es das Spiel mit den Stahlfedern. Ob es einen Namen hatte? Es gab keine Schiefertafeln mit Griffeln für Schulanfänger. Wir waren fortgeschritten in Sachsen. Wir nahmen Bleistifte. Als wir mit Tinte schreiben durften und den Federhalter erleben würden, wurde mitgeteilt, wir sollten Federn kaufen. Die Sorte »Kleine Redis 1142«. Damit schrieb es sich gut. – Also, weil das niemand mehr erlebt: Die Stahlfeder wurde vorn in den Federhalter gesteckt, dann nicht zu tief in ein Tintenfaß getaucht, das sich vorn in der Schulbank befand und vom Schuldiener nachgefüllt wurde …

Außer unserer Anfängerfeder gab es allerlei Federn. Zum Zeichnen, zum Schönschreiben, zum Schriftmalen und so weiter. Damit ließ sich gewinnen und verlieren.

Die Feder auf dem Rücken liegend, ihre Kanten in den Finger gepreßt, ihn erhoben, bis die Feder sich löste – und auf den Tisch fiel: Lag sie auf dem Rücken, war sie verloren. Zwei spielten so gleichzeitig miteinander. Ein friedliches Du oder Ich. Mit dem gewonnenen Vorrat schrieb man nicht, wie auch? Und warum.

Schulkameraden

Wer war der Nebenmann in der Schulbank? Alles verweht, verblaßt. Der gemeinsame Schulweg führte durch die Baumschulenstraße, von den Nazis in Brucknerstraße umbenannt – die Umbenenner geben nie Ruhe. Wir gingen zu viert.

Schreier, von dem ich den Vornamen nicht mehr weiß. Sein Vater war ein großer, freundlicher Mann, der sehr früh starb. Großmutter und Mutter hatten einen Obst- und Gemüseladen auf unserer Straßenseite, nur ein paar Hausnummern entfernt. Die Großmutter kaufte dort. Schreiers Großmutter hieß Jungmann und schüttete aus der Spankorbecke die Preißel- oder Heidelbeeren in eine braune, spitze Tüte, ohne daß eine danebenrollte. Ein Glas mit kleinen Gurken lockte. Ihr Haus brannte ab wie alle anderen auf unserer Seite. Mehr zufällig fand ich Ende 1948 ihr Geschäft gegenüber am Schillerplatz und sagte guten Tag. Der Junge war im Krieg geblieben. Als sie mir das erzählte, sah mich Frau Schreier traurig an; ich spürte eine Art Vorwurf, weil ich davongekommen war.

Ludwig, auch seinen Vornamen habe ich vergessen, wohnte schräg gegenüber im dritten Stock. Dort saß sein Vater am Fenster. Beinahe immer. Sie hatten ihm ein Bein abgenommen. Er war zukkerkrank. Und unten war die Apotheke.

Als ich in meinen ersten großen Ferien aus Berlin nach Dresden geeilt kam, begegneten mir die beiden ehemaligen Schulkameraden. Wir grüßten uns von weitem. Sie aber hatten einen eigenen Pfiff, mit dem sie sich herbeiholten. Ich gehörte nicht mehr dazu.

Ein Dritter hieß Kern. Sein Vorname? Er wohnte genau gegenüber im dritten Stock. Abends, da es noch kein Fernsehen gab, schaute man aus dem Fenster. Wir kamen uns näher, als er einen Teddy vor sich auf dem Fensterbrett sitzen ließ. Da holte ich meinen. Weil ich aber eine ganze Familie besaß, wohl sieben in verschiedenen Größen, setzte ich sie nebeneinander hin. »Mach ihn nicht neidisch«, sagte mein Großvater, der gerade mit aus dem Fenster sah. Er sollte wieder einmal recht behalten.

Hieß er Herbert, der kleine Beyer? Wir beide sind auf einem Faschingsfoto. Er als Indianer mit erhobenem Beil. Er hatte das passende Gesicht. Er ist ertrunken. Wenig später. Fiel am Angelsteg neben dem Blauen Wunder in die Elbe und wurde irgendwo hinter Dresden angespült. Zur Beerdigung war die ganze Klasse am Grab. Die traurigen Eltern. Sein Grab auf dem Tolkewitzer Friedhof, vorn, nahe dem Ankertor, wo es etliche Kindergräber gab. Schnell vergessen. Aber das Foto ist geblieben. Er steht neben mir als froher Indianer mit erhobenem Beil.

Später, im zweiten oder dritten Schuljahr kam der Sohn des Finanzministers, so hieß es, in unsere Klasse. Ein großer, lockiger Knabe. Der rief, wenn Schulschluß war: »Wer mitläuft, bekommt ein Geschenk!« Und rannte los. Und mehrere jagten mit ihm und hinter ihm her. So ging das fast jeden Tag.

Einmal bin ich, mehr aus Neugier, mitgetrabt. Das Rennen endete vorm Schokoladengeschäft am Schillerplatz. Nahe beim Café »Toscana«. Jener betrat den Laden, kaufte sich unter den Augen seiner Adjutanten eine Tüte Pralinen und gab jedem in seiner Nähe eine ab. Der Sohn des Finanzministers hatte genug Taschengeld. Ich kam mir ziemlich blöd vor und hatte als buchstäblicher Mitläufer wieder etwas mehr gelernt als im Unterricht.

An Hans-Erich v. Schulz erinnere ich mich genau. Er hatte viele Sommersprossen und lud mich zu seinem Geburtstag ein, Ende Dezember 1932. Das war mir noch nie passiert. Also kaufte meine Mutter für mich im Spielzeugladen in der Hüblerstraße einen Karton mit galoppierender Kavallerie. Die war mit Fäden befestigt und so schön, daß ich sie gern behalten hätte.

Ahnungslos brachte ich das Geschenk! Der Vater war Offizier. Er hatte in seinem Bücherschrank eine zu beleuchtende Landschaft, ein Panorama. Dorthinein paßten die Reiterfiguren maßstabgerecht. So etwas hatte ich noch nie gesehen. Daß einer sich über ein Geschenk von mir so ungeheuer freute, blieb haften.

Auch wir verloren uns aus den Augen. Vielleicht kam Hans-Erich in eine Nebenklasse. Ich sah ihn zum letzten Mal auf dem Schillerplatz. Es war im Winter 33/34. Er hatte sich beim Dienstmädchen eingehakt und knatterte lustig mit seinem Spielzeugrevolver in alle Winde. Ein harmloses Ding; jeder Junge hatte es: lange

Streifen mit Zündplätzchen erlaubten anhaltendes Knallen. Das perfekte Vorkriegsspielzeug.

Zum Refrain eines Militärmarsches sang ich:
»Onkel Weber, Onkel Weber, der ist krank an der Zunge,
Lunge, Leber.« Mein Vater untersagte mir das energisch.
Aber diesen Text hatte ich von seiner Mutter gehört.

Gegenüber

Gegenüber ist heute die Apotheke ein Stück weitergerückt, denn an ihrer alten Ecke ist eine Bank eingezogen. Möbel-Menzer ist verschwunden, völlig klar, die müßten mittlerweile auch über hundert Jahre zählen. Die üppig-blonde Frau Menzer, die sich um den steinalten Mann kümmerte, der unten im Haus eine Papierwarenhandlung betrieb, von der er heutzutage nicht existieren könnte.

Er hieß Otto Manegold. Ein klangvoller Name, für Romanhelden geeignet, und sein Name stand über seiner Ladentür. Er trug einen grünschillernden Gehrock mit stoffüberzogenen Knöpfen. Es kommt das Jahr, wo dich die jüngste Mode nicht mehr kümmert, denn du mußt weder Mädchen noch Chefs imponieren, und außerdem hast du weniger Geld. Otto Manegold war so alt, daß er dem alten Fontane Briefumschläge verkauft haben könnte, wenn der nach Blasewitz kam. Wohlgemerkt, Emilie Fontane war zu Besuch in Blasewitz, als ihr Mann in Berlin starb. Ich kannte Theodor Fontane damals nicht, ahnte ihn ahnungslos, weil Kinder allwissend sind.

Otto Manegold zog verlangte Hefte und Buntpapier aus Schubfächern und nannte mit hoher Zitterstimme ihren Preis. Damals brauchte ein Schulkind nur zwei Hefte. Eines mit Linien und eines mit Karos. Die Frau Menzer half ihm beim Suchen, kassierte wohl auch, er aber packte ein. Tat Papier um den Einkauf, wie er es immer getan hatte in seinem Laden, egal, wer gerade regierte. Auch das ist etwas Wunderbares. Solche Menschen, von Kindern erlebt, verschwinden und vergehen wie ihre Zeit. Niemand wird das Leben von Otto Manegold beschreiben.

Fahne zeigen?

Die Großeltern hatten mehrere Fahnen. Die Schwarz-Weiß-Rote und, noch vom Ersten Weltkrieg stammend, eine Schwarz-Gelbe. War nicht 1917 der Sohn zu den Österreichern einberufen worden wegen seines um 1895 aus Böhmen eingewanderten Vaters?

Außerdem zeigten sie selbstverständlich als gute Sachsen ihre Weiß-Grüne. Bei Hitler, einem eingewanderten Österreicher, durften diese Fahnen nicht mehr aus den Fenstern hängen, lieber nicht.

Hätte das Haus die Bomben überstanden, die Großmutter hätte nach 1945 eine alt-neue Schwarz-Rot-Goldene gekauft und am Fenster gezeigt. Und vor ihrem Tode eine neue gebraucht, die Schwarz-Rot-Goldene mit dem DDR-Emblem.

Gleich Anfang 1990 suchte man wieder nach der alten Schwarz-Rot-Goldenen. Ohne DDR-Emblem. Und nach der Grün-Weißen! Denn nicht alle plötzlich neu-sächsischen Demokraten wußten Bescheid: Weiß-Grün sind nämlich die sächsischen Farben.

Weiß, das ist die herrliche Farbe der bedingungslosen Kapitulation. Grün könnte Hoffnungsglück bedeuten, wären diese Farben den Sachsen nicht verordnet worden vom russischen Gouverneur Fürst Repnin. Nicht etwa 1945, da hätte man sie mittlerweile längst zerrissen und verbrannt, sondern nach der endgültigen Niederlage Napoleons. Das ist lange genug vorbei.

Seit eh und je bekommen die Sachsen hinterher einen Gouverneur oder Statthalter, weil sie immer mit der falschen Seite und gegen Preußen verbündet worden waren.

Wer auf dem Wiener Zentralfriedhof den Gedenkstein gesehen hat für die 1866 gefallenen sächsischen Verbündeten ...

Was nun den französischen Einfluß angeht, im Wortschatz meiner Großmutter befanden sich Wörter, die sie nicht im Unterricht in der Volksschule gelernt haben konnte. Sie stammten sicher von ihrer Mutter und aus dem Alltag. So verwendete sie das schöne Wort »wischeland«, das sich vigilant schreibt und soviel wie »aufgeweckt« bedeutet. So sollte ich sein, sagte sie öfter.

Zum anderen, wenn ich aufdringlich etwas wollte, rief sie gern: »Dorwier nicht so!« Es hat Jahrzehnte gedauert, bis ich dieses Wort zufällig entschlüsselte. Es heißt »Turbieren«, was soviel wie »stören« bedeutet und dermaßen aus dem Gebrauch verschwunden ist, daß es nicht einmal mehr im Duden steht.

Eierschecke ostsächsische Art

Mürbeteig: 100 g Zucker, 200 g Butter, 300 g Mehl.
Belag: 750 g Quark, ½ Tasse Milch, 1 Sahnepudding-pulver, 200 g Zucker vermengen.
1 Vanillepudding, ¼ l Milch, 6 Eßlöffel Zucker und 125 g Butter aufkochen, wenn die Masse lauwarm, vier Eigelb dazugeben. Wenn erkaltet, den Eischnee unterheben und über der Quarkmasse verteilen.
Im zehn Minuten vorgeheizten Ofen – damit der Eierschnee nicht zusammenfällt – 15 bis 30 Minuten backen bei 120 Grad.
Im Grunde paßt Mürbeteig nicht zur Eierschecke, weil er bröselig ist im Gegensatz zum Hefeteig, der weich ist wie die Sprache in Dresden.

Geburtstag

Das Haus, in dem ich geboren bin, hieß Carolahaus nach der sächsischen Königin, die nach Art hoher Frauen sich um diese Klinik gekümmert hat, ohne dafür Ehrendoktor werden zu müssen. Es wäre unter ihrer Würde gewesen.

Als die Nachricht meiner Existenz zu Hause eintraf, lag der Großvater im Bett und zog sich die Decke über den Kopf, damit man seine Freudentränen nicht sehen konnte.

Ich sollte eigentlich Heinz-Georg heißen, aber auf dem Standesamt haben sie den Bindestrich vergessen. Und ein junger Vater unterschreibt dort alles, ohne genau hinzusehen.

Das schöne Carolahaus hat Hitler in eine SA-Kaserne verwandelt. Ich erinnere, daß dort Posten vor der Tür standen. Dann wurde es folgerichtig Lazarett. Und als Schutt und Asche Dresdens nach und nach aufgeräumt wurden, war dort eine Ziegelsplittmühle, später dann eine Anlage für Betonfertigteile. Wer lebt, sagt Goethe, muß auf Wechsel gefaßt sein.

Wie alt muß man sein, um den eigenen Geburtstag zu begreifen? Eines solchen Tages sah ich einen bunt bemalten Holzring mit Kerzen, die ich auspusten durfte. Das Lebenslicht in der Mitte aber nicht! Und ringsherum waren noch viele Löcher frei für kommende Geburtstagskerzen. Kuchen gab es und Geschenke. Aber wie zu Weihnachten akzeptierte ich Bekleidung aller Art, mochte sie auch liebevoll ausgebreitet liegen, nicht als richtige Überraschung.

Haar und Namen

Die Großmutter ging wohl schon ewig in den Salon Cotierba, wenn ich den Namen aus dem alten Gedächtnis recht buchstabiere; zum Friseur schräg gegenüber am Schillerplatz. Jedenfalls hatte der Chef vorn eine Glatze und nach hinten Haare hängen. Er sah so aus, wie ich mir den »Zigeunerbaron« vorstellte, denn selbstverständlich bekam ich auch Operetten erzählt. Seine weißhaarige kleine Frau war stets vorzüglich onduliert. Mich setzte man auf ein Brett, das über einen Friseurstuhl gelegt wurde. Nicht der Chef, sondern ein Geselle schnitt an mir herum, während ich im Spiegel die Welt beobachtete. Wenn ein Herr fertig war – »Kasse, bitte!« –, wurde hinterher der Sitz umgedreht. Wenn sich der nächste Kunde setzte, ließ das Lederpolster leise pfeifend Luft ab. Warum hatten wir zu Hause nicht solche Stühle?

Als Herr Noack, der sich ein Berliner Menschenalter lang um mein Aussehen bemüht, sein Geschäft neu möblierte, schenkte er mir solch echten Friseurstuhl. Mit dem Griff, der das Doppelkissen dreht, das leise Erinnerungen ächzt, wenn ich mich ganz kurz zur Ruhe setze.

Selbstverständlich ging die Mutter zu einer anderen Friseuse. Deren Salon lag in der Nähe des Blasewitzer Rathauses. Ihr Name war Elsbeth Stengel-Löwe, was mir außerordentlich imponierte. Kann sein, sie hieß Löwe-Stengel. Ich hätte auch gern Löwe geheißen. Dachte, man bekäme damit leichter eine Löwenmähne.

Tolkewitzer Straße 3

Wenn du merkst, daß eure Hausnummer dein Geburtsdatum trägt. – Ein dreistöckiges Wohnhaus. (Wenn ich ein Bild hätte ...) Unten zwei Geschäfte. Der Kürschner. Er wirkte auf mich wie ein mausgrauer Isegrimm aus dem Kinderbuch. Auf dem Hof hatte er einen Apparat mit langen Lederpeitschen zum Ausklopfen seiner Pelze. Ich hörte und sah aus dem Fenster, wobei mir gesagt wurde, auch ungezogene kleine Jungen könnten dort den Hosenboden voll bekommen.

Der andere Laden war der Juwelier Jäschke. Hat er die Brosche angefertigt für meine Mutter? Das könnte 1931 gewesen sein, zu ihrem Dreißigsten. Eine Brosche mit drei hellen Steinen. Meine Milchzähne. Das war Sitte, daß eine Mutter die ersten Zähne ihres Kindes in Gold gefaßt ...

Wer hat behauptet – es war doch nicht etwa eines späteren Tages mein Vater –, das ginge gar nicht? Kälberzähne würden benutzt für den edlen Zweck! Wir haben die Brosche. Wer möchte, mag sie später dem Kriminaltechnischen Institut oder wem auch immer zur Analyse übergeben. Die wird wohl mehr kosten, als meine angeblichen Milchzähne wert sind. Wenn meine Mutter aber diese Brosche oft und gern trug, war ihr Sinn als Gabe doch erfüllt.

Im ersten Stock wohnten die Hausbesitzer, Mutter und Tochter. Nett, freundlich. (Knoblochs waren schließlich keine unangenehmen Mieter.)

Im dritten die Familie Röthing. Emma, ihr Mann war tot, klingelte zuweilen. Der Großvater mochte sie womöglich nicht sonderlich; er blickte zornig, wenn sie kam und sah, was er zu Abend speiste. (Oft genug Kartoffeln mit Quark.) Herbert, ihr Ältester, heiratete nach Chemnitz. Er war Lehrer und malte gern. In den fünfziger Jahren bekam ich von ihm ein Aquarell vom Elbufer mit Blick auf das Blaue Wunder. Zur Erinnerung an die Kindheit.

Sein Bruder Hans wurde ebenfalls Lehrer. Knoblochs hatten eine ziemlich hübsche Tochter, Charlotte. Sie heirateten 1924 – und wenig später starb die junge Frau an der »verschleppten Grippe«, wie das damals genannt wurde. Ein Weltkrieg wirkt lange nach. Onkel Hans mochte mich, obgleich er ein Stück elbaufwärts mit seiner neuen Familie lebte und mich selten sah. Einmal sagte er bei meinem Anblick überraschend: »Wie die Lotte!« Sie war wohl seine große Liebe gewesen. Nach 1945 ernährte er seine Familie, indem er auf Dörfern zum Tanz aufspielte. Er kam aus einer musisch begabten Familie und war von den neuen Herren als Lehrer für unzumutbar erklärt worden. Das ist oft so.

Seine Tochter, sie sang wunderschön für mich Mozart, vom Vater begleitet – aber räumliche Entfernung trennt, und so wurde nichts aus uns. Onkel Hans, dessen empfindsames Herz zu viel ertragen hatte, starb kaum fünfzigjährig. Ein guter Mensch, den ich nicht vergesse.

Auf dem Hof gab es Schuppen. Einer war das Waschhaus, dessen Benutzung auf die Dauer sehr aufwendig und zu anstrengend war. Außerdem eine Jauchegrube. Die wurde in größeren Abständen ausgepumpt: »Fenster zu!« Ein WC gab es nicht. Eine halbe Treppe höher war der Abort. Ein Plumpsklo, um es Berlinisch zu sagen. Wer mal mußte, ging »nach oben«. Öffnete man den runden Dekkel, flog ein Schwarm Fliegen heraus; manche blieb hartnäckig, mußte aufgewedelt werden aus ihrem Paradies. Scheußlich. Oft schwankte ich, ob ich mir nicht lieber in die Hosen machen sollte. Aus dem kleinen Fenster konnte man zwischen hohen Pappeln bis zum Weißen Hirsch blicken, der vornehmen Gegend. Das war kein Trost. Es war eben kein modernes Haus.

Unsere Wohnung. Fünf Zimmer. Wie das klingt. In einem kleinen lebte die Uroma, in einem anderen hatten meine Eltern ihr Schlafzimmer. Nach vorn das Schlafzimmer der Großeltern, in der Mitte das große Wohnzimmer, daneben das kleine Zimmer. Öfen gab es nicht überall.

Am 16. Dezember, der meist günstig auf einen Werktag fiel, wurde gebacken. Das heißt, ohne daß ich Einzelheiten erfuhr, mit dem Handwagen zum Bäcker. Zutaten zum Stollen abgeliefert, nebst Namensschildern, damit Gott behüte nichts verwechselt werden konnte. Dazu Blechkuchen.

Alles gelangte am späten Nachmittag in die Wohnung und wurde im kleinen Zimmer, dem ohne Ofen, sorgsam aufgestellt. Fortan roch es im kleinen Zimmer nach Schlaraffenland und Paradies.

Anderntags hatte die Großmutter, wie günstig, Geburtstag. Besuch kam. Da entstanden aus den Blechen frohe Pyramiden. Außer Quark- auch der bewundernswerte Streußelkuchen, Zuckerkuchen und Eierschecke sowieso.

Am nächsten Tage dufteten die Stollen auf ihre Weise ungestört. Einige wurden verpackt und zur Post geschafft. Am 19. Dezember! Und kamen spätestens am 23. an, bei der Hamburger Oma.

Wir hatten Rosinenstollen, einen mit Mohn und einen etwas trockenen Mandelstollen, die hielten nicht bis Ostern, wie manche mögen, sondern wurden angemessen im Januar verzehrt.

Dieser Geruch nach Kuchen im kleinen Zimmer …

Die Küche war winzig. An ihrer Wasserleitung, Gosse genannt, wuschen sich alle. Die Männer gingen zu gründlicherer Reinigung in ein Städtisches Bad und hinterher Bier trinken.

Ein Warmwasserherd, Backröhre, Gaskocher. Ein nicht zu großes Küchenfenster mit Blumenkasten, in dem wuchs Petersilie.

Aber man konnte von hier aus ein Stück Elbe sehen! Einen Spalt. Wenn etwa 11:45 Uhr, also dreiviertel zwölf, das Konzertschiff der Weißen Flotte zu hören war, setzte die Großmutter die Kartoffeln auf. Neben der Küche das Kämmerchen. Unbeleuchtet. Nie durfte ich es ergründen.

In dieser Zeit bekamen wir Telephon. Im Korridor an der Wand. Niemand setzte sich zum Gespräch oder kam auf die Idee, sich einen Stuhl heranzuholen. Das war unser Komfort. Und, wie gesagt, dank Großvaters Vorsorge ging es uns dort gut.

Nach der Bombardierung vom 13./14. Februar 1945 brannte unser Stück der Tolkewitzer Straße ab. Nach und nach, wie man mir erzählte. Die Großmutter wurde evakuiert auf die andere Elbseite, nach Loschwitz. Sie hatte 69jährig einen Rucksack, eine Wolldecke und einen kleinen Koffer bei sich. Klaglos lebte sie noch neun Jahre bei einem Bauern in Hermsdorf am Wilisch zusammen mit dessen alter Mutter. Jeden Abend gab es Kartoffeln mit Quark. Sie war wieder so arm wie als Kind.

Die Treppe aber, die Treppe war eine Wendeltreppe aus Stein, die jede Woche gewischt wurde bis zum ersten Stock. Das metallene

Geländer – drei Abschnitte – hatte an den Enden Messingknöpfe, die wurden mit Sidol blank geputzt. Am letzten Ende hatte mein Leben als Säugling gehangen. Die beiden Damen trugen gemeinsam den schweren Kinderwagen auf Kommando die Treppe hinunter, sooft das Wetter zu einer Spazierfahrt einlud.

Einmal klappte es nicht. Der Wagen schob sich über die stolpernde Großmutter hinweg, die Mutter konnte ihn nicht halten. Jedenfalls blieb er mit dem Griff an dem letzten Knauf hängen. Ich wäre kopfüber hinausgeschossen an die Wand oder an die Wohnungstür im ersten – ein Sicherheitsgurt verhinderte das. Lag darin tieferer Sinn und Botschaft? Von dort an zähle ich die Minuten meines letzten Stündleins.

Man hat mir zwar die Begebenheit erzählt, aber nie genau die Stelle gezeigt, an der es und wie es passiert war. Keine der beiden Frauen mochte daran erinnert werden. Längst ist dort, wo unser Haus stand, eine Grünanlage. Mit einer Plastik und mehreren Bänken.

Auch aus vergangener Kindheit kommt mein Satz: Mißtraut den Grünanlagen.

Vorlesen

Meine Mutter las mir vor, als ich noch nicht selber lesen konnte. Wohl dem, dessen Mutter das tut.

Wir saßen in dem kleinen Zimmer, in dem früher die verstorbene Urgroßmutter gewohnt hatte. Da war eine Geschichte über einen Jungen in Südamerika, der seine Mutter suchte und auf ihrer Spur wanderte, mit großen Hindernissen. Keine Freude. Wenn er ankam, war sie schon nicht mehr da. Aber schließlich fand er sie doch.

Da war eine Erzählung über Tiere im Zirkus. Ein Hund und ein Affe oder sogar ein Löwe. Die mochten sich, doch einer starb langsam – wie dem auch sei, ich begann leise zu weinen, gerührt von ihrem Schicksal; und als meine Mutter bemerkte, daß ich weinte, kamen auch ihr die Tränen. Das muß nicht immer die Wirkung von Literatur auf den einzelnen sein, aber es ist Mitgefühl mit armer Kreatur, zu der auch der Mensch gehört. So weinten wir beide ganz leise.

Sollte man lieber Geschichten zum Totlachen vorlesen? Oder ist es gescheiter, beizeiten Mitgefühl zu wecken?

Meine Mutter machte, ehe sie ein Brot anschnitt,
mit dem langen Messer drei Kreuze auf dessen Unterseite
und dabei ein ernstes Gesicht. So hatte sie es zu Hause
gelernt. Und als junges Mädchen den Ersten Weltkrieg
mit seinen Hungerfolgen erlebt.

Erste Leselust

Gar nicht zu reden von den Kinderbüchern mit ihren bunt-schönen Bildern. »Was drei kleine Bären im Walde erlebten« – einer war groß und hieß Putz – mit langem U, der nächste Wollbäckchen, der Name des dritten fällt mir, oh Schande, nicht mehr ein. Diese drei Bären fahren in einem Motorboot, was für eine Geschichte voller Spannung mit gutem Ende. Will ein Kind mehr?

Das erste, richtige Buch gab mir meine Mutter, als ich über ein langes Wochenende krank lag, vermutlich zu Pfingsten. Die Eltern fuhren zum Wandern irgendwohin. Die Großmutter, die wohl lieber daheim blieb, sorgte für mich.

Aus der Leihbibliothek, in die sie regelmäßig ging, hatte die Mutter zum erstenmal ein Buch für mich mitgebracht. Etwas Besonderes, weil mit einer durchsichtigen Hülle umgeben.

Gute Besserung – sicher gab es ein Streicheln, wer achtet darauf? –, ich nahm das Buch wie ein Geschenk. Dessen Verfasser interessierte mich nicht. Sein Buch hieß recht merkwürdig: »Winnetou«, worunter einer wie ich sich damals nichts vorstellen konnte. Doch auf einmal war ich in Amerika.

»Winnetou II« holte ich mir schon selber, dann den dritten Band, und als ich merkte, daß dieser Autor noch viel mehr geschrieben hatte, ging ich regelmäßig und allein in die Leihbücherei, die von einem jungen Mann verwaltet wurde in der Nähe des Postamtes Blasewitz. Wenn man den Laden betrat, war linker Hand unten ein langes Fach mit Karl-May-Bänden. Ich holte mir einen nach dem anderen, war bald vertraut mit Personen und fernen Ländern. Und wenn ich etwas von diesem hochgelobten, tiefgeschmähten schreibenden Sachsen gelernt habe, dann waren es Fremdwörter wie »Greenhorn« oder »Effendi«, die mir manchmal nützten.

Wir hatten Verwandtschaft in Radebeul. Von Großmutters Seite. Merkwürdige Leute, die sich an uns nur erinnerten, wenn sie etwas wollten, z. B. gedruckte Briefbogen; die ließ der Großvater dann herstellen und bezahlte sie dem Hause, in dem er tätig war.

Ein großes Mädchen der Radebeuler wurde konfirmiert; und nachmittags waren wir eingeladen. Mir hatte man zu diesem Anlaß eine weiße Matrosenbluse angezogen. In der fühlte ich mich dermaßen unwohl, daß ich nicht einmal auf die Idee kam, sie durch Versauen unbrauchbar zu machen. Ich war ein so braves, so gutererzogenes Kind. Dennoch mußte ich sie nie wieder tragen. Obwohl Matrosenblusen seinerzeit modisch an die kommende deutsche Zukunft auf dem Wasser und an die Kolonien erinnern sollten. Ich muß wie eine Karikatur auf meine Eltern, auf meine Eltern wie eine Karikatur gewirkt haben.

Überhaupt, was einem Kinde angezogen wird. Ich erinnere Bleyle-Anzüge, hervorragende Qualität. Sie saßen wie angegossen. Das war es. So stand ich wie hypnotisiert mit ausgestreckten Armen, steif gespreizten Beinen, verzerrtem Gesicht. Auch die Strümpfe, die langen braunen Strümpfe, die mit Strumpfhaltern am Leibchen befestigt wurden, weitete ich mit beiden Händen zu Schlotterschläuchen. An jenem Sonntag in Radebeul, wo fremde Kinder, die sich kannten, herumtobten, ich nur am Rande, wurden wir zur Villa Karl Mays geführt, die hieß »Bärenfett«, wenn ich das recht erinnere. Ein Alter namens Patty Frank, der lebte damals noch, holte die berühmte Silberbüchse und den nicht weniger oft erwähnten Bärentöter aus dem Schrank. Reliquien, die ich gebührend bestaunte. Aber das gedruckte Wort blieb schöner. Ein Buch von Karl May habe ich nie besessen. Aber alle, bis auf einige langweilige, ausgelesen.

An eine Geschichte des frühen Karl May (ich vergeude keine Lebenszeit, um herauszufinden, welche) erinnere ich mich vage. Ein alkoholisiertes Ehepaar explodierte in einem Elbkahn, als offenes Feuer ihren Mündern zu nahe kam.

In einem Band kommt sogar unser Name vor. Irgendein Sächselnder spricht ihn so aus. Was aber noch dazu gehört: Anfang August 1944, als wir vor dem Hitlertod Geretteten in New York angekommen waren und mit der Bahn von Hoboken aus irgendwohin gefahren wurden – man sagt seinen Kriegsgefangenen nicht die Endstation –, schaute ich die ganze Zeit wie gebannt aus dem Fenster. Waren es die Alleghenies? Felsen wie in der Sächsischen Schweiz. Immer wieder sah es so aus, als müsse über uns ein Indianer zwischen den Büschen auftauchen, mit dem Tomahawk in der Hand. Wie bei den Karl-May-Festspielen in Rathen, die zu besuchen ich meine vermutlich desinteressierte, aber stets geduldige Großmutter zwang, wenn ich in den großen Ferien in meine Heimat reiste.

Einen »richtigen« Indianer aber bekam ich doch zu sehen. Als Kriegsgefangener. Gelegentlich tauchte er im Hauptquartier – Karl May hätte headquarter geschrieben – unseres Camps auf. Ich saß dort als Clerk, berechnete Löhne und Kantinenbedarf. Hugh Basse, den Namen merkte ich mir, Captain der Militärpolizei, sagte manchmal kurz Hello. Ein Riese. Kein Bleichgesicht. Er röhrte freundliche Sätze in das Office und ging. Und wenn mir Sergeant Talvacchia nicht gesagt hätte, Captain Basse sei ein echter Indianer, ich wüßte es bis heute nicht.

Der helle Sonntag

Häufig am Wochenende übernehmen die Großeltern das Enkelkind, nehmen es den Eltern ab, die etwas vorhaben. So muß das sein. Drei Generationen freuen sich.

Wir sind in eine Ausstellung gegangen. Nicht meinetwegen, sondern aus einem anderen Grunde, den ich nie erfahren habe, weil ich nie fragte, wie die Ausstellung hieß und warum sie stattfand.

Der Großvater hatte in seinem sechzigsten Lebensjahr begonnen, auf sein Herz zu hören. Er wollte abnehmen. (Das kann ich ihm heute nachfühlen.) Deshalb kamen allerlei Flaschen mit Mineralwassern und heilkräftigen Brunnen ins Haus, das heißt in den Keller. Zu den Weinflaschen. Ich kann nicht einmal sagen, ob er regelmäßig Wein trank. Und was die Mineralwasser angeht – vielleicht beruhigte ihn schon ihre Anwesenheit. Daß er sie hätte trinken können.

Und so ging er voraus und teilte mit seinem Bauch die Menge; und meine Großmutter, schlank, zog mich hinter dem Großvater her; und wenn er stehenblieb, dann standen auch wir.

Sosehr ich mich bemühe, nicht der geringste Eindruck von der Art dieser Ausstellung läßt sich zurückrufen. Bestimmt bin ich dort auf einiges aufmerksam gemacht worden. Bestimmt wurde mir etwas gezeigt. War es eine Industriemesse? Ging es um gesundes Leben? Dresden hatte immerhin schon damals ein Hygienemuseum, und das berühmte Kugelhaus habe ich noch bewundert. Ein Besuch dort hatte keine Eile. Später mal. Bis es zu spät war. Plötzlich kehrte meine Großmutter um und ging zu einem Stand, in dem gerade eine Frau aus einer Kiste mit Holzwolle Flaschen mit Mineralwasser auspackte.

Längst ist mir klar, daß die Großmutter die Unzahl der Flaschen zu Hause nicht mehr zu bändigen vermochte. Wenn der Großvater etwas bestellte und ins Haus kommen ließ, dann in ungeheuren Mengen. Also trat die Großmutter näher und fragte mit einer gewissen Verzweiflung: »Wie lagern Sie solche Flaschen?« Wortlos legte die Frau eine Flasche mit dem Hals zu uns, die nächste mit dem Boden, die daneben wieder mit dem Hals nach vorn – und schon griff sich die Großmutter an den Kopf, hatte es erfaßt, bedankte sich und ging zu meinem Großvater, der stehengeblieben war und den Besucherstrom behinderte. Aber das ist nicht mehr wesentlich.

Wichtig blieb: ich hatte erlebt: Wenn du etwas nicht weißt und möchtest wissen, wie du es machen kannst, dann gehst du einfach hierher und läßt es dir zeigen. Was es auch sein mag, du erfährst es sofort. Jahrelang glaubte ich an diese Ausstellung. Hatte es sich nicht so vor meinen Augen abgespielt?

Vielleicht erklärt sich daraus mein Drang, Ausstellungen aufzusuchen. Es könnte doch sein, daß es sie gibt! Und daß ich sie wiederfinde, die von jenem Sonntag, an dem alles so klar schien.

Einmal bat ich die Großmutter, mir vom Krieg 1870/71 zu erzählen. Schließlich war sie doch nahebei, 1872, zur Welt gekommen. Sie enttäuschte mich, wußte auch nicht mehr als das, was ihr die Mutter berichten konnte. Die Frauen hatten Scharpie gezupft. Für Verbände.

Wörter beim Wählen

Sobald ich begreifen konnte, gingen die Erwachsenen wählen. Am Sonntagvormittag. In ein Restaurant. Dort verdeckten schwere Portieren einen geheimnisvollen Vorgang, über den nicht gesprochen wurde. Man hatte gewählt. Damit war die Sache erledigt. Vermutlich würde auch ich eines Tages wählen dürfen.

An den 5. März 1933 erinnere ich mich ganz genau. Gerade sieben Jahre alt geworden, ging ich am frühen Nachmittag mit Großmutter und Mutter zum Wahllokal. Die Männer waren vermutlich zu einer Wanderung unterwegs, hatten früh gewählt; ich weiß es nicht. Aber für Hitler haben sie garantiert keine Stimme abgegeben. Der wollte es damals wissen.

Ich wartete draußen. Als die beiden Frauen herauskamen, begrüßte ich sie mit dem Vers: »Ein Hundsfott, wer beiseite steht, wenn es um Deutschlands Ehre geht!«

Meine Mutter war entsetzt. »Wo hast du das her?!« Die Großmutter reagierte eher gelassen, weil jede Regierung ihre Sprüche abläßt. Um so unmutiger die Mutter. Es war aber nur das »Hundsfott«, das sie erregte. Sie konnte Plattdeutsch. »Wo hast du das her?!«

Stolz zeigte ich auf eine Mauer neben dem Wahllokal, wo in großen Buchstaben auf einem Plakat jene Zeilen standen: Die hatte ich mühelos auswendig gelernt. Wobei mich, zugegebenermaßen, »Hundsfott« unglaublich gereizt hatte, weil ich das Wort nicht kannte und nun am Verhalten der Mutter merkte, daß es sich tatsächlich um etwas unerhört Unanständiges handeln mußte.

Die Großmutter kannte das Wort auch nicht. Der Duden hat es bis heute bewahrt. Man kann auch »Schurke« sagen.

Klingt »Hundsfott« nicht schöner? Und geheimnisvoller, weil es so sehr mit Deutschlands Ehre zu tun hat …

Im Waldpark

Lange bevor ich zur Schule kam, ging mein Vater mit mir dort spazieren. Auf einer Bank saß eine Frau. Ein Mädchen, etwa meines Alters, spielte mit einem Ball. »Komm«, sagte mein Vater, »sag dem kleinen Mädchen guten Tag.« Weiß der Himmel, warum er auf diese Idee kam. Ich mochte nicht, und das kleine Mädchen dort mochte auch nicht. So gingen wir weiter. Und weil mir das alles so blöd vorkam, habe ich es nicht vergessen.

Als ich, schon Schulkind, mit meiner Mutter an den Tennisplätzen vorbeiging, stach mich eine Wespe ins rechte Bein. Vielleicht habe ich mich deshalb nie für Tennis begeistern können. Dieser große Tennisplatz wurde im Winter in eine Eisbahn verwandelt. Es war alles noch nicht so vornehm, deshalb wurde ein Heißgetränk verkauft aus dem Fenster des Clubgebäudes. Die Schlittschuhe mußten an den hohen Schuhen festgeschraubt werden. Damit sie fest saßen, brauchte es mehr als kindliche Kraft. Für zehn Pfennige besorgten das einige Männer, die neben der Treppe saßen. Vermutlich Arbeitslose.

Im Winter 1932/33 wurde für Erwachsene ein Fest gefeiert. Dafür, so möchte man sagen, baute man einen Eisberg. Eher eine Höhle. Zum Durchfahren für Eisläufer. Da sie noch ein paar Tage stehenblieb, wagten wir es auch und kamen uns ungeheuer mutig vor. Meine Mutter hat das aus sicherer Entfernung fotografiert. Da sehe ich mich, im dunklen Trainingsanzug vorgebeugt wie ein Eisschnelläufer. Es war wohl wichtig, da schnell hindurchzukommen.

Weil ich damals schon krummer ging als andere, stellte meine Mutter mich beim Orthopäden vor. Der verordnete Aufhängen, was mir damals nicht unangenehm zu sein versprach. Wir landeten in einer Klinik und ich auf einer schiefen Ebene. Hing dort am Eigengewicht, das mochte noch angehen; unangenehm fühlte es sich unterm Kinn an, irgendeine Filzunterlage. Bis heute stören mich enge Hemdkragen, deshalb sieht man an mir keine. Meiner Mutter gefiel mein Anblick nicht. Nach der zweiten Behandlung gingen wir nicht mehr hin, was ich nicht krummnahm. Später merkte ich, daß der Rücken meiner Mutter eine Spur gekrümmter war als der anderer. Vielleicht war sie als kleines Mädchen gleichfalls auf einer schiefen Ebene gelandet, orthopädisch gesehen.

Der Waldpark hat seine Geschichten. Am 29. Juli 1808 sollten drei sächsische Soldaten, welche wegen Widersetzlichkeit »gegen ihre Oberen in Polen« – das hat wieder mit Sachsens verkehrten Verbündeten zu tun – vom Kriegsgericht zum Tode verurteilt waren, am »Blasewitzer Tännicht«, dem späteren Waldpark, erschossen werden. Nach der Begnadigung durch den König – wieder begegnen wir sächsischer Toleranz – »mußten sie dort würfeln«. Einen Toten wenigstens hatte er als untergebener Bündnispartner dem Vorgesetzten Napoleon vorzuzeigen. »Den Infanteristen Hentschel traf das Los, und wurde derselbe unter Trommelwirbel erschossen.« Ach, gar, würde meine Großmutter geseufzt haben, solch Dresdner Nachrichten in der Zeitung vor Augen. Sie trug beim Lesen einen Kneifer, auch Klemmer genannt.

Hätten jene drei Sachsen bloß Leute wie die Großmutter erschossen, Kinder auch: Krieg ist nun mal Krieg. Aber »Widersetzlichkeit gegen ihre Oberen«, die womöglich solches Töten befohlen hatten, wie das immer wieder vorkommt, wird hart bestraft.

Die beiden Begnadigten »wurden zu schwerer Festungsstrafe eingeschmiedet. Der Bauprediger M. Hasche begleitete dieselben auf ihrem Todeswege.« Dies letzte Wort kennzeichnet ihren Gewinn als Verlierer. Soweit das »Tagebuch eines Dresdner Bürgers oder Niederschreibung eines jeden Tages, soweit solche vom Jahre 1806 bis 1850/51 für Dresden und dessen Bewohner von geschichtlichem, gewerblichen oder örtlichen Interesse waren. Herausgegeben von David August Taggesell«, welch hübsches Pseudonym. Hoffen wir, es möge heutzutage gerade in Dresden solche Taggesellen geben, die notieren, was nicht in jeder Zeitung steht. Wer hätte dem harmlosen Waldpark Krieg zugetraut? Doch im Februar 1975 wurde eine amerikanische 250-Kilogramm-Bombe gefunden und konnte entschärft werden. Dreißig Jahre danach.

Im Wald-Park, doppelt benannte Natur, sind die Spazierwege der frühen Kindheit. Einmal zogen wir in braven Zweierreihen hin aus dem Kindergarten, da ging auf der gegenüberliegenden Straßenseite mein Großvater, ganz langsam und langsamer als wir. Schaute herüber. Vielleicht hat er mich erkannt. Machte aber kein Zeichen mit seinem Spazierstock. Es muß am Anfang seiner Herzkrankheit gewesen sein, als sie bemerkt worden war, denn mein Vater hatte mich gebeten, den Großvater nicht zu erschrecken, zum Beispiel im Treppenhaus. So ging er langsam spazieren, was ihm offenbar verordnet worden war; und ich denke manchmal, woran mag er gedacht haben auf solchem Zwangsweg ohne seine Berge?

Als ich nicht mehr in den Kindergarten ging, sondern schon zur Schule, begegnete uns, meine Mutter wollte mit mir in den Waldpark, der Kindergarten. Alle mit bunten Kopfbedeckungen, einer mit einem halben, silbernen Zeppelin über den Ohren. Sie sangen nach der Melodie des Jägers aus Kurpfalz: »Wir feiern heut' ein Sommerfest allhier am Elbestrand!« Einige erkannten mich, ich erkannte einige; wortlos wegblickend gingen wir aneinander vorbei. Ich gehörte nicht mehr dazu.

Eines Tages, und das ist schon im Schuljahr 1933 gewesen, sollte jeder ein Töpfchen Blumenerde mitbringen zum Unterricht. Das wurde aus der Gärtnerei besorgt mit Hilfe der Großmutter.

Dann zogen wir, vermutlich als Wandertag, in den Waldpark. Dort war – gut sichtbar von einer Querstraße zur Elbe aus auf einer Rasenfläche eine Grube für einen jungen Baum ausgehoben worden. Für eine Eiche. Wurde gesagt. Mehr als das: Eine Adolf-Hitler-Eiche sollte wachsen. Von unserer Klasse gepflanzt. Warum gerade wir? Vermutlich waren auch andere so unterwegs. Auch ich schüttete mein Erdreich hinein. Dann gingen wir nach Hause. Unberührt. Die Oberen, wer sie auch sein mögen, denken, Schulkindern würde bei solcher Zeremonie etwas eingeprägt. Gewaltiger Irrtum.

Irgendwann, später einmal, vielleicht in den großen Ferien, ging ich nachschauen – und fand die Eiche nicht. Also, entweder habe ich mir die Stelle nicht genau gemerkt, weil mir das damals egal war. Oder irgendwelche Dresdner haben diesen mit Namen bezeichneten Baum bald herausgerissen. Oder diese Eiche ist von selber eingegangen. Wie sich das eigentlich gehört.

Veränderte Eierschecke aus Dresden

Den Hefeteig auf dem Blech ausrollen.
Quarkmasse: 625 g sehr trockener Quark, 30 g Mehl, 90 g Zucker, Zitronenschale.
Eierschecke: 250 g Butter mit 200 g Zucker und 5 Eigelb schaumig rühren, Eiweiß unterziehen.
Den aufgegangenen Hefeteig mit der Quarkmasse nochmals aufgehen lassen, etwa 30 Minuten, dann die Eierschecke aufgießen – eventuell 50 g Sultaninen und 50 g süße, in Stifte geschnittene Mandeln aufstreuen –, dann bei mäßiger Mittelhitze 30 Minuten backen.
Solche Eierschecke wird womöglich Ahnungslosen vorgesetzt. Die Quarkmasse ist sehr trocken, fast strohig; die Scheckenmasse ist preußisch sparsam, was man schmeckt. Kostprobe nur für Archivzwecke.

Vogelwiese

Ich war wohl acht Jahre alt, und mein Vater machte mit mir eine »Fahrt ins Blaue«, wie er das nannte. Als wir aus der Straßenbahn gestiegen waren, standen wir vor dem Zoologischen Garten. »Na, wo sind wir?« fragte mein Vater. »Auf der Vogelwiese!« schrie ich begeistert. So sehr liebte ich das fünfhundertjährige Volksfest an der Elbe. Etwas Schöneres konnte es kaum geben.

Inzwischen weiß ich, daß einer bei solchen Spaziergängen sein Kind dorthin lotsen möchte, wo es ihn hinzieht. Mein Vater hatte Tiere gern. Er war aber auch fasziniert von den Orchestrions. Diese vieltönigen Tschingbumm-Maschinen, vor denen er als Kind auf der Vogelwiese gestanden hatte wie gebannt. An der Schauseite des Orchestrions bewegen sich Figuren mechanisch und geben das zu tun vor, was im Innern des Musikautomaten geschieht. Ein Trommler, dessen Schlegel nie die Pauke berührte; eine Rokokodame mit rosigem Antlitz, die einen Triangel hält, vor allem aber der Dirigent mit Dreispitz und weißer Perücke, der seine Musikanten anstarrt, mit dem Kopf ruckt und den ewigen Takt schlägt.

Mit einem richtigen Vornamen konnte man auf der Vogelwiese sein Glück machen. Wie zuweilen im Alltag. Glücksbuden boten zwei Dutzend Zettel mit Vornamen an. Waren alle verkauft, dann zuckten hinter den auf Glas gemalten Namen Lichter auf, kurz und schnell, darunter immer mal jener, an dem deine Hoffnung hing. Dann flackerte es langsamer, immer langsamer, bis schließlich ein Name erleuchtet stehenblieb: »Rolf«. Ich hatte »Rolf«. Und gewann einen dicken Stoffhund, den ich gar nicht mochte, weil er das weitere Umherlaufen auf der Vogelwiese behinderte. Es war zu früh im Leben der Hauptgewinn, der mir rein statistisch nun nirgends mehr zusteht.

Bei solch anhaltenden, von keiner Regierung eingeschränkten Volksbelustigungen soll man nach militärischen Ursachen suchen. Was die Dresdner Vogelwiese angeht, so war sie der Übungsplatz der Bogenschützen und derjenigen, die am Wochenende mit der

Armbrust antreten müssen. Daran hat sich seit der Einführung des Schießpulvers nichts wesentlich geändert. Doch einmal im Jahr war alles nur Spaß. Zur Belohnung und mit gepflegter Erinnerung an die gute alte Zeit wurde mit Bolzen auf hölzerne Vögel geschossen, die an einer hohen Stange befestigt waren. Der mittelste als größter und höchster.

Sogar der allergeringste Mann durfte dabei zuschauen und ungestraft über Fehlschüsse spotten. Wer sonst befahl, mußte hier schießen. Wer sonst schießen mußte, blieb hier ungetroffen.

Wir hatten ein Vogelwiesenspiel aus bemaltem Holz, um das es mir immer noch leid tut. Das meiste, was Wert hatte, schickten wir, als die Luftangriffe schlimmer wurden, aus Berlin nach dem sicheren Dresden ...

Der hölzerne Vogel ließ sich flach auf dem Tisch zusammenfügen, zum Wappentier mit zwei Köpfen und goldenen Kronen, ausgebreiteten Schwingen, Zepter und vielen numerierten Federn, die ihm eine nach der anderen weggewürfelt werden mußten, bis das Bruststück übrigblieb, für das man zwei Sechsen brauchte. Zuvor, falls noch eine Kralle oder eine Feder übrig war, nützte solch guter Wurf nichts. Die beiden Sechsen mußten zum Schluß kommen.

So etwa war es auf dem umzäunten Festplatz. Die Armbrust lag auf einem Pult, wurde gespannt und unter Trommelwirbel abgeschossen. Der Flug des Bolzens war zu sehen, meist als Vorbeiflug. Es schossen Honoratioren – Herren, Damen und die bessere Jugend. Vereinsmitglieder. Lange sah man nicht zu am Nachmittag. Es wurde langweilig.

Vor dem Vergnügen lag die Sperre des Elends. Zu beiden Seiten des Eingangs, längst die sich drehenden Karussells vor Auge und im Ohr, lenkten Bettler ab. Invaliden in Rollwagen unter der Wachstuchdecke, Blinde, Kriegsversehrte, die an den jeder Generation versprochenen Dank des Vaterlandes geglaubt hatten. Diese armen Teufel durften hier Streichhölzer verkaufen oder ihre Mütze als Sammelteller hinhalten. Leierkästen ächzten grausame Töne.

Eintritt kostete es nicht. Hereinspaziert. Schaukeln und Karussellfahren war zu schnell vorbei. Ich ging lieber in die Schaubuden. Das Vogelwiesengeld mußte sorgsam aufgeteilt werden zwischen

Eis, Glückslos, Besuch abenteuerversprechender Zeltbuden, türkischem Honig, Geisterbahn und Gelegenheitskäufen, zum Beispiel ein unterm Gaumen zu verbergendes Zwitscherding, mit dem angeblich sämtliche Vogelstimmen nachgeahmt und einige Lehrer geärgert werden konnten. Ein andermal kaufte ich ein Zauberkartenspiel. Es funktionierte aber nur einmal. Dann mußte man das Publikum oder die Karten wechseln, das mach mal.

Spielerisch befreite sich der starke Mann aus der Zwangsjacke und von den Ketten mit Handschellen – zuvor von zwei Mitgliedern einer Unabhängigen Kommission aus dem Publikum so unkundig überprüft, wie es demokratische Laiendarsteller mit öffentlichen Angelegenheiten zu tun pflegen.

Der Feuerspeier saugte an einem Gasschlauch wie andere an einer Wasserpfeife, nahm einen langen Lungenzug und zündete seinen Atem an. Spie Feuer, solange seine Lungen es hergaben. Zweifellos war dieser menschliche Bunsenbrenner ein unglaublich beeindruckendes Schauspiel. Es durfte aber zu Hause nicht nachgemacht werden. Gut so. Der Mann sah schaurig aus mit seinen eingefallenen Wangen, erregte Mitleid, gab keinen Berufswunsch. Wenigstens das hat er übermittelt.

Vor jeder Bude wurde stimmgewaltig versprochen, was drinnen zur Not gehalten werden konnte. Ein erstarrter Jüngling wurde gedreht und geschubst, völlig willens- und bewegungsunfähig. Was das sollte, begriff ich nicht. Fürchtete mich, als eine ihm an die Stirn gehaltene Glühbirne aufleuchtete. Geradezu angenehm, daß der Besuch nur Erwachsenen gestattet blieb.

Mitten während einer Ring- und Boxkampfvorstellung trat einer ans Mikrophon und schrie, hundert Mark auf die Hand bekäme, wer seinem Kämpfer eine Niederlage beibrächte! Stille. Ich dachte, es müsse allein schon dafür Geld geben, daß einer es wagte, gegen den Muskelmann anzutreten.

Schon wollte sich der Koloß ungeschlagen und hohnlachend entfernen, da rief einer aus unseren Reihen, ein Mann im Straßenanzug. Er kam nach vorn. Im Nu war sein Oberkörper frei. Er boxte in langer Hose, bekam einen Wassereimer und einen Sekundanten mit Schwamm. Noch während der ersten Runde zog unser Mann den kürzeren. Seine Nase blutete. Uns war, als ob wir geschlagen worden wären! Daher mußten wir weiterhin an den starken Mann glauben. Die Vogelwiese erzieht mit Sinnbildern.

Wenn nur solche Jungen nicht mehrfach und bei jeder Gelegenheit auf die Vogelwiese gegangen wären. In der Nähe des Zeltes, in dem der starke Boxer seine Gegner zerschmetterte, so daß sie den versprochenen Hundertmarkschein vergaßen, sah ich eines Nachmittags einen Mann mit einem Eimer Wasser holen. Jener von neulich. Der Mann aus dem Publikum. Der Herr, der wie einer aus unseren Reihen aufgetreten war. Ihn bemerkt zu haben war der Hauptgewinn. Und wer solche Erfahrung nicht selber machen kann, weil er gerade eine Minute früher dort vorbeikam oder eine Minute zu spät, dem soll das erzählt werden.

Am letzten Freitag war das Feuerwerk. Mit Decken und Kissen zogen die Menschen scharenweise – ich zerrte die Großmutter beizeiten hin – auf die Elbwiese. So hatten wir drei Stunden Zeit bis zum Sonnenuntergang. Saßen am Elbufer.

Viele Nicht-Sachsen rätseln über die Mentalität ihrer sächsischen Staatsbrüder und -schwestern. Warum wir so sind und es sogar bleiben, wenn wir den Geburtsort verlassen. Sachsens intelligente Grenzen waren immer fließend. Seine vernünftigen Herrscher hatten nie Zeit, einem Vorbeimarsch zuzuschauen, weil gerade neue Tänzerinnen auszuwickeln waren oder neue Bücher. Für einen richtigen Krieg reichte selbst bei schärfster Ausbeutung das Geld nicht. Es war bereits im Frieden für Feuerwerk ausgegeben worden. Mannshoch die Kosten, strahlend das Kurzergebnis. Das Feuerwerk ist das Signal der Obrigkeit an alle. Einstmals: Die Welt dieser Menschen war nur von Ölfunzeln und selbstgegossenen Kerzen erhellt. Es gab keine Straßenbeleuchtung, keine Lichtreklame. Da ist das Feuerwerk ein sensationelles Erlebnis, zumal sein Entstehen und Vergehen geheimnisumwittert bleibt. Gottähnlich mit künstlichem Blitz und absichtlichem Donner sorgte es für die benötigte Gottesfurcht. Gelegentlich erzählte jemand dem Volk, daß ausgeglühte Feuerwerkskörper nutzlos herabfallen wie Herrscher. Die sind von eigensüchtigen Schranzen umgeben, da kommt es auf einen entbehrlichen Minister mehr gar nicht an.

Wir freuten uns, als es endlich dunkel wurde. Auf dem Neustädter Ufer begann das traditionelle Feuerwerk. Einmal fuhren zwei

Kriegsschiffe aufeinander zu, beschossen sich und zerkrachten. Andere Raketen erfreuten durch bunten Knall am Himmel.

Es waren diese Elbwiesen, auf denen am 14. Februar 1945 überlebende Dresdner Schutz vor dem Feuer suchten und aus Flugzeugen beschossen wurden. Bei Tage. Trotz des Sommerwetters fragt unverfroren das Kind: »Warum heißt es Vogelwiese?«

Damit du beizeiten erfährst, wem ein Vogel gezeigt werden muß in Freistaat Sachsens Residenz.

Die Großmutter sagte statt Karussell »Karossel«. So hatte sie es von ihrer Mutter gehört. Mir kam das überhaupt nicht verkehrt vor. Fuhren da nicht hölzerne Pferde im Kreis, ein Roß nach dem anderen ...

Ungetröstet

Es muß zu Anfang des zweiten Schuljahres gewesen sein, im Mai 1933, als wir bei einem Klassenkameraden im Garten spielten, rannten, herumtollten, bis ich über eine Baumwurzel stolperte, der Länge lang. Fall und Knall. Beim Aufrappeln fühlte sich der linke Arm ungewohnt an. Er hatte unter mir gelegen. Ich hielt ihn angewinkelt, ahnte nicht, daß er die nächsten Wochen so gehalten werden wollte im Gipsverband.

Die Mutter des Schulkameraden aber hatte schnell erkannt, daß etwas mit mir nicht stimmte und schaffte mich resolut nach Hause. Aber auf, so kam mir das vor, seltsame Art. Mag sein, und gewiß war es so, daß ihr das gerade noch gefehlt hatte an diesem Tag! Unannehmlichkeit. Sie schritt vor mir her. Wortlos. Den ganzen Weg. Weit war es ja nicht, aber über mehrere Straßen. Und ich, sprachlos, erschrocken, was war geschehen? Ich wußte es nicht genau. Erwartete jedoch Zuspruch, wenigstens ein Fünkchen Mitleid oder Trost. Daheim sagten sie bei solcher Gelegenheit: »Ehe du dich verheiratest, ist alles wieder gut!« Diesmal wohl nicht. Ich lief, so gut es ging, immer drei Schritte hinter ihr. Sie eilte, aber ich konnte folgen. Nachträglich betrachtet: Ein paar freundliche Worte von ihr wären mir hilfreich gewesen. Aber dazu hätte ich neben ihr gehen müssen und nicht hinterhertraben. So lieferte sie mich kurzerhand zu Hause ab. Nie wieder bin ich in dieser Villa mit jenem Hausgarten zum Spielen angenehm oder gar eingeladen gewesen. Was hat der Junge? Vater besorgt Krankenschein. Anderntags zum Röntgen, dann zum Chirurgen, nahe beim Hauptbahnhof. Der schwere Verband, in einem Dreiecktuch getragen, war bald selbstverständlich. Falls es den rechten Arm getroffen hätte, wenn schon; schreiben mit links hatte ich mir längst selber beigebracht. Zum Spaß. Konnte später sogar meinen Namen mit beiden Händen schreiben, gleichzeitig nach links und rechts.

Wohltuend: Keinerlei Schelte daheim. Vielleicht gehörte es zum Leben, daß man sich etwas brach. Man war nur nicht darauf vorbereitet worden. Eher sagen sie zu dir: »Paß auf!« anstatt: »Vermutlich wirst du dir die Knochen brechen!«

So trug ich meinen Gips als Lehre. Damals war es noch nicht Mode, darauf Unterschriften zu sammeln.

Aufs Schlimmste gefaßt?

Der 17. Juni 1933 war ein Sonnabend. Wie oft wollten die Großeltern nach Böhmen fahren übers Wochenende. Aber ohne mich?! Ich war doch immer dabei, egal wohin. Nach Königsbrück, nach Dittersbach hatten sie mich mitgenommen. Hauptsache für mich: Wir fuhren dabei irgendwann Schiff. Damals war die Elbe noch sie selbst; nur bei Heidenau roch es nach behandelter Zellulose, reizte aber keine Atemwege; weißer Schaum trieb elbab und löste sich bald auf.

Hinzu fuhren wir mit der Eisenbahn. Die hielt wenigstens überall. In Wagen, da hatte jedes Abteil seine eigene Tür, durch die der Schaffner erschien, der außen von einem Trittbrett zu uns schritt. Der Zug hielt schon wieder. Und wenn wir den Stationsvorsteher sahen mit seiner Kelle und der roten Mütze, sagte der Großvater: »Fliegenpilz!«, aber nur leise und mit dem Finger auf den Lippen, denn wir wollten diesen wichtigen Mann ja nicht kränken. Woher hätte ich wissen sollen, daß Großvaters Vater Lokomotivheizer gewesen war?

Die Stationen hatten wundersame Namen. Eine hieß »Obervogelgesang«, was der Großvater in »Oberpiepmätzelgesang« änderte, ungeheuer lustig. Doch nun, für mich als Schulgänger, waren solche Späße unzeitgemäß. Besser, der Großvater hätte von seinem Großvater erzählt, dem Eisenbahninspektor. Damals hatte die Neuheit auf Schienen doch gerade erst angefangen.

Als ich hörte, die Großeltern würden an diesem 17. Juni übers Wochenende wegfahren, bat und flehte ich, mich mitzunehmen. Das geht doch nicht! Mit dem Arm in Gips! Ich versprach, noch artiger zu sein als sonst! Und ich war wirklich ein artiges Kind! An wem es auch gelegen haben mag, sie nahmen mich mit meinem Arm mit nach Böhmen, ins nahe Nachbarland. Wir übernachteten diesmal wohl in Aussig oder in Bodenbach, wie das damals hieß. Ich wie immer in der Besuchsritze. Anderntags, es hatte in der Nacht geregnet und konnte weiterregnen, fuhren wir stromauf mit einem Dampfer. Es war ja die Sächsisch-Böhmische-Dampfschiffahrts-Gesellschaft, die so herrlich grenzenlos einfach in der Elbe die Schaufelräder ihrer Dampfschiffe bewegte, stromab und stromauf.

Jetzt ist Gelegenheit, mich als frühes Genie zu offenbaren. Was die Elbdampfer angeht. Wir fuhren oft Schiff. Sie hatten sechsundzwanzig, das Motorboot nicht gerechnet. Zwei Salondampfer, die »Meißen« und die »Pillnitz«, dann Oberdeckdampfer, einer hieß sogar »Blasewitz«. Kein Oberdeck hatten die Personendampfer, die hießen »Lobositz« oder »Lößnitz«, »Leitmeritz« oder »Mühlberg« in schöner Eintracht. Aber die beiden Luxusdampfer, die »Dresden« und die »Leipzig«, sie war etwas jünger als ich.

Wenn wir erwartungsvoll vor der Landungsbrücke Blasewitz standen, tauchte ganz fern links über den Elbwiesen schon der Schornstein des Dampfers auf. Mehr war nicht zu erkennen. Das sah seltsam aus. Ein weißer Schornstein bewegte sich dem Blauen Wunder entgegen, und kam er nur etwas näher, verkündete ich: »Die ›Königstein‹!« Den Schiffsnamen hatte noch niemand lesen können. Auch ich konnte noch nicht lesen, im Schulsinne, sagte aber zuverlässig und präzise den Namen des sich nähernden Schiffes. Jedes hatte seine Eigenart. Die Umstehenden wunderten sich. Wieso nannte ein Kind das, was kam? Ja, wenn es die längerfristige Zukunft gewesen wäre …

Schade, die Großeltern schlossen nie Wetten auf mich ab. Auch ist Schiffsnamenrufer ein Beruf, der niemandem etwas bringt.

Bei den Luxusdampfern war es einfacher. Die »Dresden« fuhr vormittags als Salondampfer, die »Leipzig« legte als Konzertschiff hörbar pünktlich um 11:45 in Blasewitz an. Ihre Musik drang bis zum Küchenfenster: »Wasch dir die Hände, wir essen gleich.«

Um diese beiden Dampfer bis heute zuverlässig zu erkennen, bevor ihr Name am Radkasten zu lesen ist: Die »Dresden« hat vorn drei, die »Leipzig« vier Bullaugen. Über die neumodischen Schiffe mögen derzeitige kleine Dresdner Auskunft geben.

An schönen Sommerabenden fuhren wir mit irgendeinem Schiff bis Pillnitz, wo wir das Konzertschiff erwischten für die Rückfahrt. Ich stand mit anderen Kindern, hörte und sah. Es war ein uniformiertes Blasorchester, geleitet von einem Kapellmeister, dessen Name – wenn ich das recht erinnere – Ende lautete, was ich mir sächsisch mit hartem t einprägte.

Das wunderbare Schifffahren. Mit drei f. Zwei Männer hielten den Dampfer beim Anlegen mit Staken fest, umwanden sie mit Seilen, wippten sie, wenn sich das Schiff auf Pfiff wieder in Bewegung setzte, zum Vorderdeck, auf das man nur schauen durfte. Andere Wesen, geheimnisvoll den Blicken verborgen, es sei denn, man ging zum Oberdeck, kippten den Schornstein rechtzeitig nach hinten vor jeder Brücke. Das durfte man nicht verpassen. Jederzeit aber war der Blick in den Maschinenraum möglich. Der schwitzende Heizer mit der Kohlenschaufel, sich geölt bewegendes Metall, das geheimnisvoll die Schaufelräder antrieb. Uralte, vornehme Maschinen englischer Herkunft und Stammbaum, deutlich zu lesen ihr Baujahr.

Wenn es hinterm Radkasten aufschäumte, hell und gelb, verglich es der Großvater mit Pilsener Bier. Von dem wußte ich noch nichts, aber etwas Gutes mußte es sein, weil er so hinschaute.

Anderntags, es war Sonntag der 18. Juni, frühstückten wir in aller Ruhe. Es war regnerisch, wie so oft in dieser Gegend. Zu ungewiß für einen Ausflug. Warum sagte der Großvater nicht: Jetzt fahren wir zu dem Ort, in dem ich geboren bin? Um ihn mir zu zeigen. Aber vielleicht hatte er keine Lust auf Erinnerungen. Hatte sich womöglich vorgenommen, mir mehr zu zeigen, wenn ich zehn oder vierzehn geworden sei. Seine Reise in die Kindheit: Anna, seine Mutter, wollte, wie so viele, aus ihm möge ein Geistlicher werden. Beruf mit Zukunft. Die Klosterkirche ehrwürdiger Herkunft in Sichtweite.

Endlich, 1994, gelang mir ein Besuch in Doksany. Jahreszahlen. Die mag er gelesen haben als Kind. Das Taufbecken – ganz sicher. Die Fresken, der Hauptaltar. Hat jemand Heinrich die Geschichte erzählt, die wunderbaren Fresken gedeutet? Sein Vater starb, als der Junge dreizehn war. Sie wohnten mittlerweile in Bodenbach. Er ging auf die Wanderschaft elbabwärts nach Dresden, sah das »liebenswürdige Elslein«, blieb in Blasewitz, heiratete sie – oh weh, er katholisch, sie evangelisch, was ihn überhaupt nicht interessierte. Ihre drei Kinder wurden evangelisch getauft.

An diesem regnerischen Vormittag fuhren wir mit einem müden Personendampfer elbaufwärts, stiegen aus in – ja, ist es Tichlowitz gewesen? – wie dem auch sei, wir wollten mit dem nächsten Dampfer zurück. Aus dem Bauchladen eines Mannes kaufte man mir Pfefferminzbonbons, die schmeckten scheußlich. Das nächste Schiff kam alle Stunde. Die milde Sonne schien. Auf dem Vorderdeck traf der Großvater einen Bekannten aus Aussig, einen Schneider, mit dem er sich lange unterhielt. Worüber? Setze ich mich an seine Stelle, würde ich mich im benachbarten Ausland auslassen über die neuen deutschen Verhältnisse. Gegen Hitler, das weiß ich genau, war der Großvater. Er hatte es oft gesagt. Was aber die böhmischen Schneider angeht, sie machen die besten Kragen. Der Großvater ließ sich seine Anzüge nur in Böhmen schneidern.

In Herrnskretschen stiegen wir aus. In Hrensko. Spazierten gemütlich aufwärts in den Ort. Würden zu Abend essen, uns dann mit der Fähre übersetzen lassen und mit dem Zug nach Hause fahren bis Dresden Hauptbahnhof, und dann blitzgeschwind mit dem Taxi nach Hause. Am Montagmorgen wollte der Großvater pünktlich in seinem Büro sitzen.

Im Hotel »Zur Krone« setzten wir uns. In einem sommerlichen Nebenbau. Was die Großmutter nahm, weiß ich nicht mehr. Der Großvater bestellte sich Gänsebraten. Und das Mitte Juni! Wo, frage ich, bekäme ich heute mitten im Juni Gänsebraten?!

Mir wurde ein Paar Würschtel zuerkannt, gegen die ich nichts einzuwenden hatte. Dazu das ortsübliche Mineralwasser. Als es kam und der Großvater gekostet hatte, fragte die Großmutter irgendwie sinnlos und vielleicht nur, um etwas zu sagen, wie es schmecke. »Na, wie Wasser so schmeckt«, sagte der Großvater ein wenig unwirsch wegen solcher absolut blödsinnigen Frage. Hätte er gewußt, es sei sein letzter Satz im Leben, er hätte womöglich etwas Bedeutenderes geäußert. Doch Gevatter Tod greift zu, wann er will, und so ließ er Großvater mit einem Seufzer zur Seite sinken.

»Papa, was ist dir denn?« rief die Großmutter und war sofort neben ihm mit zu bewundernder Schnelligkeit. Er seufzte wohl nur noch »ach«. Sie hielt seinen Kopf im Arm.

Ich, voller Entsetzen, weil ich dachte, er müsse sich übergeben, was ich aus eigenem Erleben zutiefst verabscheute, mochte nicht hinsehen, sondern rannte zum Nebentisch und erschreckte mit hochgerissenen Armen zwei kartenspielende Paare. Alarm.

Die Großmutter stand und hielt Großvaters Kopf. Mich zerrte man zu einem Tisch im Freien. Und beiseite.

Recht schnell kam ein Doktor. Der rief beim Betreten des Gastraumes: »Machen Sie sich aufs Schlimmste gefaßt!« Welch kluger Ruf. Lernen ihn Ärzte an der Universität?

Ich sah und hörte, wie er die Brust des Großvaters hämmernd und das Herz meinend ins Leben zurückholen wollte. Vergebens.

Damals hieß das Herzschlag, wenn das Herz nicht mehr schlug.

Vor Schreck hatte die Großmutter unsere Telefonnummer vergessen. Ich konnte sie – bis heute – sagen: 3–5-8–2-9. Und meine Eltern, wer möchte sagen: vorahnungsvoll? waren zu Hause, nahmen ein Taxi und trafen nach zwei Stunden ein.

Mich hatte man draußen hingesetzt und mir die bestellten Würstel einverleibt. Dazu tröstend von den Ehepaaren vom Nachbartisch, ob ich nicht auf dem Dresdner Flugplatz namhafte Nazis – so sagten sie nicht, nannten nur Namen – kennenlernen möchte, also nächsten Montag. Ich glaubte ihnen nicht. Hörte nur zu.

Mein Vater übernachtete im Hotel, wegen der Formalitäten, denn auf einmal war es im Ausland geschehen. Mir schossen im Restaurant, kaum daß ich die Nähe der Mutter fühlte, die eingenötigten Würstchen zum Entsetzen benachbarter Esser aus dem Halse. Zu dritt fuhren wir im Zug nach Dresden. Da erst fragte ich: »Ist der Opa tot?« Großmutter und Mutter nickten.

Was bleibt?

Die nächsten Tage waren unruhig. Die Frauen kauften Trauerkleidung. Damals trugen Witwen noch Schleier und hielten das Trauerjahr ein. Es dauerte Jahre, ehe die Großmutter eine Bluse mit etwas Weiß anziehen mochte. Ich verbrachte die meiste Zeit unter dem großen Eßtisch im Wohnzimmer. Störte niemanden, blieb unbehelligt und spielte mit Papiersoldaten, die mir meine Mutter zeichnen, ausmalen und ausschneiden mußte. Seit Wochen schon vergrößerte sich die Mannschaft. Nur bei der überaus wichtigen Musikkapelle versagte die zeichnerisch begabte Mutter. Die Tuba gelang ihr nicht, ebenso kümmerlich blieben die Trompeten. Ich saß unterm Tisch, dessen Beine mit Querleisten verbunden waren.

Einmal ging die Großmutter durchs Zimmer und bekam, weil sie allein war, einen Weinkrampf. Ganz leise und unauffällig, denn so war ihr Leben. Nicht auffallen wegen der Leute. Ich hockte unbemerkt und versuchte sofort, ihr Gesicht nachzuahmen. Nicht zum Spott, sondern weil ich es noch nie so gesehen hatte. Versuchte es mehrmals, dann auch vorm Spiegel, unterließ es aber bald.

Die Trauerfeier fand am nächsten Freitag statt. Im Krematorium Tolkewitz. Markanter Bau, Jugendstil; vom Schiff aus gut zu betrachten. Manchmal rauchte es.

Ich bekam keine Trauerhosen, weil ich nicht mitgenommen wurde. Leider. Welch ewiger Eindruck blieb vorenthalten? Statt dessen einem Ehepaar aus der Nachbarschaft anvertraut, das mit mir Schiff fuhr und Eis essen ging.

Aber ich fragte bohrend! Erfuhr in Bröckchen, daß sehr viele zur Feier erschienen waren. So schöne Kränze. Die lagen dann überm Grab, wie das Foto beweist. Offenbar wurden seinerzeit die Toten in Dresden ordentlich schnell verbrannt. Zur Urnenbeisetzung nahm man mich mit. Wieder warf ich ein Sträußchen in ein Loch, in dem nun der Großvater ausruhte.

Ein Berg von Kränzen, deren Blumen langsam welkten. Da wir

wohl täglich dort waren, erinnert mich der Geruch welkender Rosen seither an unser Grab in Dresden.

»Der Riesengebirgsverein hat gesungen«, erzählte die Mutter. Dort war der Großvater im Vorstand gewesen, hatte auch eine Wandernadel in Silber oder Gold, was weiß ich. Nach wie vor wundert mich, was dieser Verein in Dresden zu tun hatte, wo er doch eher Elbsandsteingebirgsverein hätte heißen müssen. Sei's drum. »Bergheil zur Fahrt, Grüß Rübezahl« hätten sie gesungen, als der Sarg sich langsam senkte.

Mit diesem Verein, von dem wir noch zwei Mokkatassen haben, die gewiß von Großvaters 60. stammen, hatten Großvater und Vater viele Wanderungen unternommen und etliche geführt, die sie zuvor ausprobiert hatten. Quartier und Essen vorbestellt, alles präzise erwandert. Da der Großvater Tschechisch konnte, gab es für Vater und Sohn nie Probleme mit der Übernachtung.

Selbstverständlich fragte ich, wo der Großvater jetzt sei!

Im Himmel, antwortete die Großmutter. Als Engel. Ich konnte ihn mir aber nicht vorstellen im Nachthemd, obwohl ich ihn so oft morgens erblickt hatte – »Tagwacht« rufend, den Weckruf des österreichischen Militärs, bei dem er nie gedient hatte –, aber jetzt, mit Flügeln dran? Nein, meinte die Großmutter, nur der Kopf, aber mit Engelsflügeln. Wie auf den Lackbildern im Papierladen, die ich aber nicht sammelte. Das war etwas für Mädchen. So beflügelt mochte ich meinen Großvater erst recht nicht und war überzeugt, daß es ihm als flatternder Kopf im Himmel bestimmt nicht gefiele. Aber was kann einer ändern, wenn er tot ist?

Als ich, reif genug, die drei Todesanzeigen lesen konnte, die mein Vater sorgsam ausgeschnitten und aufgehoben hatte, war ich beeindruckt. Das »Gesamt-Personal« verabschiedete ihn mit herzlichen, heute aus der Mode gekommenen Formulierungen. Dann heißt es, Heinrich Knobloch sei »stets ein Beispiel eiserner (na ja) Pflichterfüllung gewesen«, und »sein Können sowie seine gerechte Denkungsweise wurde von uns jederzeit besonders hoch geschätzt«. Die Geschäftsleitung betrauerte »nicht nur einen Mann von außerordentlichen und organisatorischen Fähigkeiten« – Nachrufe loben zwar immer, aber es muß doch etwas dran gewesen sein an dem »Menschen mit vorbildlichen Charaktereigenschaften«. Dann folgt:

»Sein Name wird in der Geschichte unseres Unternehmens unauslöschbar sein.« Wer konnte sich im Juni 1933 vorstellen, daß ein 1777 gegründetes Unternehmen wie C. C. Meinhold & Söhne mit seiner Geschichte als Sächs. Hofbuchdruckerei und Verlagsanstalt auslöschbar geworden war unter Hitler?

Eine neue Welt

Jeden zweiten Tag in diesem warmen Sommer ging die Großmutter zum Friedhof: gießen. Ich immer dabei. Bald war der Armbruch geheilt, der Gips weggeschnitten, das Gelenk nach schmerzhaften Übungen beweglich wie zuvor.

Der Tolkewitzer Johannis-Friedhof war zu ergründen. Zwei Gräber entfernt lag Kapitän Horn von der Weißen Flotte. Welchen Personendampfer hatte er geführt? Waren wir an Bord gewesen? Ein Anker über seinem Namen. Manchmal stand eine stattliche Dame in Schwarz mit der Gießkanne am Grab. Eines Tages war auch der Name seiner Frau hinzugefügt.

So gab es Nachbarschaft auf dem Friedhof. Man kannte sich womöglich vom Einkauf beim Fleischer oder »vom Sehen«, wie das zutreffend genannt wird.

Längst, wenn ich heutzutage komme, ist Kapitän Horn mitsamt seinem Stein verschwunden. Überhaupt ist manches zugewachsen, überwuchert, eingeebnet. Es gab seinerzeit einen Hohlweg, den hat die Verwaltung aufgefüllt und die hohe Linde entfernt, unter der ich so schön gespielt hatte, mit Käfern und Ameisen, während die Großmutter Kanne um Kanne goß. Im Frühjahr standen Stiefmütterchen, im Sommer Gottesaugen, die in Berlin Eisblumen heißen. Sahen die Nachbargräber sehr trocken aus, kam es der Großmutter auf eine Gießkanne mehr nicht an.

Ich buchstabierte Inschriften. Bestaunte kostbare Erbbegräbnisse mit Büsten oder Porträtmedaillons. Auf manchem stand eine marmorne Engelfigur. Verhüllte Weiblichkeit. Kein Gedanke an einen Kopf mit Flügeln. Mancher Titel, manch adliger Name. Das vornehme Blasewitz hatte sich hierherlegen lassen. Viel »königl. sächs.« dabei.

Durch die erlebte Selbstverständlichkeit des Friedhofs als Teil des Daseins hatte ich nie Angst. Interessierte mich als Erwachsener immer mehr dafür, weil die Gräber Geschichten erzählen und Friedhöfe aufgeschlagene Geschichtsbücher sind.

Wir gingen in Richtung Ankertor nach Hause. Das lag für uns günstig zur Elbe hin. Erst einmal hielten wir an beim Erbbegräbnis des Kgl. Baurates Karl Emil Scherz und wunderten uns. Vorsorglich hatte er den Platz für sein Todesdatum freigelassen. Jedoch stand bereits »Gest.   zu Blasewitz« dabei. Wie konnte er wissen, daß er in Blasewitz sterben würde? Längst ist der 10. Okt. 1945 eingefügt worden.

Dann ein recht verwahrlostes Feld mit Kindergräbern, über das die Großmutter nicht gern sprach, denn sie hatte ihren kleinen Rudi fünfjährig an der Diphtherie verloren. Der liegt als erster in unserem Grab.

Auf manchem kleinen Hügel stand ein Engelchen. Aus Porzellan? Sehr verletzlich. Ich schaute scheu hin, den zornigen Ruf der Großmutter vorm inneren Ohr, denn wenn ich einmal nach ihr haute, wie das kleine Jungen zu machen pflegen, drohte sie mit sehniger Faust: »Dir wächst mal die Hand aus dem Grabe!« Ich sah hier keine. Überall nur liebe Kinder?

Dann die toten Kommunisten. Der lange Trauerzug war bei uns durch die Tolkewitzer Straße gekommen. Ich durfte nicht ans Fenster, sah ihn aber doch. Sieben oder noch mehr Männer waren Anfang 1933 im Keglerheim von der Polizei erschossen worden. Zu DDR-Zeiten bekamen sie einen längst verwitterten Gedenkstein.

Wegen dieser Kommunisten hatte ich meine Schwierigkeiten mit dem Horst-Wessel-Lied, das in der Schule geübt wurde. Dort heißt es »Kame-ra-den, die Rotfront und Re-ak-tion erschossen, marschiern im Geist in unsern Reihen mit.« Wie das? Es mußte doch Kameraden der Rotfront heißen. Hatte ich nicht den Trauerzug bemerkt und die Gräber? So spitzfindig war ich noch nicht, daß aus dem Text klar hervorgeht, wer die Rotfront erschossen hatte, nämlich die »im Geist in unsern Reihen« Mitmarschierenden. Mit »Reaktion« konnte ich nichts anfangen, malte aber meinen papiernen Marschierern schöne Fahnen mit Hammer-und-Sichel und den drei Pfeilen der Sozialdemokraten, sang dazu von den Kame-ra-den, die im Geiste mitmarschierten, also war niemand benachteiligt.

Linker Hand, nahe dem Ankertor, hatten wir den kleinen Beyer begraben, der ertrunken war. Aber sein Grab, falls es das noch geben sollte, finde ich nicht mehr.

Vor Jahren schon, rein zufällig, sah ich den rötlichen Stein. Nur ein paar Schritte entfernt von unserem Grab. Sehr verwittert durch die Dresdner Luft, die auch unseren alten Stein ausgezehrt hatte. Dazu hohes Gras. Es lebt wohl niemand mehr von der Familie. Der Vater starb vor dem Sohn, was gut ist. Hans-Erich von Schulz, dem ich damals die Berittenen schenkte zum Geburtstag, ist am 20. Februar 1944 bei Velletri in Italien dem Krieg zum Opfer gefallen. Der Rothaarige mit Sommersprossen, er hatte ein besseres Schicksal verdient. Wenn man aber militärfreundlich erzogen wird? Und ein Mitschüler bringt zum Geburtstag kämpfende Reiter?

Durchs Ankertor nach links auf den Nachhauseweg. Es gab dort zwei Steine, die offenbar Grenzen markierten und längst verschwunden sind, mir aber Waagen bedeuteten, denn der Großvater hatte eine Waage angeschafft, als es wohl schon zu spät war, auf das Gewicht zu achten. Also wog ich mich zum Spaß.

Rechts eine Villa mit Namen Emmaus. Auf einem kleinen Sonderbalkon lag ein friedlicher Hund. Helf er sich, noch heute schaue ich hin und erwarte ihn.

Nun kam es darauf an, die Straßenbahn 16 zu erwischen. Mit ihr waren wir im Nu zu Hause. Doch oft fuhr sie uns vor der Nase davon. Die Großmutter seufzte, schimpfte aber nicht. Entweder warteten wir gleich hinter der Ecke Ludwig-Hartmann-Straße auf die nächste 16 oder gingen einfach weiter, was fast auf dasselbe herauskam. Heute laufe ich gleich, denn sie haben die Haltestelle der Straßenbahn – es ist natürlich nicht mehr die 16 – noch weiter verlegt und ungünstiger für Leute, die aus dem Ankertor kommen; das sind wie damals alte Frauen, denen die Füße weh tun.

Gelegentlich gingen wir die Treppen hinunter zum Leinpfad. So hieß der Fußweg an der Elbe. Rudervereine hatten dort ihre Häuser. Mannschaften übten fleißig. Eines schönen Tages würde ich mitmachen. (Von wegen. Oder um es mit den Worten der Großmutter zu sagen: Der Mensch denkt, Gott lenkt.)

Viele Bänke mit Blick auf das Wasser. Dampfer klapperten – so sieht das nämlich aus – mit ihren Schaufelrädern elbauf, elbab. Schafgarbe abschneiden fürs Butterbrot. Es war ein wunderbarer, sicherlich trügerischer Abendfriede, weil andere Leute längst über uns verfügten, die Alten und die Jungen.

Noch nach Großvaters Tod kam eine Lieferung Wein.
Die Rechnung imponierte mir am meisten. Sie war
adressiert an »Frau Heinrich Knobloch«.
Mir kam das aberwitzig vor. Manchmal hieß die
Großmutter »Frau Elsa verw. Knobloch«.
Das Fehlen des Ehemannes war offenbar wertmindernd.

Andere Zeiten …

Am 1. Mai 1934 marschierte der Vater durch die Tolkewitzer Straße an unserem Haus vorbei. In Reih und Glied. Mit seinen Arbeitskollegen. Er trug eine blaue Schirmmütze, die ich weder vorher noch nachher bei ihm gesehen habe; hatte sie kaufen müssen und hinterher weggeworfen; er winkte, als er uns sah, machte aber kein fröhliches Gesicht. Als ich marschieren mußte, wahrlich zu oft, habe ich manchmal an ihn gedacht.

Einmal, da war ich aber schon neun Jahre alt, hatte ich seine Hand angefaßt beim Spazierengehen, als uns ein Schulkamerad begegnete. Das hat er sein Lebtag lang immer wieder und gern erzählt, wie ich da heimlich seine Hand losließ. So kann ich dank meinem Vater nicht nur den Beginn, sondern auch das Ende meiner Kindheit datieren.

Bald wurde er arbeitslos. Hoffnungsvoll bewarb er sich in seinem graphischen Beruf. 1935 hatte er Aussicht, in Mailand Arbeit zu finden, einer Stadt alter Druckkunst, und kaufte sich ein Buch mit dem einleuchtenden Titel: »1000 Worte Italienisch«. Ich lernte mit. Behielt den schönen Satz auswendig, mit dem man nach der Ankunft auf dem Bahnhof den Gepäckträger rufen sollte. Es wurde nichts. Es blieb beim italienischen Eis in Dresden.

Die andere Aussicht lautete: Berlin. Als er sich nach Berlin verabschiedete, kam er früh an mein Bett. Ich lag im hohen Ehebett des Großvaters und spürte, daß mein Vater sich dort setzte und mich betrachtete. Das rührte mich so, daß ich mich schlafend stellte, bis mir nach einer Weile die Tränen kamen. Als ich sie zu deutlich auf meinen Wangen spürte, öffnete ich verschämt die Augen – und er saß nicht mehr da. Wenn ich ihm das erzählt hätte, als er sechzig wurde – aber vielleicht wäre es ihm genierlich gewesen, um einen sächsischen Ausdruck zu benutzen. Wir enthalten unseren Eltern zu vieles vor, das sie vielleicht für ihre letzten Jahre brauchen würden, um sich nicht zu schuldig vorzukommen, was das Aufziehen ihrer Kinder angeht.

Mir sind durch unseren Umzug nach Berlin viele Dresdner Erlebnisse entgangen, die zum Heranwachsen gehört hätten: Gemäldegalerie, Oper. Halt, der Großvater hatte uns ins Weihnachtsmärchen geschickt! Und ich war mit der Großmutter zur Vorstellung eines Bauchredners gewesen, wollte anschließend einer werden, kam aber zu spät nach vorn, als der Mann Zettel verteilte, auf denen stand, wie man es macht. Immer, wenn im Leben solche Zettel verteilt wurden, kam ich zu spät. In den meisten Fällen werden keine verabreicht. Auf irgendeine Weise lernte ich, nein zu sagen. Bei vielen Gelegenheiten. Das ist womöglich ein Erbteil meiner Mutter, die als kleines Kind bei einem Spaziergang verlorenging und erst nach manchem Umweg von der Polizei zurückgegeben werden konnte. Auf dem Revier hatte man sie nach ihrem Namen gefragt, und sie hatte den Kopf geschüttelt. Sie sagte später zu ihrer erleichterten Mutter: »Was müssen die wissen, wie ich heiße!«

Ehe man das Kind ins Museum mitnimmt, möchte es anderes sehen. Eines schönen Sonntags fuhr mein Vater mit mir auf dem Carolasee Gondel. In Berlin hätte das Kahnfahren geheißen. Anderntags mußten wir einen kleinen Aufsatz schreiben: »Was ich am Muttertag erlebte«. Ich erzählte treuherzig genau vom Carolasee, doch die Mutter kam überhaupt nicht vor, denn sie hatte sich zu Hause mit der Großmutter um das Mittagessen gekümmert. Das war ja noch harmlos. Aber wenn Lehrer die offenherzigen Kleinen ausfragen … Aus politischen Gründen für die jeweilig Herrschenden. Alles, bitte schön, selbst erlebt.

Daher, was Kunst und Kultur Dresdens angeht, bin ich durch den Umzug, das Weggezogenwerden, zu kurz gekommen. Denn mein Dresden ist nicht mehr vorhanden. Zu Berlin hatte ich keine Beziehung. Bekam sie erst in späteren Jahren, mit grimmigem Interesse, als ich merkte, daß die Eingeborenen nur das über ihre Stadt wissen, was ihren Lehrern der Lehrplan vorschrieb. Daher mußte den Berlinern manches erzählt werden!

Das liebe Dresden. Das Kugelhaus habe ich gesehen! Mit den Großeltern in der Ausstellung am Hygienemuseum. Damals ging man in die »Ausstellung«, das Wort genügte. Ohne zusätzliche Namen oder Beschwörungsformeln. Das Kugelhaus, ja, eines Tages gehen wir mal hinein und schauen aus dem Fenster. Wer konnte sich vorstellen, dies sensationelle Bauwerk würde bald abgerissen werden, denn es zählte zur »entarteten Kunst«.

Die Umbenenner kamen. Zwei Straßen wurden nach den beiden hingerichteten Mördern des österreichischen Bundeskanzlers Dollfuß benannt. Längst heißen sie wieder anders. Zwei Straßen gab es nach 1945, die hießen nach Reichpietsch und Köbis, den zu Kaiser Wilhelms Zeiten erschossenen Matrosen, die den verlorenen Krieg beenden wollten. Solche Verbrecher konnte nach 1990 die Landeshauptstadt nicht ertragen.

Man wird aber noch sagen dürfen, wie die beiden Bahnen hießen, die in Loschwitz bergauf und bergab fahren. Die eine hieß Drahtseilbahn und stieg vom Körnerplatz zum Luisenhof. Mit der sind die Großeltern mit mir oft gefahren. So oft, daß ich mal nach vorn, mal zur Seite schauen konnte, am liebsten jedoch nach hinten, wo sich ein seltsam schiefes Rad noch drehte, als der Gegenwagen längst vorbeigefahren war. Diese Bahn hieß Drahtseilbahn. Und wer auch immer sie umbenennen ließ in Standseilbahn, er war etwas meschugge. Ein Stück weiter fuhr zu meiner Kindheit die Schwebebahn, die jetzt Bergschwebebahn heißt, halbherzig; ist sie denn keine Talschwebebahn?

Damit wären wir bei der Frauenkirche, deren Wiederaufbau beschlossen worden ist, was seine Zeit dauern wird, denn das Geld fehlt. Da hat der fürchterliche Zweite Weltkrieg dem Deutschland, das ihn angefangen hat, ein Denkmal beschert, das seinesgleichen sucht. Dresdens schönste Kirche als Trümmerhaufen. Als ob der liebe Gott damit gemeint hätte: Seht ihr, das kommt davon! Und: Laßt es sein! So war sie Mahnung. Zehntausende sind elend verreckt in jener Dresdner Nacht.

Bliebe die Ruine, könnten die Lebenden eine gewisse Scheu bekommen vor einem Krieg. So könnte ihr Haus aussehen, ihre Kinder erstickt unter den Trümmern, nicht doch und wozu?

In London hat der Luftmarschall, der Dresdens Vernichtung befahl, unlängst ein Denkmal bekommen. Dresden hätte ein Duplikat neben die Ruine der zerbombten Frauenkirche stellen können. Nicht mit Rachegefühlen, denn es gibt keine Rache im Leben. Jener tat, was er konnte, um Hitlers Krieg zu verkürzen. Doch solches Nebeneinander gefällt nicht. Es provoziert Nachdenken …

Babisnauer Pappel

Immer schon wollten wir nach Babisnau gehen, zu der großen Pappel dort. Ein Kind sieht öfter zum Horizont, entdeckt, fragt, bekommt Auskunft, die nicht immer befriedigt – und dann will es hin, anfassen und selber nachsehen.

Mein Vater wollte mir den Riesenbaum aus der Nähe zeigen. Eines Sonnabends haben wir uns auf den Weg gemacht. Wir sind aber nicht hingekommen. Die uralte, 1808 als Grenzzeichen gepflanzte Pappel sieht nahe aus, leicht erreichbar. Das ist nicht der Fall. Wie bei manchem Wahrzeichen. Vielleicht war der Horizont zu weit weg, was man schon in jungen Tagen bemerken sollte, oder wir sind in den falschen Bus gestiegen. Auch das muß man beizeiten gelernt haben.

Jahrzehnte später bin ich hingelangt. Umständliche Wege nehmend, immer noch nach der Luftlinie mich richtend, aber man ist kein Vöglein, muß durch Äcker stapfen. Es gibt Zugang, wenn man ihn weiß: »Verführung zu einer Pappel«.

Jedenfalls sind mein Vater und ich damals in einem Gasthof gelandet in irgendeinem grünen Dorf in jener Gegend. Am Haus wuchs wilder Wein. Und wir saßen auf der Veranda. Mein Vater bestellte uns Käsebrot und Apfelsaft. Das war ein ganz unverhofftes Erlebnis, denn der Käse roch anders als sonst, sehr weicher Camembert, und so frisch wie hier wurde Brot zu Hause nie gegessen. Und Apfelsaft. Er hat nie wieder so geschmeckt. Mein Vater wunderte sich auch, daß wir die Pappel nicht erreicht hatten. Nicht, daß er deshalb schimpfte oder sich entschuldigte. Es war eben so. Irgendein Bus in der Dämmerung brummte uns heim.

Der Wal in Blasewitz

Eines Tages ankerte am Ufer der Kindheit, nur ein paar Dutzend Meter vom Blauen Wunder entfernt, ein Elbkahn. In ihm war statt anderer Fracht ein präparierter Wal untergebracht. Er paßte gerade hinein. Wenn ich nicht irre, zahlten Kinder zehn Pfennige, ihn anzusehen.

Ich stand vor seinem aufgerissenen Maul, dieser offenen Tür, und las, was beruhigend auf der Tafel stand. Daß nämlich dieses Tier dank seiner winzigen Schlundöffnung – gut zu erkennen bei elektrischer Beleuchtung – lediglich kleine Fische zu verschlucken imstande sei. Ungefährlicher als ein Löwenrachen.

Dann wanderte ich am endlosen Fisch entlang und musterte seine graue Haut. Da wurde mir klar, daß wir beide allein waren. Die Frau mit der Kasse sonnte sich draußen am Steg.

Es überkam mich eine besondere Angst. Ich ging schneller, aber nicht zurück, sondern voran und rannte um die Schwanzflosse herum, ohne sie und den Koloß näher zu betrachten. Wovor fürchtete ich mich? Daß er sich bewegte. Ein Ungeheuer. Ich machte, daß ich aus dem Kahn kam.

Zu Hause war der Wal noch gewachsen. So erlebte ich als kleiner Junge, warum bei erfolgreichen Anglern die Fische größer werden.

Unterricht

Einmal tauchte ein kleiner Wanderzirkus auf. Drei Männer kutschierten trompeteschmetternd im offenen Pferdewagen durch Blasewitz. Wer rannte da nicht mit! Wer hörte nicht auf ihren Ruf, wenn sie innehielten! Vorstellung heute nachmittag.

Ein ganz kleiner Zirkus. Ohne Zelt. Auf der Wiese gegenüber vom Straßenbahnhof.

Nichts wie hin! Eine Frau zeigte einen dressierten Esel. Ein Messerwerfer trat auf. Aus der Erinnerung betrachtet: Er hatte genau soviel Angst wie sein Partner. Heutzutage unterhalten sie sich nur und verhandeln, messerscharf.

Zwei Männer als Clowns. Wir sollten lachen. Und da wir unverwöhnt zuschauten, lachten wir. Aber sie waren so schlecht, daß zu sehen war, wie sie sich ohrfeigten. So gut waren sie, daß unsereiner mitbekam, wie sie es machen auf Manegenart. Einer holt aus und schlägt fast zu, während der andere ihm die Wange hinhält und in die eigenen Hände klatscht; auf die achtet keiner. Oh, ihr bewundernswerten unbekannten Lehrmeister!

»Potz Blitz«

Wenn wir stadteinwärts gingen, die Residenzstraße entlang, die heute Loschwitzer Straße heißt, stand rechter Hand ein langgestreckter Bau, ein Gasthof namens »Potz Blitz«. Die Großmutter sagte, hier sei sie tanzen gegangen als junges Mädchen. Mehr erzählte sie nicht. Später, viele Jahre später entlockten wir ihr das Bekenntnis, sie habe sich geschämt, als sie in ihren Zwirnhandschuhen Löcher entdeckte – dabei war sie Modistin –, das konnte einen schlechten Eindruck machen auf den stattlichen Herrn Heinrich, der sich für sie interessierte. War es im Garten von »Potz Blitz«, einer erbarmenswürdigen Ruine, die in den fünfziger Jahren abgerissen wurde? Wieder ein Stück des alten Dresdens dahin. Zwar hat Schiller dort nicht die nach ihm benannte eßbare Locke erfunden in zweierlei Gestalt, Gebäck oder Räucherfisch, aber man hätte es ihm nachsagen können wie so vieles, das mit bestimmtem historischen Abstand Gebäuden und Menschen angeheftet werden wird.

Dem »Schillergarten«, nach Schillers Tod erbaut, erging es besser, vormals hatte Schiller dort Wein getrunken, denn faulende Äpfel erregen auf die Dauer nicht die Schöpferkraft, und mit der Kellnerin angebändelt – so ist sie als »Gustel von Blasewitz« im »Wallenstein« in die Literatur gelangt.

Gerade verdecken Gerüste, hinter denen der »Schillergarten« eine neue Existenz bekommt, die Sicht auf den benachbarten Musentempel mit klassizistischer Fassade. Unser Kino. Von der Großmutter und anderen »Holzoper« genannt.

Eines Abends, da war ich acht, durfte ich mit meiner Mutter in dieses kleine Kino gehen. Wahrscheinlich wollte sie etwas für meine Bildung tun, denn der Film hieß »Wilhelm Tell«. Eine Szene weiß ich noch: Auf der Leinwand zeigte ein Mann seine blutig leeren Augenhöhlen, was ich abscheulich fand. »Sieh nicht hin!« sagte meine Mutter. Geht man deshalb ins Kino?

Auf dem Schillerplatz gab es Obstkarren, Platzkonzerte und bis heute einen Taxistand. Manchmal tauchte die Elbe als Hochwasser auf. Da wurde die Schiffahrt eingestellt. Warum nur? Da hatten sie doch genug Wasser unter sich. Wieder einmal ist das Gegenteil richtig: Die Schiffe passen nicht mehr unter die Brücken hindurch.

Statt eines Satzes vom Dichter stand am Fenster der Schneiderwerkstatt: »Ihr alter Anzug wird neu, wenn er gewendet wird.« Ist das mit den Klassikern ebenso?

Die schwere Eierschecke von 1898

Otto Bierbaum in seinem Conditorei-Lexikon:
875 g guter Hefenteig wird ausgerollt, auf ein Kuchenblech gelegt, ein Rand herum gesetzt, gehen lassen und so folgende Masse, gut gequirlt, darauf gegossen: 16 Eigelb, 4 ganze Eier, 200 g Zucker, 375 g zerlassene Butter, 50 g Mehl, Rosinen, Corinthen und Mandeln.
Ein Rezept aus der Zeit, als man sein Kuchenblech zum Bäcker trug und »abbacken« ließ.
Nur waren die Bleche dreimal größer als unsere. Nimmt man von allen Zutaten nur ein Drittel, dann wird die schwere Eierschecke ganz schön leicht. Vor allem aber fehlt diesem Rezept der Quark! Auf den Teig wird hier einfach ein Eierpudding gegossen. Das ist so gar nicht dresdnerisch! »Quark macht stark!« sagte die Großmutter.

Wir verbreiten Gemüt

Warum sind Sachsen und besonders Dresdner in aller Welt zu finden? Sie verbreiten ihr Gemüt. Dazu gehören – Ausnahme als Regel – friedfertige Weltoffenheit, anpassungsfähige Individualität und das Fünkchen Unverstand, das man zum Leben unter jeglicher Obrigkeit benötigt. Dabei hilft das Gefühl, mit der jeweils verkehrten Seite verbündet worden zu sein: Maria Theresia, Napoleon, Ulbricht – wer wird der nächste sein?

Wir sind gutgläubig, treuherzig und naiv. Deshalb ist es gescheit, den Geburtsort zu verlassen, nachdem er uns prägte.

Unsere sächsische Geschichte ist voller Anregungen. Wenn die Betrachter z. B. den Goldenen Reiter erblicken, August den Starken. Er kam bei uns in der Schule im Unterricht vor. Weil er mit den Händen Hufeisen verbiegen konnte und Zinnteller wie Eierkuchen rollen. Er hat seinen Daumen in das zu seiner Zeit noch nicht vorhandene Geländer der Brühlschen Terrasse gepreßt, wie noch heute zu sehen, falls nicht gerade ein Andenkenjäger es absägte. Nichts Vergleichbares in Berlin!

Das Geld, das er aus seinem Lande preßte, gab er nicht für Waffen aus, sondern für Frauen und gutes Essen. Er hinterließ Schulden, Gemälde und Porzellan. Daher paßte er nie der in preußischem Deutsch formulierten Geschichtsschreibung. Die sonst bei Legenden so zeugungsfähigen Historiker sprechen ihm seine 365 Kinder ab, genehmigen nur drei Söhne und vier Töchter. Vermutlich wegen des grauen Reiters Friedrich II. Unter den Linden in Berlin ... Unser August hat 187 Gramm Blattgold auf Leib und Pferd. Und in der Schule haben wir staunend von der Gräfin Cosel gehört, daß sie im Sommer im Pferdeschlitten fahren wollte. Die Bauern mußten dafür das teure Salz scheffelweise auf den Weg schütten. Aber kein Lehrer gab uns die Rechenaufgabe: Wenn sieben Jahre verlorener Nordischer Krieg 80 000 Sachsenmenschenleben kosteten und neunzig Millionen Taler, während die Gräfin Cosel neun Jahre lang für zwanzig Millionen zu haben war, wie viele Kuschel-Gräfinnen würden einen Staatshaushalt ruinieren bis zur Kampfunfähigkeit?

Nicht vorenthalten wurde uns in der Schule die ewige Verbannung der Cosel. Daß sie während ihrer Haft zum jüdischen Glauben übertrat, wußte der Lehrer vermutlich selber nicht.

August aber ist der Schöpfer der Barockstadt Dresden. Seine Bauordnungen, fortgesetzt vom Sohn. Unter August wirkten Bach, Pöppelmann, Permoser, Dinglinger und Gottsched. Sein Name bleibt verbunden mit Pillnitz und Porzellan, mit Seiden- und Leineweberei, Glasmanufaktur, Frauenkirche und Zwinger.

Augusts Zeitgenosse Freiherr Johann Michael von Loen erkannte scharfsinnig, daß Sachsen sich nicht für das Militär eignen, »weil sie zu wollüstig und zu gemütlich sind«. Was sich immer wieder bestätigt hat.

Ein wenig lernten wir auch über den Fürstenzug, das Wunderwerk aus Meißner Porzellan an der Mauer des Stallhofes in der Augustusstraße. Frühe Fürsten hatten Beinamen: Otto der Reiche, Albrecht der Stolze, Dietrich der Bedrängte. Wer hat den Dietrich bedrängt? Schulden, Feinde oder Frauen? Ihm folgt Albrecht II. (1288–1307); noch nach über fünfhundert Jahren wagte niemand, seinen Beinamen zu nennen, denn er hieß »der Unartige« oder »der Entartete«. Erst mit einer Margarete vermählt, wechselte er zu Kunigunde, hatte vier auf das Erbe gierige Söhne – was tun? Albrecht führte Krieg gegen seinen Vater, den Bruder und drei Söhne, verkaufte später aus Wut ganz Thüringen an den König von Nassau und lebte noch zwanzig Jahre als Rentner in Erfurt. Im Fürstenzug sitzt er auf dem unruhigsten Pferd; es steht auf den Hinterbeinen. Sehen so bei den Bildenden Künstlern die Nebensätze aus?

Am Schluß des Zuges folgen einige Männer in schäbigen Anzügen, wie Ludwig Renn beobachtete: »Das waren die sächsischen Maler, Komponisten und sonstigen Helden des Geistes.« Und in Berlin? Lessing und Immanuel Kant unter Friedrichs Pferdeschwanz. Deutsche Einheit.

Kam im Lehrplan der Tag, lehnte der Lehrer ein großes Anschauungsbild an die Tafel. Es zeigte Martin Luther, wie er zu Wittenberg in der Mönchskutte zur Schloßkirche eilt, um seine Thesen anzuschlagen. Wenn ich mich recht entsinne, hat er dabei einen ziemlich modernen Hammer in der Hand. Aber dieser Tag war ein Feiertag in Sachsen, und beim Bäcker gab es »Reformationsbrotel«.

Ein anderes Bild zeigte den Schwedenkönig Gustav Adolf vor der Schlacht bei Lützen. Fein gekleidet, den Degen betend vor sich erhoben. Mit Bedauern hörten wir, daß er zwar die Schlacht gewonnen, jedoch nicht überlebt hatte. Was beispielsweise bedeutet, wie vergeblich Gebete sein können. Das aber sagte der Lehrer nicht, ja nicht einmal heuzutage wird in Sachsen ein Lehrer, der in Sachsen Lehrer bleiben möchte, derartiges mitteilen.

Unser letzter König war auch nur ein Mensch. Seine Frau brannte ihm mit einem italienischen Geiger durch. Meine Großmutter hörte dessen Serenade gern, gleichzeitig tat ihr der König August leid, der nun mit seinen sechs Kindern allein auf der Ansichtspostkarte abgebildet war, was seine Popularität im Lande beträchtlich erhöhte. Ein unkonventioneller Monarch, dieser Friedrich August III., dazu ein Original. Er wußte genau, daß er als Untergebener von Kaiser Wilhelm II. nichts zu sagen hatte. Sprach 1918, als er abdankte und nicht ins Ausland floh, den schönen Satz: »Macht euern Dreck aleene!« Der hilft uns nach wie vor.

Nach Berlin

Als wir an jenem Dezembersonntag der Großmutter zugewinkt hatten auf dem Hauptbahnhof und der Zug die Elbe zu überqueren begann, sagte mein Vater: »Sieh dir die Türme von Dresden noch mal an …«, und stand mit mir am Fenster.

Plötzlich waren sie Heimat geworden mitsamt der Augustusbrücke. Seither ist dieser Abschiedsblick selbstverständlich. Beim Wegfahren aus Dresden sieht einer, im Gegensatz zu Berlin, ein kulturelles Panorama, was Bauwerke angeht.

Damals fühlte ich Besorgnis: kaum Angst vor der Fremde, aber war ich nun kein Dresdner mehr?

Die großen Ferien

Seinerzeit hatte die Eisenbahn drei Klassen. Als ich das erste Mal allein nach Dresden fuhr, brachte mich meine Mutter zum Anhalter Bahnhof, suchte auf dem Bahnsteig den Schaffner, händigte ihm ein Fünfmarkstück aus und mich. Daraufhin setzte er mich auf einen Eckplatz in der gepolsterten 2. Klasse.

Zu den Sätzen, die meine Mutter noch im hohen Alter zu äußern pflegte, gehört: »Nichts im Leben lohnt so wie gute Trinkgelder!«

Wenn ich alle Jahre aus der Fremde Berlin nach Dresden kam, lebte ich königlich. Drei oder gar vier Wochen lang. Die Großmutter freute sich an mir ohne viel Worte.

Ich schlief in Großvaters Bett. Zwar bewegten sich im Dunkel seltsame Schatten zum Erschrecken entlang der Zimmerdecke, das waren nachher bloß Radfahrer und die wenigen Autos.

Aus einem Grund, den ich nie erfahren habe, schrieben damals die meisten Jungen die Nummern vorbeifahrender Autos auf. Die waren langsam genug. In den USA, hörte ich später, war das wenigstens mit einer Wette verbunden. Kamen hintereinander vier Wagen mit gerader Endziffer, soll das wie vier Asse beim Poker gezählt haben.

Früh, in der Helle, bekam ich mein Frühstück auf einem Tablett ans Bett. Buttersemmeln und Kakao, dazu die »Dresdner Nachrichten«, die ich aufmerksam las. Da war zum Beispiel der »Briefkastenonkel«, der Leserfragen beantwortete und Ratschläge gab.

Dann gingen wir gemeinsam einkaufen. In den Laden nebenan. Naumann hieß er, wie die Urgroßmutter. Ein geheimnisvolles Geschäft mit vielen Fächern und Säcken. Kramladen dürfte man es nicht einmal nachträglich nennen. Es war ein regulärer, ordentlicher Kaufmanns-, kein Tante-Emma-Laden. Vielleicht stand noch »Kolonialwaren« an der Tür.

Eigentlich habe ich von diesen Einkäufen nur in Erinnerung, daß es nicht so viel Butter zu kaufen gab, wie man wollte. So begann frühzeitig Hitlers Krieg harmlos im Alltag. Spürten das die Erwachsenen nicht? Nachträglich ist gut fragen. Andererseits, was hätten sie tun können? Das sei eine ernsthafte Frage. Gezielt auf die jeweilige Gegenwart.

Das Einkaufen dauerte lange, weil wir ständig auf der Straße Leute trafen, zumeist ältere Frauen. Schon erzählten sie sich etwas und blieben stehen. Ich ging dann meist ein Stück weiter bis zu einem Schaufenster. Kam zurück, hörte sagen: »Er geht wie sein Großvater.« Das machte mich ziemlich stolz.

Was aber erstaunlich bleibt: Vor über sechzig Jahren liefen zumeist schwarz- oder graugekleidete alte Frauen herum. Sie hatten verjährte Gesichter, weißes Haar, gingen langsam und so weiter. Nach über sechzig Jahren sind sie noch immer da, wenn ich recht hinschaue, doch ich muß dazu die Brille nehmen und gehe langsamer als früher.

Am Straßenrand hielten Pferdegespanne oder zogen gerade weiter mit ihrer Fracht zum nächsten Geschäft. Sie standen lammfromm, irgendwie bedauernswert in ihrem Dasein; von Beruf: Zugpferd. Waren dennoch auf ihre Weise frei, denn sie ließen ihre Äpfel fallen, wenn ihnen danach war, und pißten gewaltigen Strahl am Straßenrand, sehr nahe dem Bürgersteig. Das war so gewohnt und alltäglich, daß niemand darüber ein Wort verlor.

Abends schauten wir auf unserem Kissen aus dem Fenster. Wer ging in den Eisladen? Wer kam aus dem Laden für Pferdewetten? Die Mauersegler jagten einander. Ab und zu ein Auto. Wunderbare Stille. Wie gesagt, wir waren ein Stück der Großstadt, gleich neben einer mehrfachen Kreuzung. Von Zeit zu Zeit fuhr die Linie 16 vorbei. Mal nach rechts stadteinwärts und hielt am Schillerplatz, mal nach links in Richtung Niedersedlitz. Und der Autobus C zum Hauptbahnhof.

Wenn wir uns zum Schlafen rüsteten, ich immer zuerst, gab es einen heimlichen Spaß. Die Ehebetten der Großeltern waren an den Fußenden mit vier Holzkugeln verziert, die auf Sockeln ruhten. Einer davon war locker. War zwar angeklebt worden, das hielt aber nicht. Sooft ich konnte, packte ich es der Großmutter unters Kopfkissen und freute mich auf ihr Erscheinen.

»Ach«, rief sie, »die alte Kaule!« Und gab sie mir. Wir lachten beide. Jedesmal. Sie mußte ihn doch erwartet haben, diesen Spaß, und spielte regelmäßig mit.

Elf Monate im Jahr ging sie allein zu Bett. Und konnte sich legen in der Gewißheit, daß die alte Kaule auf ihrem Platz stand, locker, bis wieder große Ferien sein und ihr Heinzel kommen würde. Ein bißchen größer geworden, ein bißchen unternehmungslustiger. Ihr einziger Enkel.

Eierschecke der Großmutter Elsa

Ist mit ihr vergangen für alle Zeit. Und vor allem ihr Dresdner Quarkkuchen.

Eine Woche auf der Elbe

Nach einem halben Jahr Berliner Dasein fuhr ich, beglückt über die großen Ferien, endlich wieder nach Dresden. Ich fühlte mich als Dresdner, nach wie vor, und wurde ungemütlich, wenn mich die Großmutter beim Einkaufen als ihren »Berliner« vorstellte. Es kränkte. Schließlich war ich nicht freiwillig umgezogen.

Woran bei solchem Umsetzen kaum gedacht wird: Man verliert auf einen Schlag sämtliche Schulfreunde und Bekannte. Man bekommt keine neuen, dort, wo man nun lebt. Es dauert eine Weile. So wird das Einzelkind noch mehr vereinzelt und zieht sich in sich zurück. Das konnte ich damals nicht formulieren, aber ich habe erlebt, was Minderheit sein bedeutet.

Meine Ferienwochen in Dresden bezahlte die Großmutter von ihrer Rente. Darüber habe ich nie nachgedacht. Regelmäßig fuhren wir eine Woche lang Schiff. An sechs aufeinanderfolgenden Tagen (ohne Sonntag), wie auf der Kinder-Anschlußkarte steht. Ich habe sie alle und die Kataloge »Elbe Fahrten« sorgsam bewahrt. Von 1936 bis 1940. Immer Mitte Juli. Es war nie zu heiß.

Wir standen früher auf als sonst. Die Großmutter hatte schon Semmeln gekauft, dazu kleine Teewürste. Die wurden, sobald wir auf dem Dampfer unseren Platz gefunden hatten, recht bald ausgepackt und verzehrt. Mit den Zähnen aufgebissen und in den Mund gedrückt, dazu die Semmel von Reimerts. Jegliches Backwerk kam aus dieser Bäckerei. Verwandtschaft, mir oft erläutert, aber vergessen. Die Frau Reimert sah so aus, wie eine Bäckersfrau aussehen muß: rundlich und freundlich. Zuweilen erschien ihr Mann an der Schwelle zur Backstube. Moritz, mit einem Käppchen. Er sah so aus, wie ein Bäckermeister aussehen muß: Klein, mager und mit mehlbestäubtem Gesicht. Mein Vater nannte ihn »Teigaffe«, das war nicht böse gemeint, ganz und gar nicht, aber Moritz sah wirklich so aus.

Es gab damals außer den einfachen Semmeln Zweiteilige, Franzsemmeln genannt, vermutlich nach dem Kaiser in Wien, wer weiß. Dann Dreierbrotel, deren Mitte breiter war als ihre Randwülste.

Die ließen sich abbrechen und »eintitschen« in den Kaffee. Sollten aber lieber nicht mit Butter bestrichen sein, weil das Fettaugen verursachte auf dem Kaffee. Auf das Schiff nahmen wir einfache Semmeln mit, für jeden zwei.

An der Blasewitzer Landungsbrücke wartend, hatten wir den Schornstein auftauchen sehen, wie einst, doch längst erkannte ich keinen Dampfer mehr an der charakteristischen Esse, um einen heimatlichen Ausdruck zu benutzen. Ausgenommen die »Dresden«, meine Altersgefährtin, und die jüngere »Leipzig«. Die besten Plätze waren längst besetzt. Bequeme Sessel auf dem Oberdeck und die für zwei Plätze gegenüber an der Reling. Da holte ich uns Klappstühle aus dem unerschöpflichen Vorrat, und wir setzten uns irgendwohin, mit dem Blick seitwärts auf vertraute Ufer. Für die »Salonfahrt«, meist die »Dresden«, die gegen dreiviertel neun in Blasewitz anlegte, mußte Salonzuschlag bezahlt werden, obgleich wir uns dort nie aufhielten, sondern lieber an der frischen Luft.

Die älteren Schiffe hatten Klappstühle mit Segeltuchbändern. Auf den Luxusdampfern waren sie mit Teppichtuch bespannt.

Veränderungen wurden begutachtet. Wer lag auf Kiel in der Schiffswerft Laubegast? In Pillnitz stiegen viele aus. Die naturgeschützte Insel, geheimnisvoll unbetretbar. Bei Heidenau beeindruckten unübersehbare Mengen gelagertes Holz. Vor der Pirnaer Brücke wurde endlich der Schornstein gekippt. Dann begann die Sächsische Schweiz. Steinbrüche. Stadt Wehlen. Kurort Rathen. Bastei. Wir suchten uns für jeden Tag sorgfältig ein Ziel.

Mal nötigte ich die Großmutter, der wahrscheinlich die Füße weh taten, auf die Festung Königstein, anderntags gingen wir in Bad Schandau an Land und fuhren mit der kleinen Straßenbahn zum Lichtenhainer Wasserfall. Nahe bei Schandau gab es einen Aufzug zur Ostrauer Scheibe. Wir erreichten dort oben ein Restaurant, in dem sich die Großmutter nach der Besitzerin erkundigte. Die kam, erfuhr, wer wir waren, und ließ mir sofort einen phantastischen Eisbecher bringen. Mit braunknusprigen Röhrchen besteckt. So einen hatte ich noch nie gesehen, geschweige denn gekostet. Was blieb von diesem köstlichen, vergänglichem Eis? Jahre nach seinem Tode hat der Großvater mir diesen Genuß beschert, weil man sich gern an ihn erinnerte. Das sind Lebenszeichen.

An einem anderen Tag stiegen wir in Schmilka aus, gingen zwischen den Andenkenbuden spazieren und warteten auf das nächste Schiff in Richtung Dresden. Einmal sind wir bis nach Bodenbach gefahren, in das Nazideutschland einverleibte Nordböhmen. Die Großmutter kannte die Gegend, war dort einst ihrer Schwiegermutter begegnet, ungeliebt als Evangelische. Sollte doch Heinrich ein geistlicher Herr werden und kam mit einer Deutschen an, die kein Wort Tschechisch sprach. Aus solchen Geschichten lernte ich Gegensätze kennen, die mir nicht einleuchten wollten, bis heute nicht. Mit der Landschaft war es anders. Man sah nicht, wo ein Staat aufhörte, wo der andere begann. Die Natur formt ihre Grenzen nach Klima und was weiß ich, aber nicht nach Uniformen und Pässen. Zweisprachigkeit sei Mindestbildung.

Jedenfalls war dieses gerade einverleibte Land noch nicht ganz untertänig gemacht, was die Großmutter gehört haben mochte. Wir betraten einen Laden und die Großmutter fragte nach einem Stück Butter. Nicht gerade freundlich griff die Verkäuferin unter den Ladentisch. Ich war begeistert. Hier war das bessere Land! Hatte die Großmutter nicht schon im Vorjahr über die zugeteilte Butter geklagt? Man konnte nicht mehr soviel Butter kaufen, wie man wollte. Rationierung. Aber die Leute sind deswegen nicht auf die Straße gegangen. »Kanonen statt Butter« hieß die Losung, und das Volk hatte diese Worte gefressen, sozusagen. Wie die alten Frauen damals in Blasewitz, die Krieg, Hunger und Kohlrübenwinter erlebt hatten, auf die Dörfer gegangen waren zum Hamstern und Tauschen: Meißner Porzellan gegen Kartoffeln.

Die »Dresden« fuhr bis zur Grenze und wendete bei Herrnskretschen, interessant zu beobachten. Nie wieder stiegen wir dort aus. Verständlich, daß die Großmutter das schweigend vermied, denn damals am Junisonntag ... Ich fragte nicht. Wußte Bescheid. Wir schauten nicht in die Richtung, wo das Hotel »Krone« lag, sondern nach Schöna – wo wir an jenem Tage in den Zug nach Dresden eingestiegen waren ... Ich suchte schnell auf dem Oberdeck zwei schöne, nun freigewordene, bequeme weiße Sessel.

Wir warteten auf die Abfahrt. Lasen, spielten »Stadt, Land, Tier, Pflanze« und so weiter. Dann schäumte es unter den Schaufelrädern. Kellner balancierten runde Tabletts mit Zitronenwasser, es gab auch

Kuchen. Bei solcher Rückfahrt traf die Großmutter öfters alte Frauen, mit denen sie sich anhaltend unterhielt, während ich mich mit Rätselheften beschäftigte, nicht ohne abschweifenden Blick auf die Landschaft. Wozu fährt man Schiff? Zum Nachdenken.

Mit wem aber unterhalten über umbenannte Schiffe? »John Penn« war ein Dampfer, den wir bei unseren Sandbauten am Elbufer nicht leiden mochten. Sein Name war so anders. Er hieß nicht nach einem Ort. Leider hatte niemand verkündet, daß die Firma John Penn in Greenwich um 1835 die notwendige Niederdruck-Dampfmaschine für das Dampfboot »Prinz Albert« gebaut hatte und den neuen Kessel für die »Königin Maria«, deren Kopie, 1937 zum Jubiläum hundertjährig zurechtgemacht, entzückte. Schon wegen des Kapitäns mit Zylinder. Aus gutem Grund also fuhr ein Dampfer »John Penn« elbauf und -ab. Dann wurde die »John Penn« umbenannt. Die jeweils neuen Herren müssen sich, und sei es durch Umbenennen, beweisen. Aus »John Penn« wurde »Herrnskretschen«, was dem Schiff nicht gut bekam, denn es sank an jenem 13. Februar 1945 im Hafen. Wurde aber repariert, doch nun paßte der Name nicht mehr in die neue Zeit der nächsten Umbenenner. Daher fuhr im April 1949 die »Herrnskretschen« als »Kurort Rathen«. Doch nur bis Oktober, dann stand »Freundschaft« am Radkasten. Da mich nicht kümmert, was die derzeitigen Umbenenner sich ausgedacht haben, wäre »John Penn« doch gescheiter, weil sich dabei kaum jemand etwas denken kann. Wieder in Blasewitz angekommen, schwankte der Boden unter den Füßen, aber nur ein bißchen. Nach Hause war es nicht weit, doch der Ausflug in unseren Beinen ließ uns langsam gehen. Durst und Appetit. Im Eisschrank standen gekochte rote Johannisbeeren, die zu schäumender Brause aufzischten, den Daumen an den Wasserhahn gepreßt.

Der Eisschrank aber war kein Kühlschrank, sondern eine Kiste, in die ein länglich-quadratischer Behälter paßte. Er wiederum vertrug eine halbe Stange Eis von der Sorte, die vor Kneipen abgelegt wurden vom Eismann. Der fuhr mit Pferd und Wagen vor, klingelte, nein: bimmelte, und versorgte die Kundschaft, indem er mit dem Eispickel seine Stangen teilte und viertelte, je nach Wunsch. Eine Portion für unseren Eisschrank kostete zehn Pfennig und hielt zwei Tage. Solchen Eisschrank, besser gesagt Eiskiste, hatte der Großvater anschaffen lassen. Beileibe nicht jeder Haushalt genoß solch moderne Kühlung für Lebensmittel.

Einmal in unserer Woche fuhren wir flußab. Richtung Riesa. Die Elbufer langweilig flach, links und rechts. Daher reichte unser Interesse höchstens bis Meißen, wo wir – mag sein – den Dom besichtigten, selbstredend keinen Wein kosteten, damals interessierte er mich noch nicht, und uns mit dem nächstbesten Dampfer wieder auf nach Dresden machten, einig, daß es elbabwärts nichts zu sehen gab. Doch fährt man mit der Bahn, aus Berlin kommend, und schaut nach rechts aus dem Fenster, dann sind die Meißner Domtürme zu sehen. Wenn man sich auf sie freut.

Jeden Juli gelang, meine rötliche Kinder-Anschlußkarte zu retten. Mit kindlichem Namenszug, seit 1937 mit Altersangabe, seit 1939 mit Anschrift. Am letzten Tage beim Aussteigen die Karte vor dem Einsammelgriff des Elbschiffers zu bewahren und erhobenen Hauptes von Bord zu gehen, war vom ersten Tage an Absicht gewesen. 1940 fuhren wir zum letzten Mal. Nicht, daß ich mit vierzehn zu alt geworden wäre zum Schiffahren – es war Krieg.

Großvaters Postkarten

Wie das so ist, in einem bestimmten Alter macht man Haussuchung in der elterlichen Wohnung. Einmal, in den großen Ferien wieder in Dresden, untersuchte ich den Schreibtisch des Großvaters. Schwarz, aus gutem Holz; eingelassen eine grüne Filzplatte. Leider ist er mitverbrannt. Dazu allerlei Büro-Utensilien. Umschläge, Stempel und dergleichen. Auch von hier stammt mein Papierfetischismus.

Ich fand das schwarzlederne Notizbuch mit eingeschriebenen Versen, Aphorismen und Zitaten, die erst mich und dann ihn Anfang August 1944 auf der Londoner Pferderennbahn Kempton Park beim Verhör durch den Geheimdienst in den Verdacht brachten, ein deutscher Schriftsteller zu sein. Wenn er das hätte erleben können! Wir beide als Autoren Lichtenbergschen Witzes und Bonmots, deren Urheber vermerkt waren, denn erst ein namhafter Name macht den Ausspruch wesentlich. Ich lernte dabei, daß die vom Geheimdienst auch nicht alles wissen; und das hat mir noch später geholfen.

Während des Weltkriegs, seinerzeit noch nicht der Erste genannt, dem er durch Alter und geschicktes Verhalten ausweichen konnte, verlegte der Großvater Postkarten. Eine entdeckte Portion, sie boten alle das gleiche Motiv, eignete sich zum Verteilen an Schulkameraden und machte mich kurzzeitig beliebt. Im mildernden Abstand der Jahrzehnte betrachtet, war es ein mäßiger Stammtischspaß. Wer es genau wissen will: Bilder-Lexikon der Erotik, Wien 1928, Band I, Kulturgeschichte, Seite 59, Tafel XIX, Ansichtspostkarten. Die unten links Abgebildete. Lupe mitbringen.

Neulich bekam ich im Antiquariat alte Postkarten. »Auslieferung: Heinr. Knobloch, Blasewitz, Tolkewitzer Str. 3«. Feldpostkarten. Ein Feldartillerist Toni schreibt an Fräulein Aenne Winterstein in Halle/Saale. Er ist ein Abkürzer: »M. l. Aenne!« und »Dein tr. Toni«. Am 27. Februar 16 schickt er die Nr. 20, »Kirche mit Friedhof in Juvincourt«: »Von unserer feucht-fröhlichen Verdun-Siegesfeier mit herzlichem Gruß u. Kuß.« Am 17. Mai 16 die Ansichtskarte

Nr. 93, »Die Sachsengräber bei Bertoncourt«. Viel Einfalt, und ohne Zensur.

Nach einem Prospekt zu urteilen, hat es Serien solcher Postkarten gegeben von den Kriegsschauplätzen. Soldaten brachten ihre Aufnahmen mit, wenn sie in Urlaub fuhren, und bekamen auf diese Weise Ansichtskarten, die sie später an ihre Lieben schickten, z. B. das Kreuz aus Birkenholz auf den »Sachsengräbern«.

Schade, daß nie Gelegenheit war, sich mit dem Großvater über sein Dasein als Verleger von Ansichtspostkarten zu unterhalten. Und über seinen Arbeits-Lebenslauf. Seit 1909 war er bei C. C. Meinhold & Söhne, der königlichen Hofbuchdruckerei, beschäftigt. Er starb als Technischer Betriebsleiter der Buchdruckerei und Buchbinderei.

Sein Wahlspruch: Arbeite nur, die Freude kommt von selbst.

Odd Fellows

Nein, kein Druckfehler. Nicht »Old«, wie ich lange vermutete, sondern »Odd«, was man mit »etwas verquer« übersetzen könnte oder »zumutbar meschugge«, was auf Menschen deutet, die in jeder Gesellschaft benötigt werden. Deshalb ließ Hitler auch diese Loge verbieten und ihr Vermögen beschlagnahmen. Das hat mein Großvater zum Glück nicht mehr erleben müssen. Er hatte nur regelmäßig viel Geld eingezahlt für eine Rente für seine Frau, die sie nun nicht mehr bekam.

Diese amerikanische Loge hatte in Dresden einen Zweig. Die Männer waren »Brüder«, ihre Frauen selbstverständlich »Schwestern«. Und noch Jahre später, bis nach Kriegsbeginn, traf die Großmutter sich regelmäßig mit einigen »Schwestern« zum Kaffeetrinken. Ganz sicher hatte die Gestapo herausgefunden, daß es sich um harmlose Witwen handelte, die sich bei Kaffee und Kuchen nur unterhielten über unpolitische Dinge, biedere Sächsinnen. Die Logenbrüder hatten gleichfalls nur sich getroffen zu guten Zwecken. (Erschien auf diese Weise der ältere Junge bei uns zum Mittagessen?) Bei einer Weihnachtsfeier bekam ich flache Zootiere geschenkt – und hörte meinen Großvater einem anderen Herrn zuflüstern, im Bücherschrank hätte er sie vor mir versteckt – damals ging ich dort noch nicht auf Entdeckersuche. (Und um es vorwegzunehmen: Als dieser Schrank 1935, seit dem Umzug nach Berlin, aufgestellt worden war, fand ich, nicht gleich, aber bald, das »Dekamerone« und in der zweiten Reihe »Im Westen nichts Neues«, die »Buddenbrooks«, einiges von Heinrich Mann, Emil Ludwig und anderen, die nicht gerade opportun waren.) Davon gab mir meine Mutter manches zu lesen. Nach und nach, wie sie das für richtig hielt.

Meinen Eltern ging es in Dresden insofern gut, als daß die Großmutter, die keine Feste liebte, auf mich achtgab, wenn alle fortgingen. Mit Heinrich, der sich über seine Schwiegertochter freute und sie gern vorstellte. Eines Morgens erwachte ich, an solchen Abenden in der Besuchsritze zwischen den Großeltern eingeschlafen, von

Mitbringseln umgeben. An erschlaffte Luftballons war ich gewöhnt. Diesmal aber handelte es sich um runde Pappscheiben, etwas größer als heute die Fünfmarkstücke. Auf ihnen stand »Ohio«. Ich sprach das Wort so aus, wie es sich las. Dazu gehörten flache Papp-Pistolen mit einem Gummiband-Abzug. Damit konnte man die »Ohio«-Scheiben wunderschön und harmlos durchs ganze Zimmer schießen. Wie vergnügt müssen die Menschen damals gewesen sein. Als ich den ganzen Vormittag über den Vorrat verschoß, was Ermahnungen einbrachte, ließen die Papp-Pistolen bald nach. Kann sein, man hat sie mir insgeheim weggenommen.

Als ich »Ohio« korrekt aussprechen konnte, hielt auch ich »Odd« Fellow für einen Druckfehler.

Nach seinem 60. Geburtstag schickte Heinrich Knobloch seinen Freunden und Gratulanten ein Foto. Da steht er im Frack, die Hände auf dem Rücken und mit ein wenig Verwunderung im Gesicht – daß er es so weit gebracht hat. Ist es nicht schön, keinen Orden an ihm zu finden, kein Abzeichen. Aber an der goldenen Uhrkette, die über seinem Bauch nach links und rechts baumelt, hängt ein goldenes Dreieck, in dem sich drei ineinander verschlungene Ringe finden. Das Zeichen der Odd Fellows. Aus Ohio.

Im Winter zum Jahre 1936, als es uns, in Berlin angekommen, nicht gut ging, verkaufte meine Mutter bei einem Juwelier, wohl dem erstbesten nahe dem Halleschen Tor, zwei winzige Nuggets. Die hatte ihr Vater von seinen Reisen mitgebracht. Vergebens erbat ich diese aus Watte geborgenen goldenen Körner, von deren Existenz ich noch nie erfahren hatte, zum Spielen.

Das Ladenfräulein rieb an ihnen mit einer Flüssigkeit, die auch dem dreieckigen Anhänger von der Uhrkette des Großvaters bescheinigte, es sei echtes Gold. Aber viel Geld haben wir dafür nicht bekommen. Die Dresdner Kindheit war beendet.

Dankzettel

Jahrelang hatte ich nach annehmbaren Rezepten für eine wohlschmeckende Dresdner Eierschecke gefragt. Die hier angebotenen stammen u. a. von Beate Büngener, Hildegard Hübsch, Elly Popp, Ursula Schweitzer und Käthe Wedel. Ein langjähriger Freund, Klaus Rebelsky, hat als Fachmann jedes Rezept in Realität verwandelt, es seiner Umgebung (Hausbewohner, Arbeitskollegen) zugemutet und das Ergebnis beurteilt.

Dafür Dank an alle Beteiligten.

Nase im Wind
Zivile Abenteuer

Für Stefan Heym
und
für Stephan Hermlin

Inhalt

Wenn man der Welt etwas Brauchbares hinterlassen will, so müssen es Konfessionen sein, man muß sich als Individuum hinstellen, wie man's denkt, wie man's meint, und die Folgenden mögen sich heraussuchen, was ihnen gemäß ist und was im allgemeinen gültig sein mag.

Goethe

Wie ich Hitler zum Geburtstag geschenkt werden sollte

Es muß so Mitte März 1943 gewesen sein. Ich war gerade siebzehn geworden. Da kam eine Einladung ins Haus. Das trefflichere Wort dafür ist: »Befehl«, denn damals gab es ein Jugenddienstpflichtgesetz; man hatte zu erscheinen, wenn die Hitlerjugend rief. Oder die Eltern bekamen es mit der Polizei zu tun. Das stand vorsorglich auf jedem »Dienstbefehl«.

Ein Schulfreund aus der Nachbarschaft hatte einen gleichlautenden Wisch erhalten. So gingen wir beide an jenem Abend wie befohlen in das Gebäude der Städtischen Gasversorgung, in dessen oberstem Stock sich ein großer Saal befand. Es gibt ihn wohl heute noch, nahe der Jannowitzbrücke.

Seltsam genug, im Frühjahr 1949 saß ich dort als Reporter, der über einen Prozeß berichten sollte gegen Jugendliche, die Fahnen abgerissen hatten. Die DDR gab es noch nicht. In Erinnerung blieb, daß sich der ziemlich junge Staatsanwalt unter Hohngelächter aus den Reihen verhaspelte, als er von der neuen Demokratie sprach, aber Diktatur sagte, was ja zutraf. Die Diktatur des Proletariats begann gerade.

Seltsam genug, daß ich 1988 in diesem Saal als DDR-Schriftsteller saß und vorlas aus meinen Büchern. Beim anschließenden Gespräch bedankte sich ein knapp Dreißigjähriger dafür, daß er aus meinem »Stadtmitte umsteigen« erfahren habe, daß es außer unserer U-Bahnlinie von Pankow bis Thälmannplatz noch eine Verbindung gab und einen Untergrundbahnhof, der gleichfalls »Stadtmitte« heißt, nur daß die Züge dort nicht anhalten durften.

All das in einem Raum, in dem wer weiß was stattgefunden hat. Vorher und nach mir.

Es wird aber wohl nur für das Finanzamt Protokoll geführt über Säle und Stühle. Kein Rednerpult verwahrt seine Rednerliste. Dann hätte es die Geschichtsschreibung einfacher. Steinen wird wenigstens zugesprochen, daß, wenn sie reden könnten ... Wände reden nicht. Weil sie überklebt, überstrichen werden. Nach Bedarf.

Damals, 1943, kamen wir mit dem Fahrstuhl oben an, und ein paar Gleichaltrige drängten hinaus und schoben sich in die Saaltür, neben der ein Hitlerjugend-Führer stand. Ohne ihn zu beachten. Ohne ihn mit erhobenem rechten Arm zu grüßen. Aber er war kein Portier, sondern etwas Höheres mit Tellermütze und Pistole am Koppel, und er brüllte die Jungen vor uns an und schlug dem einen sofort ins Gesicht, knallte ihm eine Ohrfeige, ohne daß es überhaupt einen Wortwechsel gegeben hätte. Jeder Führer, jede Fahne war zu grüßen. Denn dieser Hitlerjugend-Führer vertrat den großen Führer, der in seinem Hauptquartier wohl gerade darüber nachdachte, wie es nach Stalingrad weitergehen solle.

Seinerzeit war ein Gedicht von Hermann Claudius (1878–1980) erschienen. Eine Art Jammerschrei und Stoßgebet; man muß lachen beim Lesen. Aber damals, für die einfachen Gemüter … »Herrgott, / steh dem Führer bei, / daß sein Werk das deine sei, / das dein Werk das seine sei. / Herrgott, steh dem Führer bei.« Die zweite Strophe erweitert die Beschwörungsformel auf »Steh uns allen bei!« Das tat not und war vergebens. Wir müssen das schon selber tun …

Der uniformierte Jugendbeamte am Eingang war heute abend Führer und Herrgott zugleich. Er durfte es sein. Hatten wir nicht, unbefragt, dem großen Führer auf Plakaten und bei Kundgebungen mitgeteilt: »Wir gehören dir.« Als Heranwachsender begreift man den Sinngehalt nicht, denkt nicht nach darüber, was Worte bedeuten. Heute abend war es soweit.

Jahre vor dem Kriege bekam Hitler regelmäßig am Vormittag des 1. Mai Lust auf die deutsche Jugend. Hunderttausend junge Berlinbewohner waren in Sonderzügen zum Olympiastadion gefahren worden, wo jeder ohne Eintrittskarte seinen Platz bekam. Daran gewöhnt man sich leicht.

Ehe er eintraf, gab es Marschmusik und Lautsprecherkommandos. Lange wurde geübt, womit der Führer überrascht werden sollte. Dazu eigneten sich besonders die uns gleichaltrigen Mädchen wegen ihrer braunen Jacken. Damals hatten, so schien das, alle Mädchen O-Beine. Das lag aber nur an den langen Röcken, die bis zur Wade reichten.

Seltsam genug, zu frühen DDR-Zeiten hatten die jungen Mädchen wegen der Brusttaschen ihrer blauen Hemden der »Freien Deutschen Jugend« viereckige Brüste. Das reizte zum Nachprüfen.

Auf bestimmten Plätzen in bestimmten Blöcken des Oberrings waren Markierungen angebracht im Olympiastadion, und jedes Mädchen, das es betraf, zog seine Jacke aus, wenn das Signal kam. Es entblößte sich sozusagen symbolisch für Deutschland. Da leuchteten die weißen Blusen den Hintergrund aus für die Schrift aus braunen Jacken: WIR GEHÖREN DIR.

Das war die Attraktion für ihn, kaum, daß er sich hingesetzt hatte. Oder war es mittendrin während seiner Rede? Sprach er damals seinen Dreierfluch: Wir sollten sein flink wie die Windhunde, zäh wie Leder und hart wie Kruppstahl? Ein Bild, das man durchdenken sollte, denn Windhunde sind nicht flink, sondern rennen bloß dem Köder hinterher. Redensarten, die zum Einfangen dienen.

Damals schien uns, daß er zu seiner großen Überraschung und Freude las, daß wir ihm gehörten. Aber es war bestimmt für die kindlichen Gemüter. Die sollten es lesen. Ihnen mußte es als Überraschung beigebracht werden. In lebender Schrift. Mehrmals, damit es uns im Gehirn bliebe: Ihm gehörten wir! Und er konnte mit uns machen, was er wollte. Ohne Widerrede. Die Eltern hatten uns nichts mehr zu sagen.

Er rechnete mit solcher Darbietung im Stadion. Wir aber lasen es mehrmals, weil es mehrmals eingeübt wurde. Es war, aber wer wußte das, unser Menetekel an lebender Wand.

Hitlers Mai-Reden für die Jugend waren kurz. Doch er hatte an diesem Tag noch zu den »Deutschen Männern und Frauen« zu sprechen. »Meine Damen und Herren« sagte er nie. So hatte er vor seiner Machtergreifung die Vertreter der Hochfinanz und Industrie angeredet. Er brauchte sie, und sie brauchten ihn.

Anschließend gab es für uns Essen aus Feldküchen. Auch daran sollte sich die Jugend beizeiten gewöhnen. »Pichelsteiner Fleisch und eisgekühlter Kakao«. Das mußte den Eindruck, daß es bei anderen Leuten besser schmeckt als zu Hause, wieder wecken und festigen. Dabei stimmt das gar nicht. Es schmeckt immer »wie bei Muttern«, wenn die Berliner Wirte sich preisen, und so einen Kuchen, wie ihn die Großmutter gebacken hat, bekommt man zeitlebens nicht wieder.

Aber mit dem quasi Soldateneintopf aus der Feldküche, mit gewisser Latrinenromantik und milden Kasernenhoftönen, dazu etwas Sport und Spiel – jeder sollte zufrieden nach Hause kommen, falls der Vater vielleicht etwas skeptischer zurückkehren würde von seiner Maikundgebung, für die er Vergleichsbilder in sich bewahrte. Und er mußte gesehen worden sein am Stellplatz. Wegen seines Arbeitsplatzes. Daß jemand wegen seines Arbeitsplatzes nicht auf der Maikundgebung gesehen werden dürfe, schien absurd.

Also – wir gingen grüßend am Hitlerjugend-Führer vorbei neben der Tür. Der erhobene Arm schützte magisch die Wange. Ungeachtet aller deutschen Blitzsiege hatten auch auf der Oberschule wieder Ohrfeigen geknallt. »Kriegsrecht!« hatte der Klassenlehrer gerufen, als er die erste austeilte.

An jenem Abend, als der Saal sich füllte, spielte auf der Bühne ein Orchester sogenannte Volksweisen; ein schreckliches Gedudel, verursacht von blockflötenden Mädchen und Hanseln mit Zupfgeräten. Auch das war keine Seltenheit. Ein ganzes Konzert dieser Art mußten an einem frühen Morgen alle Lehrlinge und jungen Arbeiter in unserem Zeitungsverlag über sich ergehen lassen, unterbrochen von einer Ansprache, die sich gegen Jazz und Juden richtete. Ein vollkommen unsinniges Unternehmen, jungen Leuten solche Musik auf diese Weise auszureden. In seiner Dummheit unbedingt folgerichtig, was nicht heißt, daß es dem zungengewandten Propagandaminister nicht gelungen wäre, sehr viele Menschen sehr lange zu beeinflussen.

So kam es an diesem Montagmorgen dazu, daß wir »Zu Lauterbach hab i mein Strumpf verlorn« mitsingen und dabei die Sitznachbarn unterhaken und hin- und herziehen sollten, Schunkeln heißt das bis heute, eine dämliche Massenbewegung, ursprünglich von Angetrunkenen ausgeübt, um mit Hilfe fremder Ellenbogen nicht umfallen und gefahrlos schwanken zu können. Gemeinsames Schwanken erzeugt Gemeinsamkeit. Das Gleichgewichtsgefühl leidet.

An jenem Frühlingsabend 1943 sollte nicht geschunkelt werden. Es ging nicht darum, uns amerikanische Musik auszureden, sondern um etwas, das für mein künftiges Leben von großer Bedeutung sein sollte – so stand in der Einladung. Genau und später betrachtet stimmte es. Da der Text nichtssagend lockte, konnte es sich nur um etwas Unangenehmes handeln. Es war schlimmer. Der Redner, der nun auftrat, kam sofort zur Sache: »Ihr wißt, daß der Führer nächsten Monat Geburtstag hat. Die deutsche Jugend hat beschlossen.« – Niemand hatte uns überhaupt gefragt. Niemand fragte in den nächsten Jahrzehnten; ich las öfter, lese heute noch, was in meinem Namen beschlossen und verkündet wird.

Die deutsche Jugend hatte angeblich beschlossen, Hitler »ein besonderes Geschenk zu überreichen. Sie wird ihm eine neue SS-Division schenken. Die SS-Division ›Hitlerjugend‹. Und ihr habt die große Ehre, dieser Division anzugehören.« Das war's.

Wir waren gemustert worden. Wir wußten, daß wir im Laufe der kommenden Monate einberufen werden würden. Aber doch nicht zur SS. Du bist hilflos, wenn du in solche Situation gerätst. Du weißt nicht, ist das noch die Tragödie oder bereits die Farce? Und auch sie kann tödlich sein. Eine Geburtstagsüberraschung für Hitler. Als ob er sich die nicht selber bestellt hätte wie jenes Unterwerfen im Olympiastadion.

Aber etliche glaubten, er würde am 20. April froh erstaunt gukken über solche Gabe, die er recht gut gebrauchen konnte.

Um sein Angebot interessanter zu machen, bot der Redner jedem, der sich für zwölf Jahre verpflichten würde, danach 15000 Reichsmark. »Wer sich für die Dauer des Krieges verpflichten will, erhält hinterher zwischen 8000 und 10000 Reichsmark.« Traumsummen für einen Lehrling, der 40 Mark im Monat verdient.

Schon seit Kriegsbeginn hatte die Waffen-SS in den Schulen bunte Kataloge verteilen lassen. Regelmäßig hatten uns unsere Lehrer – teils aus Patriotismus, teils aus Gründen der Selbsterhaltung – aufgefordert, uns freiwillig zu melden. Auch waren ehemalige Schüler unseres Gymnasiums, ordengeschmückt, in der Aula aufgetreten. Offiziere der verschiedenen Waffengattungen hatten ihr Sachgebiet mit lockenden Worten vorgeführt. Jeder Oberschüler war zu den Werbern in ihre Büros bestellt worden. Einzeln. Da hatten sie mit Heimvorteil argumentiert. Und zu DDR-Zeiten war das genauso: mehrere, die Schuldirektorin dabei, gegen einen. Der durfte sogar schlechte Zensuren haben, wenn er sich nur freiwillig meldete zur

Nationalen Volksarmee. Wie das heute vor sich geht, vermag ich nicht zu sagen ...

Seinerzeit, um dem Offiziersberuf zu entgehen, erklärte man dem Herrn von der Kriegsmarine, man sei eine Landratte oder preisgekrönter Flugmodellbauer. Dem Vertreter der Luftwaffe wurden die Fußstapfen des Vaters gezeigt, der bei der Schweren Artillerie diene, wie schon der Urgroßvater bei Sedan. Auch eine kavalleristische Familientradition eignete sich vorzüglich. Man mußte es nur leuchtenden Auges vortragen. Bei mir genügte allein mein Gesichtsausdruck, daß sie mich nicht wollten.

Dem forschen Herrn vom Heer war beizukommen, indem man die Fallschirmjäger pries oder die Unterseeboote; war der Urgroßvater, und diesmal stimmte es, nicht Kapitän gewesen ...?

Ich merkte in jenen Büros, daß sie mich nicht brauchten. Sie hatten genug Offiziersbewerber. Den Werbern der SS war schwerer auszuweichen. Also mußte man antworten, man habe sich bereits zur Luftwaffe gemeldet. So etwas hatte die SS nicht.

Gewiß ließ sich damit auch dieser Abend überstehen.

Jedoch wir saßen in der Mausefalle.

Der Redner pries die Vorteile der neuen SS-Division. »Jeder kann sich zu der Einheit melden, die er besonders liebt. Wir werden eine eigene Artillerie haben, eigene Pioniere, eine eigene Flak. Sucht euch aus, was ihr mögt. Und je eher ihr euch meldet, desto sicherer kann euer Wunsch nach einer speziellen Waffengattung erfüllt werden, was bei der Wehrmacht nicht möglich sein wird. Wir haben auch eigene Flugzeuge!« Wer wollte ihm beweisen, daß es nicht so war?

Unsere Ausreden vor den Kommissionen hatten sich herumgesprochen. Von den rund 300 Anwesenden ging vielleicht ein Dutzend nach vorn und trug sich ein. Das waren ihm zu wenige. Daher sagte der Redner, jeder möge sich in den nächsten Minuten mit seinem Nebenmann darüber beraten, dann nach vorn kommen und unterschreiben. Inzwischen musizierte wieder die Hitlerjugend mit dem Bund Deutscher Mädchen. Irgendein Marsch.

Wir saßen betreten. Wie kam man drumherum? Die Menge der Anwesenden bot gewissen Schutz. Man rechnet immer mit den anderen. Wie beim Bombenangriff, damals. Wie heute beim Eisenbahnunglück. Man kann davonkommen.

Der HJ-Führer trat wieder ans Rednerpult. Ungehalten über die geringe Anzahl der Freiwilligen: »Ihr Berliner Jungen! Wollt ihr denn nicht zu den besten Männern des Führers gehören!«

Keine Antwort. Keiner kam nach vorn.

»Oder möchte jemand nach Hause gehen?!« Das ist die unkluge Reaktion vor einem verunsicherten Publikum.

Auf diese undenkbare Frage antwortete unerwartet von ganz hinten eine Stimme. Gelächter gluckerte, Zischen.

»Komm nach vorn«, rief der HJ-Führer. »Direkt hierher zu mir!«

Große Stille.

Ein schlaksiger junger Mann, heute würde er einen Bart tragen, ging zur Bühne. Eine alte Aktenmappe unterm Arm. Es war ganz still im Saal, während die beiden am Pult miteinander sprachen. Dann kehrte der junge Mann zurück, den Mittelgang entlang mit heimlichem Grinsen, und ging hinaus. Vom Pult kam die Erklärung, jener sei Luftschutzwart und müsse zur Nachtwache.

Und wieder rief es von vorn, sich zu melden. Und wieder kamen einige, die es sich überlegt, es sich nicht genug überlegt hatten.

Mein Schulfreund und ich blieben sitzen. Noch nie war für Freiwilligmelden, für Wehrdienst, so viel Geld geboten worden. Aber die Summe war vielleicht zu hoch, um real zu wirken. Erst vor ein paar Wochen hatte es die Volkstrauer um Stalingrad gegeben. An allen Fronten lief es nicht mehr so wie im Jahr zuvor. Auch in Berlin hatten die alliierten Bomber viel angerichtet. Nur an diesem Abend, an dem sie mir willkommen gewesen wären, kamen sie nicht.

Nun zeigte sich der Redner vorn kompromißbereit und sagte, wer unter 1,70 Meter groß sei, könne jetzt nach Hause gehen.

Unter mehreren Arten von Größenwahn, die in Hitler um die Wette eiferten, gab es auch den Soldatenkönig, den es nach langen Kerls verlangte.

Uns beide hatte man mit 1,78 Meter vermessen, doch wir trollten uns unauffällig zum Ausgang, wo Kleinere tatsächlich weggehen durften, wenn ihnen die uniformierten Türhüter den Weg freigaben. Das erwartete Gedränge, in dem wir durchschlüpfen wollten, blieb leider aus. Wir versuchten es, doch ein Hitlerjunge hielt seinen Arm quer über den Ausgang und bestimmte so, wer klein genug war. Als wir es gebeugt versuchten, beschimpften sie uns.

Also kehrten wir zu unseren Stühlen zurück. Nun schlenderten HJ-Führer durch die Reihen, sprachen einzelne an. Sehr freundlich. Es könne doch viel einfacher sein als in der Wehrmacht. Das stimmte sicherlich. Eine Division aus Freiwilligen, junge Fanatiker, ausgebildet ohne Schikanen und bestmöglich ausgerüstet, das müßte eine Elitetruppe werden!

Wer wagte zu antworten: Ich will aber nicht zur Waffen-SS!

Wer wollte antworten, er habe keine Lust, sich am Geburtstagsgeschenk für den Führer zu beteiligen!

Wer kam an gegen die zwingende Logik: So oder so wirst du in Kürze Soldat. Du bist in der Hitlerjugend. Was hindert dich, mit Gleichaltrigen in der SS-Division »Hitlerjugend« zu kämpfen?

Dennoch mußte abgelehnt werden. Nicht zu schroff, nicht zu nachgiebig, denn immer hatten sie die Liste und einen Stift unterschriftsbereit.

Wer steht einem bei? Mit siebzehn noch lange nicht volljährig. Wer fragt danach? Eine Zeitlang brauchten Jugendliche, wenn sie sich im Feuereifer freiwillig gemeldet hatten, nachträglich die Einwilligung ihrer Eltern. Und wenn die sich weigerten, konnte man behaupten, die Eltern wären nicht einverstanden. Auch das war eine geschickte Ausrede, bis die SS in ihren Werbeschriften mitteilte, ein deutscher Junge brauche die Genehmigung seiner Eltern nicht, wenn er als SS-Mann das deutsche Vaterland verteidigen wolle. Was das bedeutet, plötzlich gegen elterliche Autorität den Rücken gestärkt zu bekommen vom Staat, das male sich jeder aus, der sich an elterliche Autorität und Verbote erinnern kann.

Gegen die ihn angreifende SS-Division »Hitlerjugend« konnte keiner seine entmachteten Erziehungsberechtigten mehr einsetzen. Man stand sich selber bei.

Vielleicht hatten sie ihr Soll an diesem Abend erreicht. Vielleicht war der freiwillige Rahm abgeschöpft. Ich wußte, ich würde nicht unterschreiben. Ich wollte nicht. Ich wollte nicht zur Waffen-SS. Wenn man schon aus seinem Beruf, aus seiner Lehre gerissen wurde, dann mit Gewalt. Dann ging man nicht von selber. Wenn schon gezwungen, dann unter Zwang.

Neben dem Schellenbaum

Ein behütetes Einzelkind, dem man die Schüchternheit nicht abgewöhnte. Aber davon würde zu beschreibende »Dresdner Kindheit« mehr erzählen. Wir bleiben beim Militärischen. Das Spielzeug war bereit: Feldgraue. Marschierend und liegend; andere schossen kniend, sitzend oder im Stehen; Offiziere mit Pistole und Fernglas, der General Seeckt mit Monokel – alles handlich. Der Weltkrieg war seit knapp fünfzehn Jahren vorbei und allgegenwärtig. Wir bauten in Nachbars Garten kunstvolle Schützengräben mit Unterständen, gruben Tunnel für Minen, ließen Panzer über Hindernisse klettern. Man konnte auch Vorbeimärsche veranstalten. Es gab dazu Hitler im Braunhemd, ohne Mütze, mit Gummiband in der rechten Schulter, so daß er unentwegt mit sich selber »Heil Hitler« machen konnte. Solches Spielzeug wurde bald verboten. Aus »Herr Hitler« war »Mein Führer« geworden.

Marschmusik. Zuerst hörbar die Pauke. Da erwischte man noch die graue Reichswehrkolonne, wenn sie von einer Übung über das Blaue Wunder kam – kein Gleichschritt auf einer Brücke, aber dann! oder sie dröhnte, aus Richtung Tolkewitz kommend, unter unseren Fenstern vorbei. Einmal stand ich günstig und lief mit, immer neben der Blasmusik, die viel zu oft Pause machte. Bis nach Neustadt, bis zur Alaunstraße blieb ich Nebenmann, dann war mir das Aussehen der Menschen dort fremd und unbehaglich, ich kehrte um.

Vermutlich gibt es wissenschaftliche Abhandlungen über die Rolle der Marschmusik in Vorkriegszeiten. Mir fiel zu DDR-Zeiten in Berlin auf, daß die wöchentlich zum Mahnmal Unter den Linden aufziehende Wachparade ungewöhnliche Figuren anzog. Anfangs wurde noch als Verkehrsstörung marschiert, am Bahnhof Friedrichstraße vorbei. Und immer sah man ältere Herren mit schwarzer Sonnenbrille Gleichschritt halten. Mir kamen sie vor wie echte ehemalige, denn wann und wo sonst durften sie so nach alt-neuen Weisen mittreten? Ferner gab es geistig Behinderte mit Schritt und Tritt. (Das werde nicht mißverstanden! Selbstverständlich ist es eine Äußerung geistiger Abwesenheit, wenn jemand freiwillig – nein, Albert Einstein hat es besser formuliert: »Wenn einer mit Vergnügen in Reih und Glied zu einer Musik marschiert, dann verachte ich ihn schon; er hat sein großes Gehirn nur aus Irrtum bekommen, da für ihn das Rückenmark schon völlig genügen würde.«)

Die Rede ist von sichtbar Behinderten, die mit grotesken Bewegungen und Grimassen das blitzblanke Wachregiment begleiteten, vor allem die Musiker, deren Bewegungen sie zum Nachmachen reizten. Wissen wir, wie der tutende Lindwurm mit seinen glänzenden Extremitäten sich in ihren Sinnesorganen widerspiegelt? Seltsamerweise verhinderten die zweifellos anwesenden Sicherheitsgenossen solche Sympathiebeweise der Bevölkerung nicht: Jeder ist einbezogen; auch diese Mitbürger lieben unsere Nationale Volksarmee.

Nicht immer ließ sich der Begegnung ausweichen. Aber ausnahmslos, man unterliegt dem Rhythmus, trat ich wenigstens mit dem anderen Fuß auf und ignorierte die aufziehende Wache. Wollte sie nicht sehen. Das war auch nicht richtig. Man schaut hin, helf er sich. Und da fiel mir einer auf, weil er seine Flöte mit einem so angewiderten Gesicht trug, daß ich ihn am liebsten ins gegenüberliegende Operncafé zum Essen eingeladen hätte.

Berliner Kindheit. In Oberschule umgetauftes Gymnasium in Kreuzbergs Schleiermacherstraße. Der wurde uns nicht als Vorbild gezeigt. Heimweg durch die Gneisenaustraße. Da kam eines späten Vormittags das Wachbataillon der Luftwaffe anmarschiert. Vom Flughafen Tempelhof her. Aus ihrer Kaserne. In graublauen Uniformen. Bei den Bläsern gab es Saxophonisten. Doch vorneweg als Höhepunkt der Darbietung: der Tambourmajor. Er trug Handschuhe und dirigierte mit seinem Stab, dessen Einzelheiten zu beschreiben die Erinnerung mir versagt, weil es einzig und allein darum ging, daß er ihn zu gegebenem Zeitpunkt in die Luft warf. Dort drehte er sich zweimal und landete genau wieder in der Hand dieses Künstlers. Der griff einfach zu. Und hatte ihn. Ganz selbstverständlich. Fortan war ich an seiner Seite. Beobachtete, wie jener, wenn sein Spielmannszug der Blasmusik das Zeichen zum bevorstehenden Einsatz gab, den Knauf seines Stabes mit der Rechten auf den flachen Handrücken der Linken setzte, aufblickend die Entfernung zum Himmel maß, nur kurz, und schon flog der Stab in die Luft zum doppelten Salto.

Uns lief ein Schauer über den Rücken bei diesem Anblick.

Es gab ihn auf dem Weg durch die Zossener Straße zum Halleschen Tor, dann um den Belle-Alliance-Platz (heute Mehringplatz) in die Wilhelmstraße führend; zu selten, nur vier- oder fünfmal. Nicht, daß wir Zwölfjährigen danach gierten, er möge den Stab verfehlen, nein, wir bangten um das Gelingen. Welche Strafe mochte ihn erwarten, falls er sich einmal um den Stab bücken müßte? Dazu kam es nicht.

Wenn sie uns im Humanistischen – daß ich nicht lache – Gymnasium unter anderen nicht Heinrich Heine vorenthalten hätten … Ich hätte es nachlesen können in der Bibliothek. Im »Buch Le Grand« beim Einmarsch der Franzosen. Ihren *allmächtig großen silbergestickten Tambourmajor, der seinen Stock mit dem vergoldeten Knopf bis an die erste Etage werfen konnte und seine Augen sogar bis zur zweiten Etage – wo ebenfalls schöne Mädchen am Fenster saßen.* Ich hätte den jungen Harry sofort als Schulkameraden akzeptiert, weil Heine zu seiner Mutter sagte: *»Man will uns glücklich machen, und deshalb ist heute keine Schule.«*

Den Lehrern wird befohlen, im Geschichts- und Deutschunterricht wegzulassen, was nicht in die derzeitige Politik paßt. Wie soll das ahnungslose Kind wissen, was der Lehrer wider besseren Wissen und eigenes Erleben nicht sagt? Die Lehrerin, mit mehr Mut und Zivilcourage antretend, riskiert damit vielleicht noch mehr.

Als amerikanische Kriegsgefangene sahen wir Ende 1945 auch den Film »Das siebte Kreuz«. Die Romanvorlage stammte von einer Schriftstellerin, die wir nicht kannten und mit deren Buch ich erst viel später Bekanntschaft machte. Auch die Namen der Schauspieler sagten mir nichts; was uns wieder einmal zeigt, was der Kunst fehlt, wenn die regierenden Behörden sie wegzulassen befehlen.

In diesem Film: ein deutscher Wachaufzug. Nur Musik und Schaftstiefel, Marschierbeine; und alte Männer mit geschultertem

Spazierstock, dazu begeisterte kleine Jungen. Da erblickte ich mich und begriff wieder etwas. Und schämte mich nachträglich. Und später noch mehr, denn gerade diese Szene war herausgeschnitten worden, als der Film in der DDR gezeigt wurde.

Der Wachaufzug endete auf dem Vorplatz des Reichsluftfahrtministeriums. Dort, wo heute die Treuhand waltet im demokratisch erlaubten »Bannkreis«. Denn jede Regierung hat ihre Angst vor dem Volk, das sie gelegentlich benötigt, falls es ihr nicht gerade zuruft, es sei es.

Was aber jenen Tambourmajor anbelangt, ich baute mir seinen Stab aus einem Stück Besenstiel nach. Dessen Basis bildete eine dekorative Kugel der Gardinenstange. Mir gelang auch nach einigem Üben der Wurf nach oben und die Rückkehr in die Hand. Nur die hohe Zimmerdecke war nicht hoch genug für meine Träume. Die änderten sich schnell, als sich auf dem Balkon gegenüber nachmittäglich zwei Tänzerinnen pudelnackt sonnten. Es gibt immer natürliche Heilmittel gegen militärische Reize.

Nase? Im Wind?

Anfang August 1943 eingezogen zum Reichsarbeitsdienst. Von Arbeit, wie einstmals zu Weimarer Zeit gedacht, war nie die Rede. Es gab nur militärische Ausbildung, verbunden mit Demütigung und Schikane.

Ein einziges Mal haben wir irgendwo in Polen, damals Warthegau, zwei Tage lang ein Bachbett reguliert. Das war eine so befreiende Tätigkeit, so nützlich, daß sie unvergessen blieb.

Länger gruben wir in Danzig. Hoben in einer Grünanlage tiefe Luftschutzgräben aus. Mitten in der Stadt. Wir müssen in unseren grünen Drillichanzügen auf die Vorübergehenden recht bemitleidenswert gewirkt haben, denn mehrmals warf man uns heimlich und verstohlen Zigarettenpackungen vor die Füße in die Grube. Die Menschen hielten uns für kriegsgefangene Russen oder deutsche Häftlinge, sonst hätten sie ihre Gaben doch freimütig und offen verteilt.

Das einzige, was ich beim Reichsarbeitsdienst gelernt habe, ist, wie man nicht »über die Hand« schaufelt. Das nützt mir bis heute im Garten.

Man behandelte uns bereits wie Soldaten. Gewehre wurden zwar nur zu Schießübungen ausgeteilt, ansonsten hatte jeder einen Spaten, der nach allerlei Befehlen zu manipulieren war, bis er krachend mit der Schneide auf dem Boden aufsetzte, was meist nicht einheitlich gelang. Ausgenommen ein einziges Mal. Das brachte dienstfrei ein für alle. Es war ohnehin Sonntag. Aber ich verdränge nicht nachträglich das Gefühl meiner Zufriedenheit, als das so gut klappte; die Freude über etwas Perfektes. Mochte es auch absolut unnütz sein.

Das Kommando hatte erst unlängst ein Jemand übernommen, dessen Rang ich nicht nachschlagen mag. So ein aufgestiegener Landwirt, nach seinem Benehmen zu urteilen. Vermutlich gehörte er zu jenen, die im Warthegau einen Erbbauernhof einrichten durften. Wie dem auch sei, er wohnte nahebei und hatte zu jener Parade am Sonntagvormittag – zu dieser Zeit lesen die Leute die dicke Zeitung, gehen in die Kirche oder zum Brunch, oder tun alles hintereinander, aber doch nicht exerzieren ... – jedenfalls hatte er seine Tochter mitgebracht, die war etwas jünger als wir; stand mit vorn, absolut reizlos, eine germanische Zicke mit langen blonden Zöpfen, die zum Vater paßten: Blut und Boden.

Auch das wurde aufgenommen in die Lebenserfahrung.

Unsere näheren Vorgesetzten waren zumeist beruflich verkrachte Existenzen, die es hier zu unteren Rängen gebracht hatten und deshalb sich uns turmhoch überlegen fühlten. Vermutlich hatte man ihnen das in den Schulungen beigebracht. Sie beleidigten und demütigten fast ausnahmslos jeden; als primitive Minderheit, der die Mehrheit gehorchen muß.

Zwar bleibt versagt, ihre Namen und ihren Wortschatz vorzuführen. Mühelos, tatsächlich, gibt es ihre Gesichter zu sehen im deutschen Alltag. Würden sie eine Uniform bekommen und etwas Macht ...

Unter den Offizieren beim Reichsarbeitsdienst wurden sie anders genannt, zum Beispiel Feldmeister. Einen gab es, der gehörte irgendwie nicht dazu. Er hatte etwas, das man im guten Sinne vornehm nennen durfte. Besaß Bildung und verwechselte nicht die Fälle, was in diesem Milieu schon eine Menge bedeutet. Jedenfalls zeigte dieser Mann Manieren. Er schrie nie, er ließ andere schreien. Er war es nicht, der uns eines Tages das inzwischen erkaltende Mittagessen abzubrechen befahl, mittendrin, um einen Haufen Menschenkot beisetzen zu lassen. Irgend jemand hatte sich außerhalb der Latrine erleichtert, wohl in nächtlicher Not. Also traten wir an und durften im Paradeschritt dem Haufen folgen zur Abfallgrube. Den Spaten mit dem Übel trug jener, der zuerst gelacht hatte.

Dieser Feldmeister formulierte nie den Unflat, der dem ihm untergebenen Pöbel entströmte. Ist über solche Kreaturen jemals genug mitgeteilt worden?

Kästner? Remarque? Wolfgang Borchert? Und »Verdammt in alle Ewigkeit«, denn es gibt sie nicht nur in einem Staat. Über Sowjetsoldaten war noch nichts aus heimischer Feder zu lesen.

Aber was nützt es, wenn wir sie anprangern? Es wird kaum von den derzeit oder demnächst Betroffenen gelesen. Bietet keinen Trost. Bestenfalls für die Überlebenden. Die lesen hinterher Heine mit seiner Drohung, seinen König in einem Gedicht einzusperren. Falls Heine nicht gerade wieder verboten ist als jüdischer Dichter.

Als wir nach einem Vierteljahr entlassen werden sollten, sagte jener Mann jedem von uns ein paar Worte. Einzeln. Das hatte es noch nie gegeben. Er ging die Reihe ab. Er war, so beurteile ich das heute, ein offenbar anständiger Mensch in schlechten Diensten. Ob ihn das schützte vor ganz anderer militärischer Betätigung, womöglich bei der SS? Vielleicht wäre er in Friedenszeiten ein guter Lehrer geworden. Vielleicht war er zuvor Pädagoge. Möglich ist alles. Auch er war in eine Zeit und in eine Gesellschaft geboren worden, die er sich nicht aussuchen konnte. Wer weiß, ob er nicht manches verändern wollte bei nächster Gelegenheit?

An jenem Oktobertag in Danzig, als er bei mir angelangt war, sagte er in gebührendem Abstand, mich mit Namen anredend – das war mir hier nur selten geschehen. Der bullige Obertruppführer pflegte, nur die Hälfte meines Namens verwendend, mich mit »Arschloch« anzureden, was eher auf ihn zutraf, was ich ihm aber nicht anvertrauen durfte, denn er hatte das Sagen.

Der Feldmeister nannte mich wie jeden anderen mit Namen und: »Sie müssen sich noch manchen Wind um die Nase wehen lassen!« Und ging weiter. War ein Fünkchen Ironie in seiner Stimme gewesen? Ganz verstand ich nicht, was er meinte. Dieser Satz gehörte wohl eher ins nördliche Deutsche. (Auch gab es heute Bedenken, ob mein Buchtitel eventuell auf ein Werk über Seglerfreuden weise ...)

Wind um die Nase ... Das fiel mir wieder ein, als wir täglich eine Stunde Luft schnappen durften auf der »Mauretania« im Atlantik. Die amerikanischen Soldaten, pelzvermummt an Geschützen, berührte der Anblick des Meeres wohl kaum. Sie sahen es die ganze Zeit. Für mich aber – der Geruch des Salzwassers, die Unendlichkeit des Horizonts, der Gedanke an die Tiefe unter uns. Wir fuhren ohne Geleitschutz. Keine Angst mehr vor deutschen U-Booten. Delphine sprangen und schwammen, teilten Fröhlichkeit mit. Da lag, so schien es, schon Frieden in der Luft.

Die Nase atmete tief ein. Das war gut so. Denn fortan bewahrte der aus mancherlei Richtung um sie gewehte und dabei wahrgenommene Wind davor, die Luft hinter geschlossenen Fenstern als die einzig mögliche zu akzeptieren.

Erinnerungen an Gewalt

Wir wohnten damals in Berlin in der Nähe des Anhalter Bahnhofes, 1943, im fünften Herbst des Zweiten Weltkrieges. Da geschah eines Nachmittags bei uns im Hausflur etwas Sonderbares. Ich geriet in deutsche Kriegsgefangenschaft. Gerade von der Berufsschule kommend, war ich dort dem Briefträger mit dem Einschreiben begegnet.

So kam es, daß ich mit Schaftstiefeln das nordwestliche Frankreich betrat, die Bretagne, eine wildschöne Gegend. Und wohnte (nein, hauste), lebte (nun ja), existierte also in einem kleinen Ort, rings um einen Felsen gelegen, auf dessen Spitze gerade Platz war für eine Ruine. Echte Reste einer mittelalterlichen Dreizimmerburg, deren Geschichte mich bis heute vergeblich interessiert, denn das einzige, das erklärt wurde, war, wie auf Tiefflieger zu schießen sei. Dabei sah man von dort oben, wenn die Sonne es wollte, im Fernglas den Atlantik als kleine graue Wand und ahnte die Welt.

Und immerzu wurden wir über die Partisanengefahr belehrt. Mit plötzlichen Überfällen der Terroristen wäre ständig zu rechnen. Deshalb durften wir nicht einzeln und unbewaffnet in die nächste Kleinstadt gehen, wo der landeinwärts erschöpfte Ozean zaghafte Wellen gegen die Hafenmauer schwappte. Eines Nachmittags fielen mir dort ein paar Frauen auf. Frauen mittleren Alters, die meiner Mutter ähnelten, weil sie beim Einkaufen ein Netz trugen oder eine Markttasche. Das war eine so ungeheuerliche Entdeckung, daß ich mit niemanden darüber reden konnte.

Am Ortsrand war Posten zu stehen. Und vormittags tauchte gewöhnlich ein zweirädriger Kastenkarren auf, von einem Pferd gezogen, das alle zehn Meter stehenblieb, damit die stramme Bäckersfrau ihr Brot austragen konnte. Weißbrot, duftend frisch, wie es in französischen Romanen vorkommt, die ich seither gelesen habe. Und da man uns nur mit schwärzlich-saurem Kommißbrot ernährte und weil ich nie ganz satt wurde, wollte ich einmal wenigstens solch ein Brot haben und kosten und hielt der Bäckerin Geld hin, von dem sie nehmen sollte, was sie mochte. Sie antwortete aber nur mit einem höhnisch schnellen Satz, in dem das Wort »Hitler« vorkam. Ich konnte nur ein paar Brocken Französisch, doch was sie meinte, begriff ich lückenlos. Und weil sie nicht einmal das kümmerte, geriet die Niederlage doppelt beschämend.

Sonntags, nach dem Mittagessen, durfte in Grüppchen ausgehen, wer sich gut geführt hatte, sich gut hatte führen lassen. Das bedeutete, ein paar hundert Meter die Straße entlang zu gehen, statt zu marschieren, nicht auf Befehl dabei »Schwarzbraun ist die Haselnuß« singen zu müssen oder anderen gereimten Unsinn, und endete im Gasthaus bei einem Glase Weißwein oder zweien. Dort zog man mit der Fingerspitze die feuchten Ringe auf der Holzplatte nach und ödete einander an. Wenn nur nicht am Nebentisch Gleichaltrige gesessen hätten. Junge Männer und lustige Mädchen, die tranken roten Wein und lachten, sangen und waren vergnügt, ohne uns auch nur zu bemerken. Es gab uns nicht.

Die französischen Widerstandskämpfer ... Gegen mich brauchten sie keine Handgranaten. Nur Frauen mit Einkaufstaschen, den Geruch frischen Brotes und ein paar fröhliche junge Leute.

Zum 18. Geburtstag: Ein General

Dreimal war für den am dritten dritten Geborenen dieser Märztag nur ein Vorabend. Am vierten März 1937: Die Aufnahmeprüfung beim Friedrichs-Realgymnasium. Unvorsichtigerweise mit dem am Vortag geschenkten Füllfederhalter (Iridiumspitze) angegangen, aber es ging gut.

Am vierten März 1942: Die Aufnahmeprüfung im Verlag in der Kochstraße. Drei Bewerber. Zwei nur brauchten sie als verlagskaufmännische Lehrlinge. Das Diktat gelang, nur bei der Rechenaufgabe – ich hatte als einziger das richtige Resultat. Da aber die Mitbewerber zuvor ein anderes vorlasen, nannte ich auch ihr Ergebnis. Bin ich nicht bis heute in Mathematik eine Null? Die beiden Prüfer sahen sich verdutzt an. Hatten sie sich vertan? Schließlich entwertete sich der überflüssige Dritte selber durch eine Antwort; wir begegneten ihm in der Berufsschule. Er war in einem anderen Verlag untergekommen.

Dritter März 1944: Urplötzlich und beizeiten war den Vorgesetzten mitgeteilt worden, der General würde uns Rekruten besichtigen! Der Teufel war los. Am Morgen ein Stück trockenes Brot zum Kaffee. Dann Generalprobe für die Besichtigung. Antreten üben. Lautes Antworten. Noch strammer Stehen beim Strammstehen. Fester Blick geradeaus.

Ab Mittag: Putzen, Wienern, Flimmern, Packen, Auspacken, Rollen, Bürsten, Säubern, Schmieren, Waschen, Blankmachen, Anprobieren. Um 21 Uhr war Appell.

Unsere Uniformen, die aus Tuch, waren seit Mittwoch beim Schneider. Zum Bügeln ... Das kostete jeden von uns zehn Franc für die Kompaniekasse. War denn nicht die deutsche Wehrmacht zuständig für unser Aussehen? Hätte der General nicht auf seine Kosten unsere Hosen bügeln lassen müssen? Er sollte jedoch, wenn er uns erblickte, denken, wir sähen immer so aus.

Vor solcher Inspektion bekommen Vorgesetzte immer den Veitstanz. Der Klassenlehrer, wie er vom Pult hüpfte, wenn plötzlich der Direktor eintrat; der wiederum ließ gute Schüler einteilen für Antworten, die dem Schulrat zeigen mußten, wie perfekt der Lehrplan erfüllt wurde.

Plötzlich kümmerten sich die Leutnants um unser Schuhwerk. »Es ist gar nicht wiederzugeben«, schrieb ich meinem Vater anderntags, »was wir alles geputzt und gemacht haben. Sogar die Fußnägel mußten sorgfältigst beschnitten sein.« Darauf hätten die Vorgesetzten eigentlich immer achten müssen. Schon Tage zuvor, die Besichtigung lag in der Luft, hatten sie uns zur Entlausung geschickt, nach Landerneau. Einschließlich Haareschneiden, Kopfwaschen und Rasieren. Diese Sauberkeit hielt kurze Zeit. Anschließend »habe ich mir zwei Pfund Äpfel gekauft und nach alter Tradition«, weil ich mich zum Geburtstag gern selbst beschenke, »einen schönen Füllfederhalter«. Der reichte, wie wir aus seiner Feder lesen werden, bis Schottland.

Spät am Abend öffnete ich ein kleines Päckchen. Meine Dresdener Großmutter hatte mir einen selbstgebackenen Napfkuchen geschickt. Er war pünktlich eingetroffen und ausgehändigt worden, aber erst kurz vorm Zubettgehen sah und verschlang ich ihn. Dabei daran denkend, daß sie bereits 1917/18 so für ihren Sohn gebacken und ihm solche Päckchen geschickt hatte. Von meiner Mutter ein Päckchen: Zucker und Kakao. In diesem Deutschland des 20. Jahrhunderts haben zur falschen Zeit geborene Frauen und Mütter immer wieder um ihre Söhne und Männer bangen müssen. Solche Gedanken äußere ich heute. Damals dachte ich, nun bist du achtzehn. Aber ein Feiertag ist es nicht. Niemand gratulierte. Ich ließ wohl tagsüber einmal die Bemerkung fallen, was heute los sei, aber keiner hörte hin. Vor lauter Trubel kam ich nicht einmal darauf, mir zum Spaß einzureden, all das fände meinetwegen statt. Seinerzeit war man mit diesem Alter zwar zum Töten eingeteilt und ausgebildet, aber noch nicht volljährig.

»Na, und heute früh nun der große Tag. Der Oberst kam und später sogar der General. Sein Mantel leuchtete durch die Gegend. Aber, ach du meine Güte, was hatte er an den Füßen? Nicht etwa hochklassige Offiziersstiefel, nein. Solche Schnürschuhe wie wir und darüber Leder-Waden.«

Schäfte, geformt aus steifem Leder, über den Schuhen um die Unterschenkel geschnallt. Schaftstiefel nur verschämt vortäuschende Hüllen. »Weißt Du, wie welche von der Wach- und Schließgesellschaft. Ich kann mich an die Dresdener Polizisten der dreißiger Jahre erinnern. Die hatten auch solche Dinger. Zum Radfahren gut.«

Es war zum Schreien, wer aber wird im Glied die Miene verziehen? Gnade dem, der heute auffiel! Es hatte schon seit Jahresanfang Strafexerzieren gegeben. Sonntags. Und als es mir gelungen war, ein einziges Mal, die Woche über nicht aufzufallen, mußte ich dennoch antreten, denn »es täte mir gut«, sprach der Feldwebel. Sein Gegenpart, auch äußerlich, war Lieutenant Sheppard, der unser Kriegsgefangenenlager in Pennsylvania befehligte und uns am Neujahrstag 1945 (01. 01. 1945!) im leichten Schneetreiben den Hitlergruß üben ließ. Wir protestierten, konnten aber nichts machen. Einige Unteroffiziere, die sich gegen dieses Grüßen wehrten, wurden sofort strafversetzt, irgendwohin. Bis auf einen, der die Lage entspannte, indem er »Auf«, »Ab« kommandierte und so dem Lieutenant vorführte, daß wir den Hitlergruß beherrschten. Jener hatte zunächst verlangt, daß wir einzeln an ihm vorbeimarschieren sollten, den rechten Arm erhoben. Wenn dieser Mensch nur so gescheit gewesen wäre, uns zu verkünden, es sei nicht seine Idee, sondern eine Anordnung des Kriegsministeriums in Washington. Wie das?

Drei Tage nach dem Attentat vom 20. Juli auf Hitler meldete Generalfeldmarschall Göring »als rangältester Offizier der Deutschen Wehrmacht« dem Führer, »daß alle Wehrmachtsteile darum vorstellig geworden sind und aus Anlaß seiner Errettung gebeten und gefordert haben, in der Wehrmacht den Deutschen Gruß als ein Zeichen unverbrüchlicher Treue zum Führer und engster Verbundenheit zwischen Wehrmacht und Partei einführen zu dürfen. Der Führer hat dem Wunsche der Wehrmacht entsprochen und seine Zustimmung erteilt. Mit sofortiger Wirkung tritt an die Stelle der Ehrenbezeugung durch Anlegen der rechten Hand an die Kopfbedeckung Ehrenbezeugung durch Erweisung des Deutschen Grußes.« Man muß das durchaus einmal im Originalton studieren.

Wie die SS zu grüßen galt nun auch für uns in der Ferne.

Washington mußte diese deutsche Anordnung respektieren. Aber vielleicht nicht kommentarlos?

Jedoch dieser Lieutenant befahl nur. Auch warf er Decken auf den Boden, wenn ihm ein Bett nicht gefiel, räumte Spindinhalte aus – vertraute deutsche Situation, nur mit dem Unterschied: Er kam tagsüber, wenn wir zur Arbeit waren, mit unserem Lagerführer. Während es dem deutschen Feldwebel gefallen hatte, uns abends vor oder nach dem Schlafengehen zu belästigen.

Hätte es dem amerikanischen Vorgesetzten beliebt, uns nächtens zu schikanieren, wäre das anderntags sehr unangenehm aufgefallen durch verminderte Arbeitsproduktivität. So sparte er bei seiner Inspektion die sich ausschlafende Nachtschicht aus. Die Frühschicht fuhr in Autobussen nach Meadville in die Eisengießerei, wo deutsche Arbeitswut allerdings immer wieder die Normen verdarb – aber das wäre eine andere Geschichte.

Jedenfalls, und das wußte sogar dieser Lieutenant, sollten seine Kriegsgefangenen gut arbeiten. Anderenfalls würden ihn seine Vorgesetzten fragen, wegen der Beschwerden aus der Industrie.

Am Tage nach der deutschen Kapitulation wurde sofort wieder die Ehrenbezeugung durch Anlegen der rechten Hand an die Kopfbedeckung eingeführt. Folglich ließ der Lieutenant anderntags mehrere harmlose Gemüter als provozierende Nazis einsperren, weil sie ihn aus Gewohnheit so grüßten, wie er es zu Neujahr befohlen hatte. Anfang Januar waren einige von ihnen von ihm bestraft worden, weil sie den neuen Gruß noch nicht begriffen hatten. Solche Grotesken bietet das Leben.

Kein Stäubchen an uns und allen Enden. Wir glänzten Bereitschaft. Und nur die Besten durften in der ersten Reihe stehen.

Als er endlich kam, war der General so ein kleiner, für unsere Augen alter Mann, bei dem man Schreibhefte gekauft hatte. Oder Toilettenmann konnte er sein. Er imponierte mir nicht. Ungeachtet seiner Uniform mit viel Rot und Gold, womit jeweils die armen Soldaten eingeschüchtert werden, war er für mich eine Null wegen seines armseligen Schuhwerks, für das er sich nicht entschuldigte. Vielleicht waren seine guten Stiefel beim Schuhmacher, oder er hatte sich, weil seine ihm nicht paßten, ähnlich wie bei mir, eine Blase gelaufen …

Er betrachtete uns eine Weile. Und wir dachten, er muß doch mit uns zufrieden sei. Wir haben alles geschrubbt, wir haben den Fußboden abgekratzt. Wir stehen nach einer Schnur ausgerichtet, vom Hauptmann nachgeprüft. Wir wissen ihm laut und stramm zu antworten – wir müssen ihm doch gefallen! Und wenn wir ihm gefallen, dann ist doch alles gut ... Dann büßen wir es nicht mit Ausgangssperre.

Er betrachtete uns. Kein Gedanke, keine Laus sprang über.

Er sagte kein Wort. Grüßte nicht einmal. Wir wußten nicht seinen Namen. Niemand stellte ihn uns vor. (Wahrscheinlich hieß er Mahlmann, wie später zu lesen.) Wer sah wen? Womöglich war auch er in seinem Rot und Gold nur ein Würstchen im Gefolge Hitlers? Er verteidigte sein Monatsgehalt und seine Pension, indem er auf seinem Posten blieb; lieber andere opferte statt seiner. Er trug auch keine auffälligen Orden.

Später dachte ich in meiner anhaltenden Unbedarftheit, wir müßten ihm doch ein bißchen leid getan haben. Blitzeblank standen wir vor ihm. Zum alsbaldigen Verbrauch. So junge Menschen. Er wußte doch besser, was bevorstand.

Wir haben ihm nicht leid getan! Man soll Generäle nicht mit normalen menschlichen Maßstäben messen. Sie sind sich international ähnlicher als die Schriftsteller.

Mittendrin und nicht nur für das militärische Leben gültig: Arno Schmidt (1914–1979): »Ein anständiger Mensch schämt sich, Vorgesetzter zu sein.«

Da wir bei den Vorgesetzten sind, wie wurden sie erlebt?

Die Offiziere waren beritten. Man sah sie von fern, zuweilen. Sie lebten irgendwo. Wenn sie erschienen, wurde ihnen gemeldet, was sie nicht weiter zu interessieren schien, denn flugs übertrugen sie alles den Zwischenstufen, von denen schieden uns ihre Befehlsgewalt und die silbernen Litzen.

Zweimal brachte sich der Bataillonskommandeur mir nahe.

Als Doppelposten gingen wir langsamen Schrittes durch die Mitternacht des kleinen Ortes, dessen Namen La Roche nichts weiter bedeutet als Der Felsen. Solche zwei Mann auf Wache erzählen sich etwas. Aus ihrem, was uns betraf, kurzem Lebenslauf, oder sie reden darüber, was sie mit sich vorhaben, wenn wieder Frieden sein würde. Pferdegetrappel unterbrach. In frohem Trab kam bergab eine Gruppe Reiter. Sie hielten in der mondhellen Nacht, als sie uns erblickten. Voran der Bataillonskommandeur, neben sich zu Roß ein blondes Weib, halbuniformiert im Reitdreß, eine Russin. Die hatte er sich im Osten erobert, sie mitgenommen, auch beim Rückzug nicht verloren; nun war sie in Frankreich an seiner Seite und kümmerte sich um sein leibliches Wohl, und offenbar unbeanstandet.

Die Division war in Rußland durch Rückzüge, über die unsere am Leben gebliebenen Gefreiten und Unteroffiziere nie sprachen, dermaßen ausgeblutet, daß sie im fernen Westen, in der Bretagne, aufgefüllt werden mußte. So kamen wir in die gelichteten Reihen.

Hinter den beiden zügelten drei, vier unserer Offiziere ihre Pferde. Wir standen stramm, meldeten ziemlich vorschriftsmäßig und erwarteten ein Donnerwetter, wenn auch ohne Grund. Jeder Vorgesetzte als Gefahr. Doch sie waren in bester Stimmung, lachten, spornten ihre Pferde und verschwanden in der nächsten Gasse. Das wilde Heer. So macht der Krieg doch Spaß.

Wenn du zu einem Berittenen aufsehen mußt, erlebst du dich als Untertan noch tiefer. Es gibt ein historisches Foto. Das zeigt diese Situation. Kaiser Wilhelm II. zu Besuch in Jerusalem. Er, hoch zu Pferde, empfängt Theodor Herzl, der ihm etwas über den erhofften neuen Staat vorträgt. Im wahrsten Sinne »Fußvolk«. Wie in jener Frühlingsnacht auf dem Kopfsteinpflaster in La Roche. Du spürst, was für ein Nichts du bist für die Herren hoch über dir. Und für die sollst du dein Leben riskieren oder gar opfern?

Ein andermal, nicht viel später, hielt der Bataillonskommandeur zu abendlicher Stunde vor uns eine Ansprache auf freiem Feld. Von ihr blieb in mir nur haften seine Drohung: Falls jemand von uns sich etwa zurückzuziehen wage, hinter uns seien seine Maschinengewehre aufgebaut. Aber, genau schien er sich nicht auszukennen in seinem Bataillon, wir waren doch die Maschinengewehrkompanie ... Oder hatte er noch andere? Und ohne daß es einen Grund gegeben hätte, wir alle waren schließlich gedrillt und gezähmt, bedrohte er uns mit solchen Worten.

So enthüllte das Deutsche Reich sein wahres Gesicht.

Die Zwischenstufen, bei denen es nicht zum Offizier reichte, doch aus dem Mannschaftszustand hatten sie sich erhoben, dienten brav mit.

Da fällt mir mein Vater ein, der bereits eine Woche vor Kriegsbeginn (1. September 1939) einberufen worden war. Er erzählte, wie man diese Vierzigjährigen schon auf einem Berliner Kasernenhof demütigte: Jetzt hätten sie Gelegenheit, ihre Schmach von 1918 durch Tapferkeit auszulöschen ...

So wurde mein Vater, denn er war ja nicht dumm, eines Tages Unteroffizier. Das freute uns daheim tatsächlich. Und einmal, er kam auf Urlaub, erzählte er ein bißchen. So hatte er bei einer Inspektion, als er Stiefelsohlen oder gereinigte Gewehre zu prüfen hatte, gemeldet: »Keine Beanstandungen.« Das war fast ein Vergehen. Es gibt immer Beanstandungen!

Jedenfalls benahmen sich die Unteroffiziere und Feldwebel so, daß unsereiner winzigen Trost fand in der Phantasie: Es wird der Tag kommen, wo dieser und jener wegen Arbeit nachfragen würde, bescheiden auftretend und höflich, vor meinem Schreibtisch. Keine schöne Vision. Aber damals hilfreich. Denn sie übten das Schinden mühelos aus. Solch physische Macht über Menschen. Vor allem fallen ihnen jene auf, die weichere Hände haben, durchdringende Blicke und kein falsches Deutsch reden.

Solange sie in unserem Zug waren, unseresgleichen, die sich als Offiziersbewerber längst gemeldet hatten und uns nach wenigen Wochen verließen – hoffentlich haben ein paar überlebt –, wurden sie von den Unteroffizieren schikaniert, weil jene in absehbarer Zeit Unteroffizieren Befehle erteilen würden.

Wir blieben übrig. Junges Volk, nicht einmal als Offiziersnachwuchs tauglich. Es wurde nur nicht mehr geprügelt, ansonsten war es wohl immer noch so wie beim Alten Fritzen. Unser Zugführer, ein Feldwebel, bleckte manchmal, wenn wir vor ihm erstarrten, die Zähne. Ich hielt es für sein Lächeln, lächelte zurück. Da schrie er: »Wenn ich lache, dann lacht der Teufel!«

In der Bretagne, auch an exponiert windigen Stellen der Calvadosküste, wächst Ginster. Verglichen mit dem Ginster im Angebot der Baumschulen, mit dem Ginster der deutschen Bahndämme, der sich wegen seiner Bodenbakterien nur schwerlich in Vorgärten versetzen läßt, ist dieser bretonische Ginster der ungebändigte Saurier, das Monster, die vom Horrorfilm noch nicht entdeckte Drohung. Er sticht bei Berührung. Hat womöglich einen Giftstoff in seinen Stacheln, der dringt auch durch Handschuhe. (Aber wir hatten keine.) Bei jeder denkbaren Ausbildung im Freien jagten uns die Unteroffiziere zwischen den Ginster, dessen Berührung in den Oberschenkeln Rötungen verursachte und Vereiterung in den Fingerspitzen.

Hin und wieder, oh weh, feierten die Unteroffiziere sich selbst oder etwas, das sie Kameradschaftsabend nannten. Da betranken sie sich, bewacht von unseren Posten, bis zur Besinnungslosigkeit. Wenn es dabei geblieben wäre. Einige aber, wenn der Mut sie packte und das Gefühl, daß Deutsche eine Einheit bilden, rannten taumelnd auf die Baracke zu, in der ihre Mannschaft schlummerte. Dort wurde Licht. »Antreten!«, worauf sich alles erhob und Haltung annahm. Man trug das vorgeschriebene Nachthemd und blickte unruhig, denn der Unteroffizier bestieg den Tisch, schrie manches, zog seine Pistole und feuerte, falls es ihm gelang, seine Waffe zu entsichern, gegen die Decke. Dann zogen einige ihn davon in ernüchternde Sicherheit.

Da uns die Deutsche Wehrmacht nicht so ernährte, wie es den verlangten körperlichen Leistungen entsprochen hätte, kauften wir uns Essen bei jeder Gelegenheit. Von zu Hause kam eine monatlich erlaubte Summe, die wurde zum Teil umgesetzt am Wochenende in der Wohnung einer alten Bretonin, von der mir nur ihre dunkle Kleidung im Halbdunkel erinnerlich ist, ihr Gesicht voller Runzeln und das reichliche und gute Essen, für das wir bezahlten. Meist waren wir zu viert. Huhn, blau-violett schillernd die Haut, aber köstlich. Und Pudding, den liebte ich besonders, kochte sie auch …

Allerdings gab es ein einziges Mal im Freien aus der deutschen Feldküche als Essen: wirkliches Fleisch mit Kartoffeln und Soße und Gemüse und hinterher Pudding. Mit Weißweinsoße. Das war an dem Tage, als der Generalfeldmarschall Rommel uns und die befestigte Küste besichtigen sollte. Er kam aber doch nicht bis zu uns. Sah nicht, wie wir vorzüglich beköstigt – und damit genug von dem Vorgesetzten und den Vorgesetzten.

Von der Ehre

Im längsten Frieden spricht der Mensch nicht so viel Unsinn und Unwahrheit als im kürzesten Kriege.
Jean Paul,
Friedenspredigt an Deutschland, 1808

Im Lexikon (1930) handelt es sich dabei um »die Anerkennung unseres persönlichen, besonders sittlichen Wertes durch andere Menschen«. Das ist die äußere Ehre. Die innere Ehre »bedeutet die Anerkennung unserer Person und unseres Verhaltens durch unser eigenes Gewissen«. Damit läßt sich leben. Aber: »Konflikte zwischen äußerer und innerer Ehre sind möglich.« Gut gesagt.

Vielfach ist von Ehre und Ehrung die Rede, wenn der Staat Geld sparen will; vor allem nach militärischen Ereignissen.

Wenden wir uns an die Ehre-Beratungsstelle für Bürger, die zögern, in militärische Dienste zu treten.

Wir bekommen schriftliches Material.

Da ist der wackere Falstaff, eine Art Vorfahr von Josef Schwejk. Falstaff gerät als Shakespearsche Person bei König Heinrich IV. in Schwierigkeiten, nachdem der König seiner Armee zurief: »Und Gott beschirme die gerechte Sache!« Das erinnert mich an das deutsche Koppelschloß, mit dem ich 1943 verziert wurde. Auf dem stand GOTT MIT UNS. Doch ich bezweifelte, daß der Feind es lesen und dann vor mir zurückschrecken würde.

Es war zu der Zeit kurz vor meiner Einberufung. Mein Vater war auf Urlaub. Das bedeutete seinerzeit, daß man nicht verreiste, sondern nach Hause durfte für kurze Zeit. Ich verfluchte meine Zukunft und erklärte, mich bei erstbester Gelegenheit davonmachen zu wollen. Da sagte mein Vater wie beiläufig, im Ersten Weltkrieg hätten die Engländer jene, die sich ergeben wollten, daran erkannt, daß sie ohne Koppel kamen ...

Mein Vater sagte nicht etwa: »Du mußt außer der Waffe auch das

Koppel wegwerfen!« Traute er sich nicht, die Dinge beim Namen zu nennen? Wir konnten nicht belauscht werden, hatten nicht einmal Telefon. Also war sein Sagen und Nichtsagen geprägt durch unsre Zeitumstände. Ich habe ihn später nicht danach gefragt.

Seltsam, Hitler sprach immer von der »Vorsehung«, die ihn führte, als Führer. Gott ließ er in Ruhe, beließ ihn aber auf den deutschen Koppelschlössern. Und Militärpfarrer gab es auch.

Wir lebten damals, Anfang 1944, in der Bretagne zwar nicht wie Gott in Frankreich, aber angeblich unter seinem Schutz. Er war ein freundlicher alter Herr, der einen, wenn man am Sonntagvormittag zu ihm ging, davor bewahrte, unter Aufsicht des Küchenunteroffiziers Kartoffeln schälen zu müssen. Also ging ich doch mit zur nahe gelegenen Kirche.

Heute nachdenklich betrachtet: Es war wohl ein katholisches Gotteshaus in dem kleinen Ort, das von der deutschen Wehrmacht benutzt wurde. Nichts ist übriggeblieben von jenem Vormittag als der Anblick einer schwarzen, verzierten Decke, die seit alten Zeiten einen Sarg verbarg. Vor dem Altar. Und mich beschäftigte, welche Geschichte dort lag. Es gab keine Gelegenheit, es zu erfahren. Denn sobald Kenntnis entsteht zwischen den Völkern, leidet die befohlene Feindseligkeit. Vor allem schadet beiderseits übermittelte Kultur außerordentlich nationalem Wahn.

Um noch eine Weile bei dem militärisch benutzten Gott zu bleiben: Er veranlaßte viele zum Mitmachen bis zum Ende.

Großes Erlebnis als Kriegsgefangener in den USA, als wir Quartiere der Army aufräumten. Es lagen dort schöne Postkarten, auf denen in Farbdruck der Herr Jesus segnend seine Arme ausbreitete über Army, Navy und Airforce. Wie das? Und mit diesem Segen waren sie zu uns nach Übersee gekommen!

Jammerschade, daß nach Kriegsende keine Diskussion stattgefunden hat zwischen den Militärgeistlichen beider Seiten. Damals gab es noch kein Fernsehen. Aber am Ende hätten sie sich geeinigt: Hitler war wegen seiner gottlosen »Vorsehung« besiegt worden. Und was die bösen Russen angeht, sie atmen neuerdings wieder den Weihrauch ihrer Popen. Aber war das nicht schon 1914 so gewesen? Unter dem Zaren?

Zurück zu Falstaff. Und zur Ehre.

Falstaff: »Gut, es mag sein: Ehre beseelt mich vorzudringen. Wenn aber Ehre mich beim Vordringen entseelt? Wie dann? Kann Ehre ein Bein ansetzen? Nein. Oder einen Arm? Nein. Oder den Schmerz einer Wunde stillen? Nein. Ehre versteht sich also nicht auf die Chirurgie? Nein. Was ist Ehre? Ein Wort. Was steckt in dem Wort Ehre? Was ist diese Ehre? Luft. Eine feine Rechnung! – Wer hat sie? Er, der vergangenen Mittwoch starb. Fühlt er sie? Nein. Hört er sie? Nein. Ist sie also nicht fühlbar? Für die Toten nicht. Aber lebt sie nicht etwa mit den Lebenden? Nein.«

Schließlich stellt Falstaff fest: »Ehre ist nichts als ein gemalter Schild beim Leichenzuge, und so endigt mein Katechismus.«

Danach tritt er ab.

Später kommt Douglas und kämpft mit Falstaff, der zu Boden fällt, als wenn er tot wäre.

Dann aber erhebt er sich langsam. Als die eigenen Leute kommen. Er hatte sich totgestellt, hatte diese Maske angenommen, sonst hätte ihn der Angreifer »zum Schatten gemacht«.

»Eine Maske? Ich lüge, ich bin keine Maske; sterben heißt eine Maske sein, denn der ist nur die Maske eines Menschen, der nicht das Leben eines Menschen hat; aber die Maske des Todes annehmen, wenn man dadurch sein Leben erhält, heißt das wahre und vollkommene Bild des Lebens sein.«

Und dann läßt Shakespeare seinen Falstaff die klassischen Worte sagen: »Das bessere Teil der Tapferkeit ist Vorsicht, und mittels dieses besseren Teils habe ich mein Leben gerettet.«

Diese Stellen haben wir in der Schule weder in Englisch, weder in Deutsch noch in Literaturgeschichte durchgenommen.

Aber eher wir weiter über die »Ehre« nachsinnen, die Frage, warum zu DDR-Zeiten der durch die Wehrpflicht erzwungene Dienst in der Nationalen Volksarmee »Ehrendienst« genannt werden mußte? Die Urheber waren weder gebildet, noch waren sie sich ihrer Sache sicher. Deshalb die Beschwörungsformeln. Warum genügte »Volksarmee« allein nicht? Daß sie national war, ergab sich logischerweise.

»Ehren« als Vorsatz vor dem Dienstzwang täuschte vor, es handele sich um etwas ganz Besonderes. Für Leichtgläubige.

Es gab sogar die Bezeichnung »Ehrenparade« für einen Vorbeimarsch besonderer Art. Wobei allein das Wort »Parade« den Sinn erfaßte seit alten Zeiten. Weder die Kaiser noch Hitler hatten Ehrenparaden verlangt.

Es war die Großmannssucht, das Übertrumpfenwollen, das solche Wortschöpfungen gebar. Die anderen waren von vornherein klüger, sagten »Bundeswehr«. Das war neu. Es deckte sogar die Namen jener Kasernen, die nach Nazigeneralen heißen bis heute. Denn zum Geschichtsunterricht gehört, daß vergessen wird, was war. Und wenn ein junger Mensch nicht in der Schule erzählt bekommt, wer wer war, dann kann er gar nicht urteilen, dann fehlt ihm zu Entscheidungen mancherlei.

Er, denn es betrifft junge Männer, weiß nicht allzuviel. Eine Menge Wissen wird ihm vorenthalten. Wenn er Glück und Interesse hat, holt er sich es später. Falls es dann noch nutzt.

Um wieder von Gott zu reden: Er ist bei den stärksten Bataillonen. Soll heißen, auf der Seite der Sieger. Da sich aber niemand von vornherein zum Unterlegenen erklärt, bleibt alles offen.

»Gott« und die »Vorsehung« vereint kein geringerer als Friedrich der Große in einem Brief an die Herzogin Luise Dorothea von Gotha. »Ich bin in Verlegenheit, hinsichtlich der Operationen der Vorsehung nicht Ihrer Meinung sein zu können. Ich kann mich von dem Vorurteil, in dem ich befangen bin, nicht losmachen, daß im Kriege Gott bei den starken Eskadronen ist.«

Eskadron heißt eine große Reiterabteilung. Da es aber zumeist dem Fußvolk an den Kragen geht, wurde die Wendung von den stärksten Bataillonen gewählt, um einander Mut zu machen.

Friedrich schrieb diesen Brief vermutlich im Jahre 1760, am 8. Mai. Und gerade dieses Datum hat Gott gewählt oder die Vorsehung oder die Geschichte, die seit Urzeiten von einer sehr ironischen Dame geschrieben wird, denn der 8. Mai ist das Datum, mit dem 1945 die bedingungslose Kapitulation Großdeutschlands unterzeichnet wurde. Zu DDR-Zeiten war er sogar als »Tag der Befreiung« ein Feiertag, jedenfalls eine Zeitlang.

Gott war wieder einmal mit den stärksten Bataillonen gewesen. Interessanterweise hatte er sogar Stalin und den Kommunisten aufs kräftigste geholfen.

Oder galt nach wie vor das alte Wort: Hilf dir selbst, dann hilft dir Gott? Aber jene armen Teufel, die Hitlers Bataillone zu vermindern versuchten, und sei es nur um einen Mann?

Es gibt eine seltene Aussage. Ein Augenzeuge erlebte als Neunzehnjähriger 1943 die Hinrichtung eines Kameraden. Mitgeteilt von Norbert Haase in seinem Buch »Deutsche Deserteure«: In Frankreich war ein Soldat fahnenflüchtig geworden, wurde ergriffen und zum Tode verurteilt. Die Unteroffiziere der eigenen Kompanie mußten ihn erschießen. Rudolf K. aus Berlin erinnert sich: »Die hatten irgendwie schon alles vorbereitet. Wir marschierten einen Feldweg lang, einen Kilometer von der Chaussee. Ringsum nichts. Da kamen wir an eine Stelle, wo schon der Pfahl eingerammt auf einer freien Fläche stand. Im Hintergrund sahen wir ein paar Franzosen, die von weitem auf ihren Weinfeldern das alles mitkriegten. Die Sonne war noch nicht draußen, es war Morgengrauen, ganz früh. Der Kompaniechef sagte noch: Der Zug hier – wo der [Verurteilte] herkam – die kommen ganz rechts, ganz in die Nähe. Die sollen sich das genau angucken, damit sie sehen, wie es jedem ergeht, der von der Truppe türmt. Die ganze Kompanie war angetreten, vier Züge, ein Zug hatte immer etwa fünfunddreißig Mann. Der Pfahl stand in der Mitte, und wir wurden im Karree aufgestellt. Wir standen, wenn man auf den Pfahl guckte, rechter Hand. Ich hatte das ›Glück‹, in der ersten Reihe zu stehen. Dann mußten die Unteroffiziere vortreten, alle mit Stahlhelm. Erschießungskommando – Aufstellung! Der Gerichtsoffizier verlas das Urteil, Fahnenflucht, Tod durch Erschießen. Er trat beiseite. Es kam der Feldgeistliche in Uniform mit Pistole an der Seite – fand ich so niedlich: Feldgeistlicher mit Pistole – und trat auf ihn zu. Er sagte nur eines: Möge Gott Ihnen ein gerechter Richter sein. Dieses sind meine letzten Worte. – Dann wollte man ihm die Augen verbinden. Er schüttelte den Kopf, nein.

Ein Berliner, ein blonder Junge, normaler Mensch, wie jeder andere. Ein Leutnant kommandierte: Legt an! Feuer! – Die Unteroffiziere haben mir nachher erzählt: Der hat uns genau in den Lauf geguckt. Der eine sagte, das werde ich mein Leben lang nicht vergessen – Und wie der ›Legt an!‹ sagt, da richtete er sich kerzengerade auf und guckte genau in die Gewehre hinein. Der schrie nicht, nichts. Gezielt wurde aufs Herz, auf die Brust. Dann knallte es. Er war gefesselt, die Hände nach hinten gebunden. Die ganze Brust war aufgerissen, weil da acht Mann draufballerten. Der arme Kerl kriegte die volle Ladung in die Brust und sackte in sich zusammen, lebte aber noch. Der lebte. Und der stöhnte unheimlich. Das hörten wir fünfzehn Meter weit. Schließlich kam der Hauptfeldwebel mit seiner 08, ging ran und – das war für uns das allerschlimmste – knallte dem so zwei, drei Dinger in den Kopf. Und das in fünfzehn Metern Entfernung und mit neunzehneinhalb Jahren. Das war der Anschauungsunterricht, wie es einem ergeht, wenn man in der Kriegsmaschinerie nein sagt.

Wir marschierten ab. Die haben den aufgeladen auf unsern alten Bedford, das war so'n Beutewagen, auf dem schon eine Holzkiste stand. Als der an uns vorbeifuhr, lief das Blut unten raus. Der Wagen mußte nachher mit dem Schlauch gescheuert werden, so sehr lief der aus. Das vergißt man nie. Das werden Sie nicht los. Die Jahre können ruhig vergehen.

Später hörte ich, daß die ihn in Homps auf dem Friedhof begraben haben. Auf so einem kleinen Soldatenfriedhof ›pour la patrie 1914–1918‹ haben die ein kreisrundes Loch gemacht und den hineinbefördert. Ich hatte die Nacht darauf Wache, und morgens mußte ich die Straße entlangpatrouillieren. Da war das ganze Grab voll Blumen. Die Bevölkerung hatte heimlich Blumen auf das Grab gelegt.«

Verlorenes

Einer meiner Nebenmänner beim Militär war Sigmund Freud, von dem ich damals noch nie gehört hatte. Er sorgte für mich. Nebenbei bemerkt, auch Tucholsky und von Ossietzky hatte man mir vorenthalten, Arnold Zweig und Moses Mendelssohn, eine sehr lange Liste; also, um im Milieu zu bleiben, ein Bataillon bedeutender Menschen, mit denen man keine Kriege führen kann.

Ganz unbeeinflußt war ich nicht. Im elterlichen Bücherschrank standen Thomas und Heinrich Mann, »Im Westen nichts Neues« – aber in der zweiten Reihe; nicht jeder Besucher brauchte es zu wissen.

Sigmund Freud also sorgte dafür, daß der Soldat Kno ständig etwas verlor. Kaum waren in der Hindenburg-Kaserne Frankfurt / Oder die Soldbücher, so eine Art Personalausweis, an die Rekruten ausgeteilt worden, war meines verschwunden. Es wurde gefunden und in der Schreibstube – ein Ausdruck, der so recht die geistige Beschaffenheit der deutschen Militärs kennzeichnet – abgegeben.

Dort, beim Entgegennehmen: »Wieviel spenden Sie freiwillig für das Winterhilfswerk!?«

Ich legte einen Zweimarkschein hin. Erleichtert, daß keine Strafe drohte, fand ich mich großzügig, gemessen an meinem Einkommen.

»Was? Mehr ist Ihnen Ihr Soldbuch nicht wert?!« Sie lachten dabei so, als wollten sie sich mit dem Geld selber ein bißchen über den Winter helfen.

Das nächste bemerkenswerte Ereignis dieser Art gab es an der bretonischen Küste im Krankenrevier, in dem ich mich und meinen lädierten rechten großen Zeh erholte. Ein paar Mann, nur zum Übernachten gekommen, unterwegs in irgendein Lazarett. Sie verließen uns vorm Morgengrauen. Einer hatte mich am Abend etwas seltsam angesehen. Am anderen Tag, oder sogar erst später bemerkt: Mein Koppel war weg.

Das ist wieder ein zutreffend militärisches Wort. In einer Koppel wird Vieh gehalten. Mit einem Koppel wird das menschliche Schlachtvieh eingebunden. Am Koppel läßt sich Zubehör befestigen. Auf unserem Koppelschloß stand »Gott mit uns«. Ob er sich mißbraucht fühlte? Jedenfalls existierte ich fortan nur mit einem schmalen Gepäckriemen um den Leib und wurde dafür von jedem beliebigen Vorgesetzten angeschrien. Denn der Bestohlene ist schuldig beim Militär.

Als es aber ernst wurde: Als unsereiner zum Auffüllen der noch aus wenigen Menschen bestehenden Kompanie an die eigentliche Front geschickt wurde – ich war der erste. Völlig klar.

Wir hatten nahebei ehemalige Soldaten der Sowjetarmee – sie hießen Hiwis, was »Hilfsfreiwillige« bedeutete, waren unbewaffnet und kamen aus dem Süden. Georgier wohl, aus Stalins Heimat, und wußten gut mit Mulis umzugehen, den Maultieren oder Mauleseln; unseren geduldigen Verwandten. Diese von uns ferngehaltenen und mit deutscher Abkürzungsfreude benannten Mitmenschen waren vermutlich Moslems. Denn einmal, im Frühjahr, war ich eingeteilt, ihren Gottesdienst zum Neujahr zu beschützen. Sie setzten sich zum Halbkreis in einer Lichtung. Ein junger Mann, der auf mich einen intelligenten Eindruck machte, schien den anderen etwas zu erzählen. Sie knieten auf ihren mitgebrachten Schlafdecken. Verbeugten sich? Kein Gebet? Kein Koran? Wir wissen zu wenig von den anderen. Ich umkreiste die Gruppe in angemessener Entfernung, als ehemaliger Karl-May-Leser erwartungsvoll. Mochte aber auch nicht gaffen. Die Feier dauerte vier Stunden. Alle 45 Minuten eine Zigarettenpause. Wer weiß, was sie besprachen. Aus heutiger Sicht denke ich, daß sie unter deutschen Umständen gleichzeitig eine Parteiversammlung abhielten. Eine öffentliche, bei der Parteilose Zutritt hatten, Fragen stellen und diskutieren konnten. Ob sie sich darüber verständigten, wie sie sich in der zu erwartenden Zukunft verhalten müßten? Dieser Gottesdienst zum Neujahr im März 1944 beschäftigt mich bis heute.

Dann marschierten wir zurück. Ich, nicht ohne Stolz, vorneweg, mit geschulterter Maschinenpistole. Zum schönen Schein. Ich sage ehrlich, daß ich nicht recht gewußt hätte, wie sie zu bedienen wäre, denn solch wesentliches Gerät trugen nur unsere Unteroffiziere.

Ordentlich, in Dreierreihen, marschierten sie hinter mir her und sangen dabei aus Leibeskräften ein Lied, das ich nicht mitsingen konnte. Aber es war so einprägsam. Ich könnte es sofort vorbrummen. Und weiß doch nicht, ob man seinetwegen später erhängt oder heute erhoben werden könnte, oder umgekehrt, aber zügig Marschieren, das ging. Geht wohl immer.

Nur wenige Monate später, unter dem warmen Abendhimmel in Tennessie, hörten wir die erneut kriegsgefangenen deutschen Sowjetsoldaten singen. Für sie hatte das US-Kriegsministerium wohl keine Abentcuerfilme mit Untertiteln vorbereitet wie für uns.

Im Doppeldasein als Gegner und Alliierter ging es diesen armen Burschen vielleicht so gut wie nie zuvor im Leben. Man sagte, sie tränken als Ersatz für den heimatlichen Wodka ungeheure Mengen des mit Alkohol versetzten amerikanischen Rasierwassers. Darüber lachten wir. Mittlerweile ist bekannt, daß Stalin sich alle Kriegsgefangenen seiner Armeen ausliefern ließ. Ob aus deutschen Lagern oder aus amerikanischem Gewahrsam. Ihr Vaterland nahm blutige Rache. Nur die Jüngsten und Kräftigsten von ihnen haben überlebt.

Jedenfalls mußte einer dieser Hilfsfreiwilligen mir sein Koppel aushändigen. Er tat das, seinem Gesicht zufolge, sogar gern. Wieder deutsch vervollkommnet betrat ich den Lastwagen, der uns an blumengeschmückten, frischen deutschen Soldatengräbern einstimmend vorbeifuhr.

Meine erste Aufgabe war, zwei Unteroffiziere unseres Zuges als Leichen nach hinten zu schaffen. Ich sah verwundert, wie die leinernen Magazine für Munition ihrer Maschinenpistolen zerfetzt waren. Später dann lagen diese beiden Männer nebeneinander im Straßengraben; unbrauchbar gemacht.

In den nächsten Tagen oder Wochen, irgendwann dort in den Erd- und Drecklöchern muß ich meine Erkennungsmarke verloren haben. Aus Leichtmetall.

Da folgen wir dem Brockhaus von 1930: »... mit Angabe des Truppenteils und der Nummer der Kriegsstammrolle des Inhabers, von Soldaten (einschließl. Offizieren) an einer Schnur um den Hals auf bloßem Leibe zur Feststellung der Persönlichkeit bei Verwundeten usw. getragen«. Das »usw.« bedeutet den Tod. Beachte, daß der Mensch (einschließl. Offiziere?) da keinen Namen hat und von vornherein eine Nummer ist und bleibt.

Meine Erkennungsmarke – doppelt geprägt, in ihrer Mitte zum Abbrechen, denn die eine Hälfte bleibt beim Mann – wo mag sie geblieben sein? In zwei ungetrennten Hälften, jedoch für die Teilung angefertigt, dann schließlich halbiert wie Deutschland? Auf welchem Flohmarkt heute als Souvenir? Flöhe und Läuse beherbergten wir in Heerscharen am Leibe. Liegt sie statt meiner in der Normandie begraben?

So darf man im uniformierten Dasein allerlei verlieren, nur sich selber nicht.

Tante Magda

Sie war das älteste der drei Mädchen, die ohne ihren früh verstorbenen Vater in Hamburg aufwuchsen. Sie war, soweit ich das von sehr weit fern beurteilen kann, norddeutsch herb und streng. Dann Tante Fanny, lebenslustig und vergnügt. Als dritte meine Mutter, die sich lieber Fridl nennen ließ statt Frieda. Ob ich aus ihrem Vornamen eine gewisse, nicht ungetrübte Friedfertigkeit empfangen habe?

Ich mochte Tante Magda nicht! Ich mochte aber Tante Fanny! Sagte fünfjährig zu ihr: »Tante Fanny, du gefällst mir.« Das entzückte sie. Tante Magda hob mich auf die Alsterbrücke, so daß ich mit den Beinen überm Wasser – meine Schreie retteten mich! Daß meine Mutter ihr überhaupt erlaubte, mich in solche Situation zu bringen ... Aber die älteste Schwester bestimmt auch im Erwachsenenalter viel.

Sie sind alle tot. Und falls es einen Himmel gibt – er ist vor allem für uns Literaten geschaffen worden, weil wir dort vielerlei arrangieren dürfen, ausgleichen oder austragen lassen. Es ist die sozusagen zweite Bühne für unsere Hoffnungen. Denn wo sonst werden alle, die sich an uns versündigt haben, ordentlich und endlich bestraft? Jedenfalls wird meine gute Mutter, über die ich zu ihrer Lebzeit nie etwas Brauchbares zu schreiben vermochte, bei ihrem Spaziergang in den uns angekündigten Gefilden nach der Himmlischen Buchhandlung fragen. Die wird, angesichts der vergangenen Menschheitsgeschichte, so umfangreich sein wie der Staat New York. Man wird ihr dort hoffentlich dieses Buch nicht anbieten, denn sie wird vielleicht nicht mögen, was ich über Tante Magda sage. Ihre große Schwester stand ihr sehr nahe.

Tante Magda also, Anfang Zwanzig nach dem Krieg des Kaisers, unter dem sie erzogen worden waren, wurde Kindergärtnerin, Erzieherin, etwas in dieser Art. Und war so qualifiziert, daß sie auf Schiffen der Hamburg-Amerika-Linie als Betreuerin mitreisender Kinder nach Übersee fuhr, mehrfach. Bei einer dieser langen Reisen wurde sie schwanger, was aber beizeiten unterbrochen werden konnte. Dafür sorgte ihre Mutter, denn die Zeiten damals waren streng und hart; und Schande vertrug sich nicht mit gutbürgerlichem Ansehen. Tante Magda war auch eine Weile mit dem Sohn aus einer Bäckerei verlobt, was aber zu lange dauerte. Wie dem auch sei. Sie blieb ledig.

Um 1930 wandte sich Tante Magda der Hitlerpartei zu und gehörte ihr an. Beeinflußte auch ihre Mutter, ja sogar meine Mutter bei uns in Dresden. Aber ohne Konsequenzen.

Und in den Jahren, um die es hier geht: Tante Magda abonnierte seit Kriegsbeginn für meinen wehrlosen Vater im Soldatenkleid »Das Schwarze Korps«, die Wochenzeitung der SS, mit der er zeitlebens zum erstenmal zu tun bekam auf diese Weise. Wie peinlich muß es ihm gewesen sein im Angesicht seiner Kameraden. Er sagte es jedenfalls, als er auf Urlaub kam.

Wenn jemand hitlergläubig war, dann Tante Magda. Sie ging später nach Österreich, damals Ostmark genannt. Betreute kinderreiche Familien, löffelte den Eintopf gemeinsam mit ihnen aus einer Schüssel – ja, sie war hilfreich und gut. Und wohl nicht unansehnlich. Denn, wie sie bei ihrem letzten Berliner Besuch meiner Mutter erzählte – und ich hörte so manches aus unangefochtener Ferne –, hatte sie in einem Wiener Café gesessen, und vom Nebentisch hatte ihr ein Mann mit einem diskret gefalteten Zwanzigmarkschein Zeichen gemacht! Als ob …? An diesem Abend fragte sie mich, ob ich mich schon zur SS gemeldet hätte … (»Wie ich Hitler zum Geburtstag geschenkt werden sollte«). Doch es war nicht ratsam, Tante Magda alles zu erzählen.

Nach Frankreich schrieb sie mir Anfang 1944. Zitat aus meinem Brief an meine Mutter: »An Tante Magda ist eine Journalistin verlorengegangen. Sie schreibt im Stil des ›12 Uhr Blatt‹ Schlagzeilen. Etwa: ›große Front – Härte – aus Jungen ist ein Mann geworden –‹. Der Schluß ist am besten: ›Das Vaterland vor den Eindringlingen der Unterwelt zu schützen.‹ Aber sonst ganz nett.«

Am 28. Mai 1944: »Tante Magda überhäuft mich mit kämpferischen Schriften. U. a. ›Bushido, der Heldengeist der alten Germanen‹ usw. Alles Sachen, die mich wenig oder gar nicht interessieren, zumal jetzt. Man braucht unterhaltende oder belletristische Sachen zum Lesen, aber doch nicht so was. Solche Sachen sind mir, wie Du weißt, nicht in meine Bibliothek gekommen! Komisch finde ich es auch, daß sie ihre Briefe nicht etwa ›mit vielen Grüßen‹ unterschreibt, sondern: ›Heil Hitler! Deine Tante Magda.‹ Oder ist das die Macht der Gewohnheit?«

Aber wir wollen nichts weglassen. »Einen guten Griff tat sie damit, daß sie mir einen kleinen französischen Sprachführer für Soldaten schickte, den ich sehr gut brauchen kann. Auch sonst ist doch etwas Lesenswertes dabei. Und 20 Zigaretten schickte sie auch. Aber diese ewigen politischen Sachen fallen mir auf die Nerven.«

Tante Magda schickte mir aber auch Mommsens »Römische Charaktere« und fünf Exemplare der Zeitschrift »Atlantis« aus den Jahren 1941 / 42. Von alledem erinnere ich mich nur an eine vorzügliche Reproduktion eines Gemäldes von Rembrandt. Sein Sohn Titus. Ich starrte es an. Immer und immer wieder.

Tante Magda, in der Nähe von Wien tätig in vermutlich gehobener Stellung, zerschnitt sich im April 1945 die Pulsadern, als die Russen näher kamen. Das war wohl gescheit. Und zeigt, daß sie zur von ihr gewählten Sache stand. In einem Massengrab wurde sie beerdigt.

Mein großer Zeh

Am 1. Januar 1944 übernahm Generalfeldmarschall Rommel die Führung der Heeresgruppe B mit allen nördlich der Loire stehenden deutschen Kräften, darunter die 7. Armee. Zu ihr gehörten wir. Damals sagte uns das so ausführlich keiner. Aber der Name Rommel genügte. Er war viel- und siegversprechend.

Zugleich war dieser Kriegherr mit allen Vorbereitungen zur Abwehr einer alliierten Invasion beauftragt. Er täuschte sich, so stellte sich heraus, als er die Abwehr an der Küste stärkte und das Hinterland vernachlässigte, wo es später an befestigten Stellungen mangelte. Aber es fielen ihm zwei Maßnahmen ein, deren eine – ohne daß er oder ich es beabsichtigt hätten – mir das Leben rettete.

Rommel ließ die feuchten, sumpfigen Gegenden fluten. Viele US-Fallschirmjäger ertranken in den Überschwemmungsgebieten von Meredet und Douve. Ferner erfand er eine Sperre gegen Luftlandeunternehmen. Die Lastensegler sollten, zum Beispiel in der Bretagne, nicht auf den Wiesen und Feldern landen können. Etwa vier Meter lange Baumstämme kamen dort in die Erde, wurden als tödliche Sperre eingepflanzt und »Rommelspargel« genannt.

An meinen Vater, 11. Mai 1944: »Die ganze Woche arbeiten wir im Walde. Holzfällen usw. Die Stämme sind verdammt schwer, wenn man sie so tragen muß. Aber es ist wieder mal etwas Neues, bisher kannte ich das nur aus Kulturfilmen.« Ich darf jetzt, im Alter, hinzufügen: Arbeit gefiel mir, wie zu sehen. Auch wenn sie dem Krieg diente. Aber es war Arbeit; sie unterschied sich vom Kriegshandwerk. So seltsam das vielleicht klingt.

Seit Anfang Mai verluden wir diese Stämme.

16. Mai: »Wir hatten zu vier Mann einen Baum auf der Schulter. Der eine Unteroffizier war der Meinung, ich trüge zu wenig und ließ zwei Mann weggehen, so daß nur vorn einer ging und ich in der Mitte. Unmöglich, so ein Gewicht zu halten. Ich konnte ihn nicht mehr halten, und er knallte mir auf den rechten Fuß!«

Bald war Schluß, und wir marschierten nach Hause. Es glukkerte Blut in meinem Stiefel bei jedem Schritt. Innerlich frohlockte ich nach dem alten Rezept: Meine Eltern haben selber schuld, wenn mir die Finger erfrieren – warum kaufen sie mir keine Handschuhe? Erst als im Quartier die anderen gerade ihr Abendbrot zu verzehren begannen, zog ich den Stiefel aus – was einigen zwar den Appetit verdarb – und verkündete laut seinen Inhalt. Und schon lobten mich die Vorgesetzten als ewig Unterschätzten. Mannesmut bewiesen und Tapferkeit. Vorbild und Beispiel! Für jeden hier! Es war mir fast zu viel. Kaum hob ich mein mit ungemindertem Appetit geleertes Kochgeschirr, wurde schon mehreren befohlen, mir sofort den Nachschlag ans Bett zu bringen. Und neuen Tee. Und alles, was ich wollte. Ich kam mir vor wie im Wehrmachtsparadies.

Am anderen Morgen, denn abends hatte er selbstverständlich keinen Dienst, riß mir unser Arzt den am sogenannten seidenen Faden hängenden Zehennagel einfach und ohne Betäubung ab. Er hing dennoch ziemlich fest an mir und allen Enden. Der Doktor verband ihn so, daß der Zeh noch zwei Tage lang blutete. Das war zwar unangenehm, bot aber Schutz vorm täglichen Dienst.

Er bewahrte mich beim großen Umzug an die Küste, wo es keine Unterkünfte gab, vor mancherlei. Die anderen, von denen ich kaum hörte, hatten beschwerlich zu tun.

Ich saß – ein Stiefel, ein Pantoffel – auf dem Bock neben dem Kutscher. Geriet mit anderen Kranken ins Krankenrevier, das auf dem Boden eines Bauernhauses eingerichtet worden war. Man sah von dort den Atlantik. Aber wo wir uns befanden, ich weiß es nicht. Vielleicht war das Dorf zu klein für die Landkarte.

Wir hausten in einem großen, kahlen Obergeschoß mit einem Kamin, den wir zum Entsetzen der Hausfrau abends einheizten wie wohl nie zuvor. Eine kleine Holztreppe führte zu uns herauf. Wir hatten sogar einen Tisch. Aber weder Betten noch Strohsäcke. Wir lagen auf drei Decken auf dem Fußboden und deckten uns mit unseren Mänteln zu. Es war nur in der Nacht kühl.

Eine Toilette irgendeiner Form gab es nicht. Wir bauten uns eine Grube, darüber einen Sitz, als »Donnerbalken« altvertraut. Diese Einrichtung wurde allen Nachbarn gezeigt, wenn wir nicht dort hockten.

Zum anderen: Wir benahmen uns wie erzwungene Gäste. Kauften uns einen Hahn, den die Bäuerin köpfte. Ich bekam keine Keule, weil ich nicht genug beizutragen vermochte.

Im Nachbargarten werkelte ein Mädchen. Ich sprach sie an und wollte ein frisches Ei kaufen. Die Antwort war ablehnend. Ich verstand nur, ich möge den »Patron« fragen. Warum das, wenn er es nicht sah?

Man erkenne daran, wie wir und unsereiner uns zurückhaltend benahmen, höflich, vorsichtig; daß wir alles bezahlten, was wir wollten, die Butter zum Beispiel. Wie später bei den Bauern in der Normandie. Seither weiß ich, was »gute Butter« ist.

In diesen Tagen dort im Krankenrevier erschien eines Vormittags die alte Bäuerin mit einer hübschen jungen Frau. Sie blieben auf den Treppenstufen stehen: Ihr Besuch aus Paris. Die nicht in diese Umgebung Passende überblickte den Raum, nickte uns freundlich zu und ging wieder. Ich bin nachträglich überzeugt davon, daß die Widerstandskämpfer wenige Tage vor der Invasion auch an der bretonischen Küste erkundeten …

Der Sanitäter, dem ich bei meinem Urlaub einen Sack Hühnerfutter mitgenommen hatte nach Radebeul bei Dresden, brachte mich mit meinem fast wiederhergestellten Zeh in der Schreibstube unter. Gehörte ich dort nicht hin?

Ein Nebenmann, der mich am Nachmittag des 5. Juni 1944 anlernte, offenbarte, er habe Tags zuvor eines der Bauernmädchen dort schon ausgezogen, sei aber durch einen Befehl unterbrochen worden. Was für Aussichten. Ich kroch mit ins bequeme Doppelbett in den Alkoven.

Da weckte uns in den frühen Stunden des 6. Juni der Alarm. Die Invasion war da.

Aufbruch. Allgemeine Verwirrung, so kam mir das vor. Aus irgendeinem Grunde stieg ich nicht in das Lastauto, sondern auf den Pferdewagen. Der rettete mir erneut das Leben, wenn ich das recht verstanden habe. Überall kamen die Flieger und beschossen Mann, Roß und Wagen. Deutsche Flugzeuge waren nicht mehr zu sehen.

An meinen Vater: »Es war interessant, die Bevölkerung am Tage der Invasion zu beobachten. Sie standen den ganzen Tag vor ihren

Häusern, rührten keine Arbeit an und schienen nur zu warten.« Was man ihnen nicht verübeln kann.

So zottelten wir mit unseren Pferdefuhrwerken nächtlings in Richtung Normandie. Tagsüber sorgten die alliierten Flugzeuge dafür, daß wir uns nicht zeigten.

Unvergessen... Spätnachmittags. Ein Bauernhaus. Wir legten uns zu zweit in die von einem alten Ehepaar freundlich angebotenen Ehebetten. Letzter Gedanke vorm Schlaf: Wie bei den Großeltern in Dresden. Aber dazu die Beschämung, jedenfalls meine – wir zogen die Stiefel nicht aus. Durften es nicht.

Bei jeder Gelegenheit griffen Flugzeuge an. Nach solchem Angriff fuhren wir durch ein beschossenes Dorf. Zu den Eindrücken, die ich nie vergessen will: Vor einem unzerstörten Haus stand hoch aufgereckt eine Alte, ganz in Schwarz, die hielt uns ein Kruzifix entgegen. Sie konnte meine Großmutter sein. Die hätte sich zwar nie so hingestellt, sondern verließ mit Decke und Rucksack ihre Wohnung in Dresden. Aber das war erst im kommenden Februar. Jedenfalls streckte die alte Normannin mir ihr Kruzifix entgegen, als sei ich der Gottseibeiuns, der Antichrist, das Böse schlechthin. Und vielleicht hatte sie recht.

Brief, 25. Juni 1944. Da war ich noch beim Troß: »Du kannst Dich darauf verlassen, daß, wenn ich hier heil herauskomme und später mal Kinder haben sollte, diese nie Soldaten zum Spielen von mir bekommen ...«

Wir haben es eingehalten. Tochter Dagmar liebte ihre Puppen. Sohn Daniel, nachgeboren, bekam keine Soldaten, obzwar die DDR solche »Wehrertüchtigung« beförderte, was früh zu ihrer Schande und später zu ihrem Untergang beitrug – jedenfalls biß sich der Knabe aus Brotstücken etwas Pistolenförmiges zurecht. Ließ seine Indianer gewinnen und verlieren ... Aber als er zur Musterung befohlen wurde (in diesem Militärwort steckt das »Muster ohne Wert«), erklärte er, nicht auf Westdeutsche schießen zu wollen, wurde deshalb zu den abgelegenen Raketen eingestuft ...

Was aber den Zeh angeht, der sich längst wieder im Schaftstiefel befand, er hatte das Seine getan.

Samiels Freikugel

So kam es, daß wir Erbarmungswürdigen eines Vormittags Anfang Juli hinter einer übermannshohen Wallhecke lagen, während amerikanische Leuchtspurgeschosse den Himmel – ja, man darf sagen: verfinsterten. Plötzlich schlug irgendeine Granate in einen Baum über uns. Schneller, als man es zu begreifen vermag, flogen ihre Splitter in uns Menschen hinterm Wall.

Ich spürte einen derben Schlag auf der linken Brustseite, fühlte mich getroffen, riß mit der Rechten das Verbandspäckchen unten aus dem Militärjackett, knöpfte mit der anderen das Hemd auf, um mich zu verbinden, fand aber nicht das erwartete Blut, sondern nur einen roten Fleck über der linken Brustwarze. Die richtige Stelle. Großer Schreck.

Was war? Der Weg des Granatsplitters – er war etwas größer als ein deutsches Zehnpfennigstück – verlief auf feuilletonistische Weise. An mir rauchte es, als ich mich besah. Er war oben in die linke Brusttasche gefahren, hatte dort die Tabakspfeife zerbrochen und einen Behälter, aus dem nun ein angebliches Gasschutzmittel tropfte. Durch dieses erste Hindernis entscheidend abgelenkt, war er unten aus der Brusttasche in die darunter befindliche, am Koppel befestigte Patronentasche gedrungen, hatte deren Kunstleder glatt durchschlagen, dann den Ladestreifen getroffen, der fünf Patronen hielt, von denen der amerikanische Splitter, immer noch in kriegerischem Schwung, zwei entzündete, so daß zwei Schuß unten aus der Patronentasche pufften, durchs deutsche Ersatzleder, und an meinem Oberschenkel vorbei auf die Erde flogen, dort liegenblieben, gemeinsam mit dem Splitter in reinster Waffenbrüderschaft, denn er hatte nun endlich keine Kraft mehr; und die deutschen Geschosse trafen weder Freund noch Feind. Samiel half.

Ja, es klingt wie erfunden. Aber es ist tatsächlich so passiert. Und war nur möglich, weil der brave Soldat Kno nicht flach auf der Erde lag, wie er es in aberhundert Ausbildungsstunden mühsam eingetreten bekommen hatte, sondern während der Schießerei im geliebten Schneidersitz auf der Erde saß, mit einem Hölzchen die lehmbeschmutzte Visiereinrichtung seines Karabiners reinigend, mit dem er eigentlich gar nicht auf andere Leute schießen wollte.

Dem Nebenmann, der auf dem Bauche gelegen hatte, war ein kleiner Splitter in den Rücken gedrungen. (Lebensregel: Du überlebst, wenn du nicht alles machst, was befohlen wurde.)

Ich las den Splitter auf. Steckte ihn als Talisman in die Hosentasche, wo er mitsamt der Hose verlorenging. Denn ein Opfer muß die Wolfsschlucht haben.

Beförderung und Gelegenheit

Ein paar Tage lagen wir hinter einem dieser Erdwälle, auf die wir ebensowenig vorbereitet worden waren wie die amerikanischen Soldaten, die große Verluste erlitten.

Die abgedeckten Unterstände der Vorgänger waren geräumig. Sogar zwei Mann paßten hinein, wenn es not tat. Im Wall zur Straße hin gab es ein »Durchkriech«. Dort im Straßengraben war eine Vertiefung für den Wachtposten. Den traf es regelmäßig. Beinahe täglich. Bald auch meinen Nebenmann im Erdloch, der mir immer bereitwillig die Zigarette anzündete mit seinem Feuerzeug; ein Mann in den Dreißigern. Er mußte in dieses gefahrvolle Loch an der Straße. Wir mit den Maschinengewehren, aus denen ohnehin nie geschossen wurde, waren davon befreit. Mußten aber auf das Gelände vor der Hecke achten.

In Sichtweite rechter Hand stand ein Landsitz, ein Chateau, das zu betreten uns verboten war. Doch ich flitzte hin, um mich mal zu waschen an der Pumpe vorm Haus. Ging wohl auch die Treppe hinauf und gelangte, völlig klar, in die Bibliothek mit dem Kamin. Stand in diesem menschenverlassenen Bau plötzlich vor Buchreihen, ledergebunden, die wehrten sich mit ihrem gedruckten Französisch vor mir, als ich sie wenigstens berührte, so daß ich endlich traurigen Respekt bekam und in mein Erdloch zurückkehrte. Da wir uns aber eines Nachts davonstahlen, dürfte diesem Gebäude und seinem Inhalt nichts geschehen sein, wie ich vermute und hoffe.

Hinterm Erdwall kam es bald zu einer grotesken Szene. Im Unterstand nebenan lag, wenn man nur die Namen noch wüßte?, unseres Leutnants Putzer schon aus alten Rußlandfeldzugszeiten. Wir unterhielten uns über mancherlei. Er war recht stolz auf sein Herz, weil es auf der falschen Seite schlug. Was nie und nimmer politisch interpretiert werden darf. Es saß ausnahmsweise rechts. Aber das deutsche Militär nahm jeden.

Es war ruhig. Die Granatwerfer der Amerikaner hatten vielleicht Pause. Und der ewig über uns kreisende Artilleriebeobachter empfand uns nicht als gefährlich, obgleich er recht häufig auf den einzelnen Soldaten schießen ließ. Jedenfalls erschien unser Kompanieführer Leutnant Breitmeier und erkannte seinen Putzer. Der grüßte im Sitzen. Und bekam das Eiserne Kreuz Zweiter Klasse verliehen, mitten im Kampf an der Front. Ich betrachtete das neidlos und aufmerksam. Da wurden vormalige Verdienste gewürdigt. Der Leutnant hatte eine Handvoll Orden bei sich. Die mußte er loswerden, solange die Amerikaner nicht angriffen oder sich wieder einschossen. Da sagte dieser frisch Dekorierte, er kam aus Hamburg, zu seinem Leutnant, ob er nicht den Knobloch befördern könne. Der sei doch noch nicht einmal Gefreiter geworden im Frühjahr. Der Leutnant ließ sich mein Soldbuch geben und trug mich ein zum »Obergrenadier«. Das waren jene, die einen viereckigen silbernen Popel am Ärmel trugen, weil es bei ihnen nicht reichte zum Gefreiten. Fortan schrieb ich als Absender »Ogren«, ohne je dieses Abzeichen auf meinen linken Militärarm genäht zu haben. Wie denn auch? Solchen Nachschub gab es nicht.

Lacht nicht. Die vielfachen Analphabeten der Sowjetarmee hielten in Königsberg einen Oberkanonier für den Obersten Befehlshaber sämtlicher Geschütze – er hat hoffentlich überlebt.

Obergrenadier. Ein bißchen freute ich mich, zugegeben. Man ist ja anfällig für jede Anerkennung, wenn man nie gelobt wird. Lehre fürs Leben: Du brauchst jemanden, der dich vorschlägt.

Wir lagen hinter einem recht hohen, undurchsichtigen Wall, auf dem Bäume wuchsen und allerlei Gestrüpp. Ab und zu sollte hinübergeschaut werden, ob der Feind käme.

Nun ist es an der Zeit, hin und wieder aus einer Erzählung zu zitieren, die ich 1962/63 schrieb. In der dritten Person. Da erzählt sich vieles leichter.

Warum hieß Ami hier Feind, wenn ami auf französisch Freund heißt? Ich bin in Frankreich und sage Ami, und es bedeutet Feind. Warum?

Vor vielen Wochen schon, noch in der Bretagne, war bei einer Pause im Frühlingshimmel ein amerikanisches Flugzeug hoch oben geflogen. Mit weißem Kondensstreifen. Sehr hoch. Ein Aufklärer. Alle sahen hinauf. Niemand sagte etwas. Ich ahnte sie dort oben in ihrer Maschine. Sie waren der Feind! Aber für mich nicht! Diese vor der Kälte Vermummten, die unser Gebiet fotografierten. Ich starrte nur voller Neugier ins Blaue.

Man konnte die Straße nicht sehen, weil auch sie von den mannshohen Erdwällen eingefaßt war, den undurchsichtigen Hecken, die diese ganze Gegend durchzogen, dauerhaftere Grenzen als Zäune und Feldsteine. Gewachsene Grenzen. Sie standen schon ein paar hundert Jahre oder länger. Auf ihnen wuchs hohes, fettes Gras und Gestrüpp, hin und wieder ein Baum. Jedes Feld, jede Weide war so vor Blicken verborgen. Verlustreiche Gegend für Angreifende. Nur an den Ecken gab es schmale Lücken für Mensch und Tier. Doch die Verteidiger verloren hier mehr Menschen, seltsamerweise. (Man hätte einen Anführer danach fragen müssen. Doch es war keiner hier.)

Plötzlich hatten wir unter uns einen toten Amerikaner. Es hatte ihn getroffen, als er mit einer Patrouille am gefährlichen Straßenrand, auch von Hecken eingefaßt, den Weg suchte.

Zwei zogen ihn an den Beinen hinter den Wall. Er sah, ungeachtet der Uniform, nicht viel anders aus als ein toter Deutscher. *Alle, die so lagen, hatten in ihrem fahlen Gesicht, vorausgesetzt, daß es ihr Gesicht noch gab, jenen seltsam erstaunten Zug, so, als ob sie sich auch noch darüber wunderten, was mit ihnen geschehen war; und obgleich sie doch wissen mußten, was hier auf sie wartete, kam der Tod stets so überraschend, daß sie das Gewehr schnell fallen ließen, um mit der Hand nach dem Leben zu greifen, das ihnen entglitt, zu rasch, zu früh, unvermutet, und auf ihren Gesichtern noch ein letztes erstauntes Warum formte.*

Ein Leutnant wollte seine Papiere. Und ich half mit, den fremden Mann auszuforschen. Seine sorgfältig gebügelten Hosen hatten nichts mit der blutigen Unordnung an seinem Hals zu tun. Die Ausrüstung sah unerhört praktisch aus. Ganz amerikanisch. Das Koppel war aus starkem Leinen. Es hatte metallumrandete Löcher, in die man Patronentaschen und Brotbeutel einklinken konnte und alles andere, was ein Soldat mit sich schleppt. Da war auch eine Pakkung Zigaretten von der Sorte »Raleigh«. Im Kochgeschirr des Mannes lag ein Paar sauberer Socken. Den Leutnant interessierten die Papiere. Der Tote kam aus Omaha, Nebraska. Da war ein Foto in der Brieftasche. Eine Frau mit zwei kleinen Mädchen. Der Leutnant steckte die Papiere und sogar die Erkennungsmarke des Toten ein. Fast ein Kriegsverbrechen.

Zwei Stunden später lag er selber tot im Gras. Es hieß, ein Scharfschütze hätte ihn getroffen.

Hin und wieder schossen die Amerikaner eine Salve. Die Einschläge lagen nicht mehr in der Nähe. Ich steckte den Kopf aus meinem Erdloch. Sah niemanden. Alle saßen in ihren Unterständen und warteten, daß der Krieg vorbeiging.

Am frühen Nachmittag war ich an der Reihe. Ich dachte aber nicht daran, die ganze Zeit am Wall auf Posten zu stehen. Man schaffte es nicht immer rechtzeitig, sich in die Deckung zu werfen. Ab und zu ein Blick auf das Vorfeld, die zweihundert Meter bis zum nächsten Wall mit seinem undurchsichtigen Gestrüpp. Das mußte genügen.

Ich tauchte wieder einmal auf, stemmte die Ellbogen zwischen die Zweige, hob den Kopf über das Gras und sah in zwanzig amerikanische Gesichter. Der erste stand keine zwei Meter entfernt auf der anderen Seite des Walles. Die anderen im Gänsemarsch dahinter.

Sie standen unschlüssig, Gewehr bei Fuß, als ob sie überlegten, was sie unternehmen wollten. Auf mich wirkten sie mit ihren übernatürlich großen Helmen wie Marsmenschen. In ihren Uniformen standen sie wie ein gelb-grüner Zaun. Ich hatte noch nie solche Amerikaner gesehen. Es war nur diese Sekunde, als ich zurückzuckte.

Sie waren nicht weniger erschrocken als ich. Und da keiner schußbereit stand, was eigentlich zu erwarten gewesen wäre, schoß niemand. Ich schoß auch nicht, denn mein Gewehr lag mehrere Schritte entfernt unten neben meinem Erdloch. Woran sich erneut zeigt, daß ich nicht zum Kriegführen tauge. Ich hatte es erst gar nicht mitgenommen auf die Bocage – um endlich einmal den normannischen Ausdruck zu benutzen für diese seit Jahrhunderten gewachsenen Erdwälle.

Ein Posten ohne Waffe. Aber das merkte keiner. Ich rannte davon, den Wall entlang, schrie meinen Schreck den anderen entgegen. Rief den Feldwebel. Nun funktionierte das Gelernte. Der Vorgesetzte war verständigt. Und guckte verstört.

Nachdem sie mich erblickt hatten, zogen sich die Amerikaner vermutlich zurück. Sah ich etwa aus wie eine Kompanie? Einer warf eine Handgranate über den Wall, aber zu weit. Ich rannte den Wall entlang, vergaß sogar, das Gewehr mitzunehmen, kauerte mich vor einen Unterstand und wartete. Was würde sich tun? Neben mir im und am Wall ein Baum, ziemlich dick.

Wieder etwas Unbegreifliches. Aber ich sehe es wie damals: Zwei, drei Schüsse trafen direkt neben mir ins Holz. Ich höre und sehe, im Umwenden, hinter mir die Einschläge die Rinde zersplittern, untereinander, und springe zugleich kopfüber in den Unterstand. Es war so. Es gibt, vielleicht muß man dazu jung sein, solche Wahrnehmung.

Was aber noch Unbegreiflicher war: Die Schüsse kamen von hinten. Wo eigentlich die zweite deutsche Linie liegen sollte. Wo eigene Leute wachten. Man erwartet keinen Schuß von hinten. Aber wie soll der Krieg, der alles verkehrt, Richtungen verschonen.

Also hatte man uns schon umgangen. Hielt uns paar Mann aber wohl für zu gefährlich, was ich den Angreifern nicht verdenken kann. Sie hatten etliche Vordermänner verloren.

Wieder war Ruhe.

In den nächsten Minuten und sogar Stunden erwartete ich in meinem Erdloch jemanden, der vorsichtshalber zuerst hineinschießen würde, oder sogar eine Handgranate spendieren –

Wenn ich mich nach den Schüssen kopfüber in den Unterstand fallen sehe, immer wieder, zum Glück nicht mehr in Träumen, denke ich an den Unbekannten, der in seiner gelb-grünen Uniform alles weitere erlebt und überlebt hat; und wie er zu Hause erzählte, wie er in der Normandie einen von diesen Deutschen erledigt hat. Oder er hat es nie erzählen mögen! Ein Scharfschütze war er wohl nicht.

Es muß ihm jemand den Finger verzögert, das Auge getrübt, den Atem beunruhigt haben: don't hit him. Nicht treffen, er wird noch gebraucht! Und da sich unter dem Vorsitz von Moses Mendelssohn für mich verwendeten Mathilde Jacob, Sally Epstein und Victor Auburtin – ja, spottet nur –, blieb ich zu meiner großen Überraschung am Leben.

Irgendwie bin ich erschöpft eingeschlafen. Erwachte von allein.

An keinen langen Schlaf mehr gewöhnt, nur an Stunden des Ausruhens. Pausen ohne Bewußtsein.

Eine totenstille Nacht. Ohne Wolken.

Ich kroch hinaus und horchte. War ganz allein auf der Welt. Kein Geräusch. Kein Posten rief. Niemand schnarchte oder stöhnte.

War der Krieg hier zu Ende? Hätte ich im Loch bleiben sollen bis zum Morgen?

Angst, dazubleiben, Angst, wegzugehen. War hier Niemandsland? Oder gehörte bereits jeder Grashalm den Gelb-Grünen?

Ich kroch langsam am Erdwall entlang. Horchte. Dort, wo die anderen liegen mußten, standen drei deutsche Maschinengewehre, säuberlich ausgerichtet wie zur Inspektion. Der tote Leutnant? Sein Leichnam fehlte. Den hatten andere mitgenommen.

Totenstille.

Aus einem Loch geflüsterte Fragen, als sie mich kommen hörten. Da waren noch ein paar, die hatten sich versteckt, waren liegengeblieben. Und da keiner dem anderen traute, schlichen wir uns einträchtig zurück zu unseren Linien, die wir ungehindert passierten.

Unsichtbar verwundet

Es war um die Julimitte. Die Vorgeschichte ist ausgelöscht, ist fast verschwunden, also verdrängt. Das mag gut sein. Das Gefühl, ungeschützt unter Beschuß in einem breiten Hohlweg auf dem Bauch zu liegen – es war doch anders als neulich, als der Splitter sich harmlos seinen Weg bahnte.

Hier fühlt sich jeder Sandkrümel, den die Einschläge verursachten, beim Aufprall auf dem Rücken so an, als sei die halbe Schulter abgerissen. Solche Beschreibungen nützen gar nichts, und seien sie noch so kunstvoll literarisch. Sie sind nicht nach-erlebbar. Das ist ein Grund dafür, weshalb geschilderte Kriegsgreuel keine nächste Generation davor bewahren mitzumachen, wenn es wieder losgeht.

Als der Beschuß aufgehört hatte und ich den Hohlweg entlangging, forderten mich drei Mann aus einer fremden Einheit auf, einen Toten wegzutragen. Ich nahm sein Bein und hörte ihre Klagen, daß es immer die Besten träfe und die guten Kameraden. Es war wie ein Vorwurf, daß man selber noch lebte. Wir legten ihn ab an einer Sammelstelle. Dort wurde jemand vorbeigeschleppt, dessen einer Unterschenkel hing an einem, man möchte sagen, seidenen Faden. Es war wohl eine Sehne.

Ich versuchte, zu den Unseren zurückzugehen, das heißt nach vorn. Wie gesagt, die Erinnerung fehlt. Ich hockte mich auf eine Ecke im Erdwall, um auszuruhen, und erlebte, wie ich zu zittern anfing. Vielleicht war wieder geschossen worden. Ich weiß es nicht. Ich saß und zitterte am ganzen Leibe. Bemerkte noch, wie ein Panzersoldat mir zusah, auf seine Weise entgeistert. Er rührte sich aber nicht von seinem Panzer. Falls ich geblutet hätte, wäre er wohl zu Hilfe gekommen.

Es gibt Kriegsverletzungen, die sind unsichtbar und bleiben es.

Dieses Zittern, das dann aufhörte, und das ich mir nie recht erklären konnte, kam später immer wieder. Wenn ich vor einem Vorgesetzten stand, als Kriegsgefangener. Später, viel später, bei mancher Gelegenheit. Zum Beispiel auf jeder Bühne, von der ich meine Texte vorlesen sollte. Im normalen Raum, wenn das Publikum sich setzte, war es problemlos. Falls aber ein Vorhang oder Scheinwerfer – war es das normale Lampenfieber, auf das einen niemand vorbereitet hatte?

Das Zittern der Hände, übertragen auf die Stimme – es macht einen noch nervöser, ist entsetzlich peinlich, wird höchstpeinlich, weil alle es bemerken müssen dort unten im Saal. Das ginge ja noch, denn dort sitzen Freundliche. Und nur sehr gute Freunde und Angehörige sagen hinterher: Du warst aber aufgeregt. Auch Live-Sendungen im Fernsehen und Rundfunk wirken so.

Was aber, wenn der DDR-Zoll im Bahnhof Friedrichstraße dich packte? Eine Uniformierte ging einem ins Gepäck. Und das Zittern begann wie einst. Wegen dieser Demütigung.

Die Zöllnerin kontrollierte den Schriftgelehrten. Ohnmächtige Wut darüber, daß solche über unsereinen Macht hatten. Nach Manuskripten fragten. Beschriebenes Papier schien ihnen furchteinflößend verdächtig. Das kam nicht von allein. Es war ihnen in der Schulung eingeschärft worden.

Einmal traf ich oben auf dem Bahnsteig im Bahnhof Friedrichstraße Günter de Bruyn. Wir sind vom gleichen Jahrgang und kennen uns wer weiß wie lange. Er stand dort und paffte wie verrückt an einer Zigarette. Mit zitternden Händen. Eben hatten sie ihn dort unten kontrolliert. Er war unterwegs zu einer Lesung. Und sie hatten ihn behandelt wie einen Schriftsteller.

(Es sei ihnen fast verziehen. Sie wußten, daß sie nicht einmal einst als Rentner den Paß in den Westen bekommen würden. Warum sollten sie es uns nicht spüren lassen. Wieder waren wir Feldwebeln ausgeliefert).

Aber diese Schwäche, das Zittern der Hände, mit denen du kaum deinen Namen schreiben konntest auf der Quittung, wenn sie dir bei der Rückkehr eine »Druckschrift« weggenommen hatten. Und deshalb zittern die Hände noch die nächste Stunde.

Früher waren die ohne Beine, die Einbeinigen, die mit nur einem Arm im Straßenbild bemerkbar. Alle schlimmer Versehrten werden der Öffentlichkeit nicht gezeigt. Sie vegetieren in Heimen, in denen sich fromme Schwestern um die Bejammernswerten bemühen.

Manchen fehlt das Gesicht, manche sind ohne Arme und Beine – die meisten vielleicht schon gestorben. Wie viele von ihnen wurden den Angehörigen als »gefallen« gemeldet? Seltsam, nicht wahr, daß keiner der vielen Fernsehsender sich diesem Thema widmet. Aber das würde der Bundeswehr noch mehr Freiwillige entziehen. Ähnlich die Kriegsblinden, in deren Namen sogar ein Hörspielpreis verliehen wird.

Alfred Polgar läßt drei Davongekommene des Ersten Weltkriegs sich ihr entsetzlichstes Erlebnis erzählen. Der letzte nennt die Musterung.

Am Wäldchen Jugan

Soweit das zu rekonstruieren ist, bezogen wir die Erdlöcher im Süden der Stadt etwa am 17. Juli. Anderntags, und das Datum ist ihnen wichtig, eroberten die Amerikaner nach langwierigen Kämpfen Saint-Lô. Sie hatten diese Stadt bereits am 6. Juni, dem Tag der Landung bombardiert und so gut wie dem Erdboden gleichgemacht. Ungeheure Verluste unter den rund 20000 Einwohnern. Saint-Lô sah aus wie Dresden nach dem 13. Februar 1945. Deshalb sind Ansichtskarten der alten Hauptstadt des Departements Manche verhältnismäßig teuer.

Am 25. September 1905 schickte jemand an Mademoiselle Charlotte Butard eine Ansicht der gotischen Kirche Notre-Dame mit ihren beiden spitzen Türmen. »Stadt verwüstet 1944« steht in Französisch mit Bleistift auf der Rückseite.

»Bellevue« heißt die Kaserne der 136er. Dieses Regiment war (Poststempel 1917) das einzige in Frankreich, dessen Fahne in goldenen Lettern das Dabeisein rühmte: Lützen (1813), Bautzen (1813), Montmirail (1814) und Paris (1814). Mit aufgepflanztem Bajonett steht der Posten zwischen Tor und Schilderhaus. Die Wache ist nicht angetreten, schaut aber dem Photographen zu. Weiter hinten ist ein Soldat zu entdecken, der ein Fahrrad hält. Mit dieser Geheimwaffe wurden wir im April 1944 ausgerüstet.

Nach manch späterem Bemühen mit Stadtplänen und Landkarten: Es gibt dort im Süden der Stadt ein Waldstück mit Namen Jugan. Von diesem Wäldchen ist mir erinnerlich, daß dort, als wir auftauchten, deutsche Soldaten flüchteten. In unsere Richtung, und ich befürchtete den nachdringenden Feind. Er kam aber nicht.

Wir fanden gute Unterstände, die andere vor uns ausgehoben und befestigt hatten, und freuten uns über die Ruhe. So erlebten wir auch den 20. Juli. Es war ein völlig normaler Tag. Kein Schießen, keine Luftangriffe. Nichts. Und wenn es überhaupt Störungen gab, dann nur durch die eigenen Vorgesetzten. Sie verlangten Dienstleistungen vieler Art. Wie in der Kaserne. Wollten ihr Essen zugetragen bekommen und schrien böse, falls es erkaltet war. Wobei mitgeteilt sei, daß es Spaß machte, solchen Existenzen, die im Leben niemals in ein besseres Restaurant eingelassen werden würden, jedenfalls damals, die Sitten zu zeigen. Die kurze Zeit, wo sie unsereinen menschlich anredeten, war gerade wieder vorbei. Bis zum nächsten Mal. Wenn auf uns geschossen werden würde. Aber wer dachte daran oder gar an den nächsten Tag?

Es blieb so ruhig, daß wir nicht einmal zum Wachestehen eingeteilt wurden.

Was aber den schicksalschweren 20. Juli angeht, wir merkten von ihm nichts. Woran wieder zu sehen, daß Geschichte stattfindet, ohne daß man in der Nähe ist oder überhaupt etwas davon erfährt.

An jenem 13. August 1961, an dem entstand, was als DIE MAUER in den Geschichtscomputern bleiben wird. Unsere kleine Familie betraf sie sehr. An jenem Sonntag aber war ich in Thüringen, um einer örtlichen Zeitung auf die Beine zu helfen, und erlaubte mir beim schönen Wetter einen Ausflug in den Wald. Auch, um den lauten Touristen zu entgehen. Und als ich, Großstädter, zwischen den Sträuchern Blaubeeren reifen sah, andernorts Heidelbeere genannt, kroch ich auf allen vieren durch das Unterholz, mich hemmungslos durchessend wie ein Neandertaler. Einsam und glücklich. Unterdessen stellten sich die DDR-Kampfgruppen vor's Brandenburger Tor.

Doch außer mir waren ganz andere nicht anwesend. Präsident Kennedy fuhr im Atlantik auf seiner Jacht, die anderen Oberhäupter – wie hießen sie noch? – waren ebenfalls unerreichbar an einem so schönen Sommersonntag. Aber beizeiten informiert. Es war ihnen schon recht, daß zwischen diesen Deutschlands eine gewisse Ruhe eintrat. Mochten die Betroffenen lärmen und weinen und sogar eine Anzahl von ihnen sterben. Beiderseits.

Jeder von uns bekommt Gelegenheit, an geschichtlichen Ereignissen beteiligt – nicht zu sein, sondern zu werden. Was ein Unterschied ist. Erst anderntags steht in der Zeitung, wer gewonnen hat. Es kann sogar vorkommen, daß die Sieger mitjubeln, weil sie noch nicht wissen, daß sie der Verlierer sind.

Was aber den 20. Juli 1944 angeht, der uns am Wäldchen Jugan in Saint-Lô nicht einmal streifte – erst anderntags, oder war es gar noch einen Tag später, ging ein fremder Feldwebel an unseren Erdlöchern vorbei und sagte laut: »Beinahe hätten wir den Frieden gehabt!« Mehr sagte er nicht. Und was genau er damit meinte, konnten wir uns kaum zusammenreimen, als wir später hörten, es habe ein Attentat gegeben auf Hitler. Da wir aber nur beinahe Frieden gehabt hätten, betraf es uns nicht. Wir wollten den richtigen.

Eisenhower: »Die mißlungene Verschwörung der deutschen Militärs gegen Hitler … schien nur geringe Wirkung auf die Moral der deutschen Truppen auszuüben.« Er hatte doch keine Ahnung, wie es bei uns zuging, und sicherlich bei anderen auch. Heerführer sind immer zu weit entfernt vom täglichen Leben. Sie bilden sich als Oberschicht ein, Bescheid zu wissen. So ist das immer.

Wir hatten kein Radio. Es gab weder Musik noch Ansprachen, was auch kein Nachteil war. Gelegentlich eine Zeitung. Eine deutsche. Was die Stäbe erfuhren, wußten die Soldaten noch lange nicht. Es wundere sich also niemand, daß die Front nicht auf den 20. Juli reagierte. Ohne Zögern hätten wir Schluß gemacht!

Am 23. Juli an meinem Vater: »Wir haben neulich einen Kirschbaum umgehackt und uns gelabt.« Ja, Vandalen waren wir auch. Weiter heißt es dort: »Der Leutnant hat seinen Bunker innen mit grünem Samt ausschlagen lassen. Ganze Rollen davon liegen herum.« Wir mußten sie ihm herbeischleppen. Andere befestigten den Stoff kunstvoll an den Wänden, bis der Kompanieführer zufrieden war. Wir werden noch von dieser Wandverkleidung hören.

Weiter im Brief: »Heute habe ich mich zum ersten Mal seit vier Wochen wieder rasiert. Ich hatte einen richtigen Zickenbart. Der Zeh zeigt Mondlandschaften von Hornhaut.«

Mücken plagten uns. Fliegen und mancherlei Getier, das der städtische Mensch sonst nicht wahrnimmt. Wer hält sich ohne Zwang in einem grabähnlichen Gehäuse auf, solange er lebt? Von unseren Läusen ganz zu schweigen. Nur sie und kein weiterer Feind störten den Schlaf. Jedenfalls brauchten wir, ziemlich verdreckt, nicht mehr anzutreten oder zu exerzieren. Sie mußten uns bei guter Laune halten. Und niemand verlangte, daß gesungen wurde, denn »Vorwärts« konnten wir nicht mehr marschieren, lieber nicht.

Hat sich jemals ein deutscher Historiker – meist schreiben sie erst, wenn alles lange vorbei ist – habilitiert mit: »Der Anteil der Kleiderläuse bei der Vermeidung des deutschen Endsiegs?« Ohne Berücksichtigung der Filzlaus, denn für die war – ein dreifach Hoch – der Sanitätsgefreite Neumann zuständig als Erfinder der Grauen Salbe, mit der er manch anderes kurierte, dem uralten Soldatenlied zufolge. Und das war, der vererbten Zoten wegen, oft genug zum Lachen.

Zwei Tage später. Ich schrieb gern, mußte mitteilen. Also: »Gegen Abend kommen die meisten aus ihren Löchern gekrochen, und dann beginnt die Unterhaltung. Man lauert auf das Essen. Nach dem Essen findet sich alles wieder ein, und im Dunkeln wird erzählt bis nachts um drei. Man kann ja doch nicht schlafen.« Nun folgt ein bemerkenswerter Satz: »Schnaps haben wir auch. Calvardos oder wie er heißt. Ich kann nur immer davon nippen, er brennt wie Feuer.« Woher sollte ich seinen richtigen Namen kennen? Calvados. Ein ganzes Departement heißt so.

Philipp II. von Spanien hatte 1588 eine Flotte ausgerüstet zur Invasion Englands. Ein ungünstiger Wind verhinderte das, trieb die Schiffe auseinander, manche bis zur schottischen Küste, weshalb es bis heute kleine, wendige, dunkelhaarige Schotten gibt. Was für ein Vorteil. Mischungen nützen immer. Wie sonst würden Anbieter von Kaffee, Tee und Tabak, ganz zu schweigen von Whisky, ihre Mischungen als das Beste anbieten dürfen? Philipps »Armada«, verweht vom Winde, erreichte rettende Ufer. Wo auch immer. Eines der größten Schiffe, die »Salvador«, strandete an den Felsen von Asnelles. Die liegen nicht sehr weit entfernt von Arromanches, wo 1944 ein Weltwunder unseres Jahrhunderts, der künstliche Hafen errichtet wurde. Davon bald mehr.

Die »Salvador« strandete an dieser seit Urzeiten bewohnten Küste. Da hatten schon die alten Römer gezeltet. Und so weiter. Um jede Geschichtslektion über das Hinundher zu vermeiden (es gibt ja Bibliotheken) – jedenfalls entstand aus »Salvador« durch Konsonantenverschiebung und Sprachgebrauch der Name Calvados.

Und an dieser Stelle sollten wir einen Calvados nehmen. Wie sich das traditionell als »Trou normand« gehört mittendrin bei den ausgiebigen Menus in der Normandie. Zum Wohl. Ernsthaft. Wegen der Menschen dort. Sie litten 1940 und 1944. Zehntausende Zivilisten starben. In mehreren Städten, wie Caën, wurde das über Jahrhunderte Bewahrte zerstört. Das aber war leider unvermeidbar, um einen Hitler loszuwerden. Und seine Soldaten.

Wir aber waren ja überhaupt nicht in Calvados, sondern bei Saint-Lô. Im Departement Manche. Dieser Name hätte die Vorgesetzten warnen müssen vor Unternehmungen, wie sie Don Quijote von der Mancha anstellte. Sehen sie die Windmühlenflügel nicht? Ich kam mir wie ein machtloser Sancho vor. Ganz ohnmächtig sind die Kleinen aber nicht.

Jeder Brief nach Hause enthält den beunruhigenden Satz: »Keine Sorgen machen, es wird schon alles gut werden.« Ich glaubte selber daran. Es war keine Lüge.

So steht es auch im letzten vom 26. Juli. Schreibpapier war verteilt worden: Sechs Bogen A5, dazu sechs Umschläge.

Es war furchtbar warm, aber ruhig. »Keine Sorgen, es wird alles gut werden.«

Dann kam der 27. Juli …

Aber zuvor die Rennbahn.

Neben der Rennbahn

Wie gesagt, wir waren vom Norden gekommen, östlich an dieser zerbombten, zerschossenen, ruinierten Stadt vorbei, die uns mit süßlichem Verwesungsduft anhauchte. Durch Vororte mit ihren Gärten und kleinen Feldern. Es roch nach feuchter Erde und Äpfeln.

Den Bunker für den Oberleutnant gruben ein paar Mann. Ich sollte Balken und Bretter holen für die Abdeckung. Aber woher? So darf einer nicht fragen beim Militär. Er hat zu suchen und zu finden!

Da war eine Pferderennbahn in Sichtweite. Ich zog aus den zerschossenen oder zerbombten Stallungen kurze, dicke Balken und schleppte sie einzeln zum Wall. Das unübersichtliche Gelände bot Schutz. Niemand schoß auf uns, und Flugzeuge tauchten auch nicht auf. Unsere Kompanie, aufgefüllt mit Resten anderer Schrumpfeinheiten des Regiments, zählte rund fünfzig Mann. So kam ich mit Horst zusammen, einem gutmütigen Schlaks aus Spandau, zwei Jahre älter als ich. Wir verstanden uns sofort. Nachdem er unseren Unterstand erweitert hatte, ging er mit zur Rennbahn. Wir suchten für uns ein Stück Blech zum Schutz. Fanden auch geeignete Bretter. Außerdem machte es Spaß, dort umherzulaufen. Die Tribüne stand bereit.

Die Pferderennbahn ist mein Kindheitserlebnis. Andere werden zum Fußball mitgenommen oder haben gar sportliche Eltern. Doch dieser Eindruck, daß da Männer in bunten Farben auf Pferden hockten, die zuvor im Kreis herumgeführt worden waren – es war sensationell. Und als im ersten Rennen einer führte, schrie ich: Der gewinnt! Was natürlich nicht der Fall war. Hell begeistert spielte ich fortan mit kleinen hölzernen Pferden die Rennen nach. Manches hatte schon keine Beine mehr. Meine Jockeys klebten auf Knetesätteln. Ich wollte nur noch Pferde geschenkt haben, erzgebirgisches Schnitzwerk. Zuweilen mit Zwirnsfäden vor Fuhrwerke gespannt. Wie im Alltag. Damals 1934, standen tagtäglich Pferdegespanne am

Straßenrand, warteten geduldig. Ließen unvermittelt Pferdeäpfel fallen, pißten gelbe Strahlen schäumend in den Rinnstein. Kein Vorübergehender nahm Notiz oder gar Anstoß. Es war natürlich und daher selbstverständlich.

Einmal aber, bei einem Hindernisrennen auf der idyllischen Rennbahn in Dresden-Reick, stürzte ein Pferd und brach sich ein Bein. Und wurde an Ort und Stelle, wo es zuckend liegengeblieben war, erschossen. Peng peng. Für mich war das entsetzlich. Ich hielt mir noch lange die Ohren zu und weiß bis heute, daß der Grauschimmel »Attaché« hieß.

In Berlin wohnend gingen wir nicht mehr Sonntags auf die Rennbahn. Das Geld war knapp. Ich erfuhr aber, viel später, daß mein Vater, unbekümmert und kaum dreißigjährig, zuweilen Sonntags von Dresden nach Berlin gefahren war, nur zum Rennen in Hoppegarten, und zurück. Gewonnen hatte er wohl kaum das Fahrgeld. Die Liebe zu Pferden war in seiner Kindheit geprägt. Der Kohlenhändler auf dem Hof ließ ihn manchmal reiten. Doch Rennpferde waren das nicht.

Seltsamer Glücksfall, möchte man sagen, als meinem 1939 schon eine Woche vor Kriegsbeginn einberufenen Vater, der dann 1940 gen Frankreich mitziehen mußte, ein Paar Pferde zugeteilt wurden. Bespannte Artillerie hieß das. Vielleicht aber hat er sich dazu gemeldet. Wir wissen wenig über unseren Vater.

Ich jedenfalls blieb begeisterter Zuschauer. Malte mir Rennbahnen und benutzte, wenn die Pferde nicht reichten, sogar Kühe aus dem Spielzeughaufen, ließ sie auch manchmal gewinnen.

Nun stand ich achtzehnjährig vor einer Rennbahn ohne Pferde, ohne Zuschauer, ohne Reiter. Und zog Balken und Bohlen aus Trümmern, die nicht hätten sein müssen. Zerrte ein Brett ins Freie und sah ein Flugblatt. Es war feucht und ein bißchen zerknittert.

Zitat aus der erwähnten Erzählung: *Es lag schon ein paar Tage dort, war bleich geworden unter der Sonne und dem Regen und bei dem Gedanken, daß es seine Bestimmung verfehlt haben könnte. Das Flugblatt sah so aus, daß man es aufheben mußte.*

Horst aus Spandau versuchte unterdessen Latten abzureißen. »Sieh mal!« Er war einer, dem man so was zeigen konnte und darüber reden. Ohne denunziert zu werden! Und dieses Gespür, dieses Gefühl erwarb unsereiner sich achtzehnjährig in der Normandie fürs künftige Leben … Ach, ich hatte es schon im Zeitungsverlag mitbekommen. Es gab dort Zimmer mit Menschen, in denen der alte Ullsteingeist nicht arisiert worden war.

Das Flugblatt.

Auf einem Foto waren Männer zu sehen, ein weißes PW auf dem Rücken, die beim Unterricht saßen, über Bücher und Hefte gebeugt. Die Unterschrift sagte, das hier sind deutsche Kriegsfangene, die in ihrem Lager in den Vereinigten Staaten von Amerika nicht nur auf das hervorragendste untergebracht und verpflegt werden, sondern auch Zeit und Gelegenheit genug zu einem Studium an einer der zahlreichen bekannten Universitäten des Landes haben. Dieses, so sagte das Flugblatt in tadellosem Deutsch, sei viel gescheiter, als sich für Hitler totschießen zu lassen. Der Krieg ist hoffnungslos verloren für die Deutschen. Der deutsche Soldat täte besser daran, in Amerika eine Universität zu besuchen.

Ja und nein. Um das gleich mitzuteilen: Ja, ich hätte einen Fernkurs belegen können als Kriegsgefangener an einer amerikanischen Universität, falls ich nach achtstündiger, schwerer körperlicher Arbeit dazu die Kraft aufgebracht hätte. In unserem Lager gab es jedenfalls keinen, der so studierte. Arbeit war obligatorisch für Mannschaften. Unteroffiziere mußten nicht arbeiten, gingen als Aufseher mit zum Arbeitskommando, weil sie sich sonst zu sehr gelangweilt hätten. So bekamen sie das Dabeisein als Arbeit bezahlt.

Vielleicht war es deutschen Offizieren möglich, ein Studium zu absolvieren, falls sie solche Feindberührung nicht ablehnten. Sie mußten, großzügige Genfer Konvention, nicht arbeiten. Denn Arbeit war (ist?) etwas für die da unten. Die oben hatten Zeit und Langeweile. Was hätte es ihnen geschadet, wie unsereiner in Alabama Tomaten zu pflücken im November, Zuckerrohr zu knicken, Maiskolben zu brechen, Erdnüsse feucht auszugraben oder Baumwolle zu zupfen mit dem Grunderlebnis, daß in der Reihe neben dir ein Schwarzer beidhändig die weißen Büschel greift, nur viel gewandter, und deine Frage beantwortet mit: »Yes, Sir.«

Einmal im Leben wurde Knobloch, 18, mit »Sir« angeredet. Und es war mir peinlich. War ich nicht sein Kriegsgefangener? Und schon nach wenigen Minuten war er mit seinem langen Sammelbeutel um den Hals etliche Meter auf den Knien vorausgeglitten.

Als Kriegsgefangener studieren? Wozu? Für mich war es eine Verlockung. Für Horst und andere aber nicht. Dennoch klang es nach friedvoller Ruhe.

Wendete man das Blatt, stand zu lesen, daß man dem erstbesten US-Soldaten bloß das Wort *Hier* zurufen müsse. Und sich mit erhobenen Armen nähern. *Here* klang genauso. Wie schön, daß es solche Wörter gibt zur Verständigung zwischen Menschen.

Der Unterstand des Oberleutnants war beinahe ein Bunker. Wie ein Zimmer groß. *Vier Lagen Balken, kreuzweise, darüber ein halber Meter Erde. Saubere Arbeit. Es zahlte sich aus, wenn sich ein Offizier für die Zivilberufe seiner Leute interessierte.* Da war ein Obergefreiter, früher beim Tiefbau beschäftigt. Er stand unter besonderem Schutz.

Zwanzig Meter grünes Billardtuch machten den Bunker innen gemütlich. Kissen und Felle. Bis hierher geschleppt. Dazu seine Koffer.

Ein Unteroffizier schrie, er wolle drei Balken für seinen Unterstand. Er hatte mich kommen sehen mit dem Nutzholz und schickte mich los. Ich setzte den Helm auf und ging zum wievielten Male zur Rennbahn. Dort waren Soldaten damit beschäftigt, Panzerabwehrgeschütze in Stellung zu bringen. Ihr Hauptmann war ein älterer Mann, also über Vierzig, und sah aus wie ein Studienrat, der seine Schüler Pflanzen und Käfer sammeln läßt im Gelände. Was nicht bedeutet, daß solcher sich nicht verwandelt, wenn man ihn in eine Uniform steckt mit zusätzlicher Autorität.

Ich trödelte mit meinem Balken für den Unteroffizier und wurde angeschrien – für Uneingeweihte: man wurde nur angeschrien –, weil ich nicht gegrüßt hatte, und wohin ich damit wolle. Gab Auskunft. Legte den Balken ab, den wollte womöglich jener für seinen Unterstand? Seine Leute bewegten sich auffallend emsig bei ihrem Tun. Er beschimpfte mich. Wie ich aussähe?! Mit einem Schal um den Hals! Es war aber kein Schal, sondern ein längliches Stück Stoff. Von irgendwoher. Sehr notwendig, denn auch ohne Beschuß war unsereiner von Dreck umgeben, ständig. Sand und Erdkrümel von Kopf bis Fuß auf der Haut. Da half ein Stück Stoff um den Hals, damit nicht alles auf den Leib und unters Hemd rutschte, ins Revier der Läuse. (Da die Generalität das nicht miterlebte, waren weder Schal noch Halstuch Bestandteil der deutschen Uniform.)

Jener Hauptmann mit lauter Stimme: »Wissen Sie überhaupt, was Uniform heißt!« Damit hatte er schon manchen eingeschüchtert. »Zu Befehl, Herr Hauptmann«, schrie ich und stand stramm. »Uniformus, a, um, kommt aus dem Lateinischen und wird nach der griechischen Wurzel unifosus gebildet. Es bedeutet einheitlich, gleichmäßig.« Das war ziemlicher Unsinn, aber er wirkte, klang gebildet. Und da der Hauptmann daraufhin keine Schreikrämpfe bekam, war er wohl doch kein Studienrat. Befahl nur, ich solle den Schal abnehmen und mich davonscheren. Ohne den Balken.

Der Unteroffizier, als ich ohne Balken wiederkehrte, war böse, weil ich nicht einmal fähig war, ein paar Bretter für ihn zu organisieren. Sicher würde er mich demnächst einteilen zu einem Einsatz, bei dem es nicht darauf ankam, daß einer wie ich wiederkehrte. Wie immer war ich aufgefallen. Das war am Dienstag.

Was aber niemand voraussagen konnte: Am späten Nachmittag des Freitags dieser Woche stand ich vor einem US-Lieutenant. Er fragte mich, wo wir gelegen hätten. Ich antwortete: »Neben der Pferderennbahn.«

Er: Neben welcher? »Es gibt zwei.« Und deutete auf eine glasklare Luftaufnahme, die er mich aber nur kurz betrachten ließ. Ich war unwichtig.

Zwei Pferderennbahnen in Saint-Lô?

Am folgenden Montag befand ich mich auf einer Pferderennbahn. In London. Mit dem schönen Namen Kempton Park. Und dort, wo die Schalter sind, wo man Eintrittskarten kauft, waren Buchstaben angebracht. Jeder zu seinem. Dort verlor ich meinen Nebenmann Horst aus Spandau und habe nie wieder von ihm gehört.

Es gab auch besondere Schalter, wo sich Eroberte eintragen lassen sollten, zum Beispiel die Österreicher. Und wenn ich mich dort angestellt hätte …

Wir mußten uns ausziehen und mit erhobenen Armen im Kreise

gehen. Dabei pickte man die SS-Leute heraus, in deren Oberarm innen ihre Blutgruppe eintätowiert stand. So waren sie für Bluttransfusionen schneller auszumachen als wir. Woraus ersichtlich, daß es in der proklamierten Volksgemeinschaft verschiedenerlei Menschen gab.

Danach die gründliche Entlausung.

Schließlich einer nach dem anderen zum Verhör. Ein dunkler Raum. Ein Tisch, dahinter zwei Herren; ein älterer und ein junger, so schien es, denn die Tischlampe leuchtete mir ins Gesicht.

Nun ist in diesem Buch von mancherlei zu lesen, was unglaublich klingt und erfunden. Wenn ich erfinden könnte, hätte ich Stücke geschrieben oder richtige Romane. Mir sind Tatsachen immer lieber, weil sie voller poetischer Bezüge stecken. Man muß die nur entdekken und herausholen; den Zufall nutzen, Entferntes zusammenbringen, Erwartung und Aufschluß, und die sich daraus ergebenden Pointen formulieren.

Es gibt keinen Grund, das nun folgende kleine Verhör in einem Raum der Rennbahn Kempton Park zu verändern. Sie hatten vor sich auf dem Schreibtisch den Inhalt eines weißen Beutels, der meine Habseligkeiten enthielt, die wenigen, die man uns in Saint-Lô abgenommen hatte. Jeder von uns hatte solchen Beutel, auf dem sein Name und seine Gefangenennummer handgeschrieben stand. Nur, daß er ihn nicht selber tragen durfte.

Der ältere Herr stellte ein, zwei Fragen und nahm mein ledergebundenes Notizbuch in die Hand, schlug es auf und fragte: »Sind Sie ein deutscher Schriftsteller?«

Ich war selten so sprachlos.

Er meinte das ganz ernst, hielt mir mein Notizbuch hin und blätterte. Dort standen Gedichte und Aphorismen, Bonmots und Witze – alles keine eigenen. Mein Großvater Heinrich hatte dort im Laufe der Jahre eingetragen, was ihm gefiel oder wichtig schien. Lange nach seinem Tode hatte ich es in seinem Schreibtisch gefunden und mitgenommen, weil mich sowohl der biegsame Einband als auch das gute Papier entzückten; trug selber Lesefrüchte ein und hatte es bei mir während der geistigen Verblödung des Soldatendaseins. Nun hielten sie mich für einen Autor.

Nein, nein, sagte ich, das Notizbuch gehörte meinem Großvater.

»War Ihr Großvater ein deutscher Schriftsteller?« kam als nächste Frage.

»Nein.« Ich hielt diese Fragen für absurd. Er war Buchdrucker, das sind keine ungebildeten Leute. Wie kamen sie nur darauf, aus seinem Notizbuch herauszulesen, was er nicht war? Die Verse, die Zitate, deren Verfasser standen dabei. Goethe, Hebel, Lichtenberg und wer weiß alles. Wie kamen sie auf die Idee, den Notierer bereits für einen Schriftsteller zu halten?

Mehr wollten sie nicht wissen. Ich war unergiebig. Leider ging hier mein eigenes, kleines Notizbuch verloren, in dem ich einiges Erlebte aufgeschrieben hatte und auch die schwarzweiße Markierung der amerikanischen Flugzeuge gezeichnet. Aber nie bekam ich das ohne jegliche militärische Notiz geführte, schwarzlederne Notizbuch zurück (das es in solcher Qualität heute nicht einmal in den vornehmsten Papiergeschäften gibt). Daher weiß ich nicht, was mein Großvater für Bewahrenswert hielt, was er aufgeschrieben hatte, um vielleicht eine seiner Ansprachen im Dresdener Riesengebirgs-Verein oder vor seinen Brüdern der Odd-Fellow-Loge zu würzen. Doch war das dort aufgeschriebene Abgeschriebene wohl wesentlich und gescheit. Wie sonst hätten die beiden Gentlemen vom militärischen Geheimdienst mich gefragt, ob ich ein deutscher Schriftsteller sei?

Sie waren auf der richtigen Spur. Drei Tage später, in Schottland, notierte ich meine Erlebnisse auf britischem Klosettpapier. Bis dem Füllhalter die Tinte ausging.

Höchste Zeit

An diesem Tag schrieb ich nicht mehr nach Hause. Keine Gelegenheit. Unruhe schon am Vormittag. Irgend etwas lag in der Luft an diesem wettertrüben 27. Juli.

Umzug war befohlen. Anderthalb Kilometer zurück. In einen Hohlweg. Wieder einmal. Aber nicht in Ruhe. Flugzeuge hatten angegriffen, geschossen, bombardiert. Wir erreichten die Gegend glücklich zu spät. Einer unserer Sanitäter stolperte heran. Wir kannten uns, er war in unserem Alter. Nennen wir ihn Rudolf.

Er holte noch immer schwer Luft, schnaufte. Lehnte sich an die Lehmwand, schloß die Augen.

Erst nach einer Weile sagte er: *»Ich war verschüttet.« Verschüttet ist so gut wie lebendig begraben; und wenn ein Mensch Angst hat vor dem Tode, dann noch mehr davor, nicht richtig tot zu sein und als tot zu gelten, dort unten im Sarg wieder aufzuwachen. Hier war es unkomplizierter. Ein Stück Hohlweg deckte den Menschen zu, begrub ihn, und weg war er. Oder er krabbelte wieder heraus.*

Rudolf war unversehrt. Aber der Luftdruck der Explosion hatte ihm sämtliche Knöpfe von seiner Uniformjacke gerissen. Deshalb schlotterte sie so, als er zu uns kam. Er hatte das selber noch nicht bemerkt. Er freute sich über seinen heilen Leib – da kam der Kompanieführer den Hohlweg entlang. Als er Rudolf erblickte, der sich selbst ausgegraben hatte (ehe die Archäologen kamen), mit seinen zehn Fingernägeln, beiden Beinen und Überlebenslust, sagte er scharf und laut: »Wie sehen Sie denn aus! Nähen Sie sich sofort die Knöpfe an, Mensch!«

Merke, wenn solch ein Vorgesetzter zu dir »Mensch« sagt, meint er das Gegenteil.

Weil wir uns im Hohlweg ausruhten, schickte uns der Oberleutnant seine Sachen holen. Zurück in die Stellung, nahe der Rennbahn, wo wir für ein paar Tage gelebt hatten.

Wir spähten zunächst vorsichtig in den Himmel.

Im Bunker standen seine Koffer. Etliche. Ferner ein Pappkarton und eine Packtasche. Genug für zwei Träger. Horst trat wütend gegen einen Koffer und riß die auf die Wand gespannten Bahnen Billardtuch ab. Es war kein Samt, wie ich an meinen Vater geschrieben hatte. So nahe wie jetzt war ich dem Stoff noch nie gekommen.

Horst warf allerlei Kissen und Felle, es waren edle, auf das Tuch und wickelte alles zu einem Ballen, den er fest verknotete. Er hob den Lacklederkoffer vor die Brust und feuerte ihn ins Freie. Ich nahm, was ich greifen konnte, und rollte den restlichen Stoff zusammen. Horst hatte den Riesenballen auf Kopf und Nacken gehoben, griff fluchend nach dem Lacklederkoffer und ging als orientalischer Gepäckträger, als Lastesel, ein übergroßer dicker grüner Pilz auf feldgrauem Stiel. Wie der kleine Muck unter einem Riesenturban – ich mußte grinsen.

Und schon dröhnte es. Ein Flugzeug, das schneller zu schießen begann, als man weglaufen konnte; nur auf den Boden werfen, was meist nicht viel nützte. Und schon war es verschwunden.

Kehrte aber wieder. Sein Lärm allein war die Hölle. Ich suchte Schutz hinter einer Hecke. Ohne Gepäck. Weiter vorn lag Horst mit seinem grünen Ballen.

Es war ein Mustang. Noch nie hatte ich den weißen Stern so nahe gesehen. Da standen große Buchstaben. Auf später mit Muße betrachteten Fotos offenbarten sie sich als USAF. Was aber unauslöschlich als Anblick bleibt: Der Mann in der Kanzel. Ein dunkler Umriß; runder Kopf wegen der Kappe.

Sekundenbruchteil. Ein drittes Mal kam er nicht.

Horst rappelte sich auf. Unbeschädigt. Nur in dem grünen Ballen qualmten Löcher, worüber wir erst einmal lachen mußten, was vielleicht heilsam war nach dem Schock. Wir schafften alles in den ziemlich engen Hohlweg, von Bäumen überwachsen, und sahen den Gefechtsstand, den der Oberleutnant in einer Nische am Ende errichtet hatte. Wir stellten seine Sachen ab und verschwanden. Ich wollte mich zu den anderen verkrümeln, aber Horst als der Erfahrene winkte mir. »Wir müssen den Rest holen. Er merkt, daß noch Koffer fehlen, und ehe er die nicht hat, läßt er uns suchen wegen Befehl nicht ausgeführt.« Eher kannst du ein Maschinengewehr stehenlassen, als das Gepäck deines Kompanieführers.

Aus: Stefan Heym: »Reden an den Feind«.

In einer seiner Radiosendungen »Persönliche Botschaften« über Radio Luxemburg heißt es im März 1945: »Oberst von Gall 353. Infanterie-Division: Erinnern Sie sich an den Soldaten, der von einer Granate getötet wurde, gerade als er einen mit Leder gepolsterten Armstuhl in Ihren Luxusbunker tragen sollte? Sie wollten doch etwas für die Angehörigen dieses Mannes tun!«

Die 353. Infanterie-Division. Das war doch unsere ...

Wir räumten den Unterstand, schleppten alles zum Gefechtsstand. Nach allen Richtungen witternd – auch diese Wortwahl zeigt, daß der Mensch zum Tier wird, wenn Krieg ist.

Andere schleppten Munition herbei, die Granatwerfer und anderes. Sie karrten Kisten mit zweirädrigen Bauernkarren heran. Kein Jagdbomber störte. Ich sah einen Bombensplitter liegen, so groß wie ein Brot. Das ist doch auch seltsam, daß der Tod sich am Leben messen läßt. So groß wie ein Brot – als erster Gedanke. Und weil nach Kriegen meist der große Hunger ausbricht, was wiederum am Brot gemessen wird, gibt es noch heute Deutsche, die können kein Brot wegwerfen. Und wenn es zu hart geworden ist für ihre alten oder von der Krankenkasse erlaubten Zähne, dann erleben sie das Wegwerfen als Schande, als Vergehen, ja sogar als Sünde.

Wieso mich die Größe des Splitters ängstigte, weiß ich nicht. Ein pfefferkorngroßer kann tödlich sein.

Rudolf hockte im Hohlweg, als wir kamen. Möglichst gebückt. Wie sollte er ohne Nähzeug Knöpfe annähen, die er nicht hatte? Merkt ihr endlich, wie blöd Vorgesetzte sind? Und für die soll man kämpfen? Oder gar sterben. Rudolf hatte nicht einmal die ruhige Hand zum Einfädeln.

Horst holte ein Flugblatt aus der Tasche: »Eben gefunden.«

Die Sonne geht spät unter im Juli. So war es noch gut zu lesen. So groß wie ein halber Brief und klein genug, um es vor Vorgesetzten schnell zu verbergen. Kupfertiefdruck. Qualität. Ein Foto zeigte eine Krankenschwester, die einem kriegsgefangenen Deutschen, der einen Verband trug, Feuer gab. Der Text lautete: »Die erste Zigarette in der Gefangenschaft schmeckt besonders gut, wenn sie von einer hübschen amerikanischen Krankenschwester gereicht wird.« Das saß. Traf besser als die Lockung mit dem Studium ohne Abitur. Auf der Rückseite stand wieder die Losung »Hier« wie »Here«.

Ich habe mich mehrmals bei Stefan Heym für die Flugblätter in der Normandie bedanken wollen, doch er wehrte stets ab, sei nur für die »strategischen« zuständig gewesen. Wie dem auch sei. Sie erreichten uns. Verfaßt von Angehörigen der Propagandakampfeinheiten.

Peter Wyden in seiner »Stella«: »Statt mit Geschossen sollten wir Hitlers Armeen mit Worten angreifen, über Radio oder Lautsprecher oder mit Flugblättern.« Er ist einer der aus Deutschland vertriebenen Juden, der 1943 in die Armee der Vereinigten Staaten eintrat, neunzehnjährig. »Wir fanden die Army eher lästig, aber mit unserer Hingabe an die Arbeit gegen Hitler war es uns todernst.«

Ihnen gebührt Dank und Anerkennung. Sie haben manchen deutschen Soldaten zum Nachdenken gebracht. Im Dezember 1989 sagte Stephan Hermlin, er hätte im französischen Widerstand gekämpft, ebenso wie Stefan Heym in den Alliierten Armeen, »um das Leben vieler junger Deutscher zu retten«.

Es gelang zu selten. Nicht alle so Geretteten, dennoch sehr viele, lasen und hörten später, was diese beiden deutschen Vorbilder uns, nun direkt und unter ihrem Namen, erneut als Beweger zu denken gaben. Bis heute.

Ohne viele Worte waren wir uns einig. Und warteten auf die Dunkelheit, in der es fünfzehn oder sogar zwanzig Kilometer zurückgehen sollte. Ohne uns.

König Friedrich II., der Große von Preußen (1712–1786), im Unterricht von der Kriegkunst 1747/48/52: »... der *Desertion* vorzubeugen. ... (12) Daß, wenn man sich obligiret sieht, mit denen Truppen ein *Mouvement* rückwärts zu machen, man ihnen solches verbirget,« – aber was wird aus dem Billardtuch und den Koffern? – »oder doch solche mit dem *Praetext* einkleidet, welcher denen Soldaten Vergnügen machet.« Und bei Nacht soll schon gar nicht marschieret werden. Gut gesagt, wenn das Flugzeug noch nicht erfunden ist.

Was aber die hübsche amerikanische Krankenschwester angeht, keiner glaubte so recht an ihre Realität. Wir jungen Männer. Angelockt. Wie war das? Es gab in Landerneau in der Bretagne wie überall einen »Soldatenpuff«. Den aufzusuchen hatte der Zugführer verboten. Später, als sich die Möglichkeiten boten, hatten einige den kilometerweiten Weg nicht gescheut, durften nur in kleiner Gruppe gehen, und berichteten Einzelheiten.

Ich wäre bei nächster Gelegenheit dabeigewesen, wenn nicht – also, nach dem bezahlten Genuß mußte jeder an einem Sanitäter vorbei, der einem eine desinfizierende Flüssigkeit in die Harnröhre spritzte. Allein der Gedanke daran hielt mich keusch. Dieser Vorgang, womöglich unsanft ausgeführt, aber gegen Quittung, hieß »sanieren«. Und wenn ich heute in der Morgenzeitung von »Sanieren« lese ... Jedenfalls waren wir uns urplötzlich einig im Hohlweg. Es war dunkel geworden und ganz still. Wir, nun sogar vier, gingen den Hohlweg entlang. Immer gewärtig, angerufen zu werden und zum Mitziehen gezwungen. Wir bogen, als der Hohlweg endete, nach links durch eine Lücke im hochgewachsenen Wall und fanden dort leere Unterstände. Verschwanden ohne langes Beraten. Hatten aber noch unsere Waffen.

Ist das nicht ein Wunder des Lebens, wie sich vier junge Männer, die sich kaum kennen, einig werden? Ohne Zögern. Rudolf schnallte sein Koppel ab, an dem die Pistole hing. Er wollte sie loswerden. Weil die amerikanischen Sanitäter, das wußte er, unbewaffnet waren. Auf allen vier Seiten ihrer Helme das Rote-Kreuz-Zeichen. Das sagt auch allerhand.

Ich legte seine Pistole irgendwo ab auf einer Kante im Erdloch. War das nicht völlig irre? Jetzt im Besitz einer Pistole, wie sie nur die Offiziere trugen. Und die Sanitäter. Die hereingebrochene Nacht war unheimlich. Ich meinte, wir müßten uns woanders verbergen, nicht so nahe. Aber Horst antwortete nicht, sondern schlief ein. Ich ebenfalls, denn der Tag war sehr anstrengend gewesen.

Der neue Morgen begann mit feierlicher Stille und blauem Himmel ohne Wolken. Es war Sonntag. Mochte auf allen Kalenderblättern Freitag stehen. Es war Sonntag, weil es war wie Sonntag. Nur Vogelgezwitscher fehlte. Aber die Vögel vergessen den Krieg etwas langsamer.

Frei-Tag. Er konnte der uns befreiende Tag werden.

Wir steckten vorsichtig die Köpfe heraus, krochen aus den Löchern. Reckten uns, schüttelten die Glieder. Das war Waschen und Frühstück zugleich. Unter den Apfelbäumen lagen halbreife Früchte, ziemlich sauer. Kaum eßbar.

Nun warteten wir auf die Amerikaner. Aber sie kamen nicht. Wir saßen in der Sonne. Es war dermaßen still, daß es schon wieder beunruhigte.

»Hier!«

Am ehrlichsten bin ich, wenn ich sage,
daß mich, Aug' in Auge mit dem Risiko,
das ich einging, eine Stimmung grandioser
Unbekümmertheit ergriff.
Alfred Andersch,
»Die Kirschen der Freiheit«, 1952

Welch ein Morgen. Kein Wecken durch eine Trillerpfeife, was zu den militärischen Schändlichkeiten gehört. Doch sobald richtiger Krieg stattfindet, schweigen morgens solche Flöten. Nicht etwa am Hohlweg hatten wir uns nächtlings verborgen, sondern bemerkten in der Frühe, daß wir in Löchern an einem Wall hockten, hinter dem Obstgärten lagen; besser gesagt Apfelbäume, deren Fallobst nicht schmeckte. Die Ferne war freies Feld. Wir saßen frei im Freien und warteten.

Im Freien? Frei? Stimmte das? Es wird immer, besonders heutzutage, viel Schindluder getrieben mit dem Begriff: Freiheit. Er ist für Gläubige da, die ihn nicht prüfen: Händeklatschen und Mitsingen erspart Nachdenken. Wir durften abwägen. Sind wir im Freien? Oder nicht?

Es ist zuweilen nötig, sich selber zu befreien.

»Einem dreijährigen Kind zu erklären, was Entfernung von der Truppe ist, ist gar nicht so schwer, aber von welcher Truppe, das traue ich mir nicht zu. Daß Menschwerdung dann beginnt, wenn einer sich von der jeweiligen Truppe entfernt, diese Erfahrung gebe ich hier unumwunden als Ratschlag an spätere Geschlechter. (Nur vorsichtig, wenn geschossen wird! Es gibt Idioten, die zielen und treffen!)« Heinrich Böll, 1964

Ein amerikanischer Aufklärer schnurrte über unseren Köpfen, langsam, wie gewohnt. Oft lenkten sie das Feuer auf den einzelnen Mann, was uns früher unvorstellbar war. Die Praxis belehrte. Wir winkten ihm zu wie besessen. Doch jetzt lohnten wir kein Feuer. (Der Hubschrauber, auch Helikopter genannt, war damals zwar erfunden, aber noch nicht im Einsatz.)

Das Flugzeug hatte sich entfernt. Wir hockten untätig. Und da sie uns nicht holten, beschlossen wir mittags hinzugehen. Ohne Waffen. Das große Risiko. Wären wir einer deutschen Nachhut begegnet? Womöglich von der SS. Es ist nicht auszudenken. Dann hilft keine Ausrede: Wir sind bloß versprengt wir haben uns verlaufen wir wollen an die Front – da wird man ohne Kriegsgericht oder Volksgerichtshof zusammengeschossen. Wehrlos. Auf der Stelle. Und kann nicht zurückschießen.

Es war also nicht gut, ohne Waffen zu gehen. Doch falls wir bewaffnet dem Feind begegneten, würde er vorsichtshalber erst einmal schießen. Also ohne Waffen erscheinen. Wir liefen ein Stück parallel zur Front von gestern und erreichten eine schmale Landstraße. Liefen an die hundert Meter in Richtung Saint-Lô. Da stand zunächst ein Bauernhaus mit zerschossenem Dach.

Rudolf war es, glaube ich, der uns auf die Idee mit der weißen Fahne brachte. Es war besser, eine zu zeigen.

Bislang ist kein Staat der Welt bekannt, der die wunderbare Weiße Fahne sich erwählt hätte zum Symbol. Der Umsturz, die Wende, der Umbruch, die Konterrevolution oder wie das jeweils genannt werden soll: ervolkt manchmal recht schnell ...

Wir nahmen unser Leben gerade selbst in die Hand.

Wäre Brecht mit uns gewesen, er hätte »Lob der weißen Fahne« gedichtet. So aber ... Die weiße Fahne in ihrer Unschuld, hochzeitskleidfarben, bietet Unterwerfung an. Sie ist die edelste aller Fahnen. Sie trügt nicht, verführt nicht mit Farben und Wappen, sondern leuchtet allen Gutwilligen voran. »Brüder, seht die weiße Fahne« oder »Ihr woll'n wir treu ergeben sein« und so weiter, bitte gern. Unsre (weiße) Fahne flattert uns voran. In die (bessre) Zukunft ziehn wir Mann für Mann; wir marschieren (nicht mehr für Hitler) – das war die Hauptsache. Doch keiner von uns kam auf den Einfall, das Hitlerjugendlied verballhornt vorzutragen in dieser Situation.

Wie lesen wir schon 1902 bei John A. Hobson, dem britischen Publizisten: »Die Bestimmung eines Soldaten ist nicht, wie zumeist fälschlich gesagt wird, für sein Land zu sterben. Sie besteht darin, für sein Land zu töten. Wenn er stirbt, erfüllt er seine Aufgabe nicht.«

Welcher Minister könnte Soldaten einschwören lassen zum Töten, wenn sie dabei die Hand auf eine weiße Fahne legen.

Es gab in den zu Hitlers Zeiten erlaubten Zeitungen in Todesanzeigen die Formulierung: »In stolzer Trauer!« Dazu wurde niemand gezwungen. Mütter und Eltern opferten so ihre Söhne auf dem Altar des Vaterlandes. Vielleicht ist das eine Möglichkeit, den Verlust besser zu verschmerzen. Was aber, wenn sich nach verlorenem Kriege herausstellt, den Sohn, oft genug war er der einzige, umsonst geopfert zu haben ... So viele Tränen. Da aber solche Mütter und solche Söhne nie alle werden, ist auf dem Altar des jeweiligen Vaterlandes immer wieder genug Platz. Die weiße Fahne weht selten beizeiten.

Und da wir nun fast beim Abgesang der jetzt gültigen deutschen Nationalhymne angekommen sind – ich möchte in keine Situation geraten, in der ich wegen dieser an sich ehrwürdigen Haydn-Melodie irgendwo aufstehen und sie gar gesungen ertragen müßte. Von Mitsingen kann nicht die Rede sein, selbst wenn ich den Text kennen würde.

Zum letzten Male, das schien gewiß, stand ich wegen des sogenannten Deutschlandliedes auf am 24. Dezember 1944 in Camp Reynolds in Pennsylvania, USA. Die Weihnachtsfeier. Am Klavier saß Martin Griesbach aus Leipzig, ein guter Gefährte während der Zeit hinter Stacheldraht. Er intonierte die Hymne mit dem dazugehörigen Horst-Wessel-Lied. Jedenfalls war es das letzte Mal, an dem ich diese Kombination über mich ergehen lassen mußte. Der deutsche Lagerführer, ein beschränkter Hauptfeldwebel, er konnte wohl nicht anders, entzündete drei Kerzen. Magische Zahl. Und wie er es vermutlich Weihnachten 1943 getan oder erlebt hatte, sprach er seinen Segen: Die erste für den Führer, die zweite für den Endsieg und die dritte für die Lieben daheim. (Mag sein, daß ich die Reihenfolge verwechsle. Es ist fünfzig Jahre her, und ich dachte wohl dabei an etwas anderes, wie sich das gehört bei befremdenden Ritualen.)

Daß dieses Deutschlandlied den Krieg überlebte! Und weiter benutzbar blieb? Mit erlaubter dritter Strophe wird es brav gesungen von der Regierung und bei Fußballspielen ... Aber deutlich hört man und liest ab von den Lippen die erste, vererbte im Publikum. Da war mir allemal der neue Text lieber, singbar zu einer neuen Melodie. Er paßte aber absichtsvoll genau auf die von Haydn: »Daß die Sonne schön wie nie über Deutschland scheint.« Doch wer kennt schon diese Worte? Im Westen ignoriert, im Osten nicht mehr gesungen, weil »Einheit« und »Deutschland« vorkamen. Welch Thema für einen Feuilletonisten ... Zwei Deutschlands – auch wenn sie einander nicht leiden konnten. Zwei Nationalhymnen – die jeweils nur gekürzt vorgetragen werden durften. Dort offenbarte sich der Schwachsinn deutscher Regierungen aufs allerdeutlichste. Wir werden selten wieder solche Gelegenheit bekommen. Es hat immer damit zu tun, daß sich die Regierung nicht zur weißen Fahne entschließen kann. Und zu einer weltweit akzeptablen Hymne, zum Beispiel »All you need is love«.

Wir gingen durch die Tür oder deren Reste, kamen nicht als die Ersten. Im Zimmer zu ebener Erde lag der Inhalt aller Schränke und Schubladen verstreut. Der Tisch umgeworfen, die Stühle zerbrochen. Der totale Krieg. Es waren deutsche Spuren, auf denen wir standen. Im Schlafzimmer suchten wir Weißes. Handtuch, Kopfkissenbezug, sogar Taschentücher. Banden es an einen Stock. Oder handgerecht mit einem Knoten zusammen. Tranken uns im Keller an Cidre satt. Durst ist schlimmer als Heimweh, heißt es. Daran ist etwas Wahres.

Vorsichtig hinaus. Ob da schon jemand stand. Aber da war niemand außer uns. Weiter. Keiner sprach. Die Spannung wuchs mit jedem Schritt. Überall, jeden Moment, konnten wir auf einen dösenden Wachtposten treffen. Das wußte jeder. Wer hatte denn nicht erst neulich Wache gestanden?

So gelangten wir in einen schmalen Weg zwischen Obstgärten, halbhoch von Hecken begrenzt. Die Stadt schien nahe. Da lag, mitten im Weg, ein Telefonkabel. Damals gab es telefonische Verbindungen mit Kabeln. Die wurden oft genug durch Beschuß unterbrochen. Mußten geflickt werden.

Ich erklärte, es sei ein amerikanisches Telefonkabel! Und hatte nicht die geringste Ahnung. Da ich nur deutsche Kabel kannte, vom Sehen – sie waren grau und bestanden aus nur einem Strang –, kam mir dieses Kabel erfreulich anders vor. Es war rötlich und bestand aus drei Strängen, war geflochten. Es mußte ein amerikanisches sein! Ich behauptete es wie ein Sachkenner. Die anderen glaubten und folgten mir durch die Obstgärten. Erklärte auch, ich würde mit meinen Englischkenntnissen für Verständigung sorgen.

Horst sagte, hier seien wohl keine Deutschen mehr. Merkwürdig. Man war selber Deutscher. Und nun bedeutete sein Satz, daß man vor anderen Deutschen keine Angst mehr haben müsse.

Immer dem Kabel nach. Wir durchquerten Obstgärten, kletterten über die Trümmer kleiner Häuser, erreichten vermutlich dabei den Stadtrand. Aber niemand wollte uns gefangennehmen. Wir gingen zögernd. Nicht geduckt als Spähtrupp, sondern aufrecht. Benahmen uns auffällig, stießen mit den Füßen Trümmer beiseite. Sollten sie uns doch endlich hören und sehen.

Wo waren die Amerikaner?

Nur tote Stadt. (Wir wußten nichts vom Bombardement und von dem zerstörten Saint-Lô.)

Immer weiter geradeaus. Irgendwo mußten sie sein.

Sie waren da, eine ganze Mannschaft. Und spielten, wenn ich das auf die Entfernung recht erkennen konnte, irgend etwas mit einem Ball. Sei es Basketball oder etwas anderes gewesen – jedenfalls riefen wir voller Erleichterung laut »Hier«, das angesagte Wort. Mehrmals. Aber das kümmerte jene nicht. Sie hatten Pause und keinen Dienst. Freizeit. Also kam niemand, um uns gefangenzunehmen. Wir winkten heftig. Ich glaube, sie schauten nicht einmal her. Das war der erste, bleibende und für mich gültige Eindruck von den Vereinigten Staaten von Amerika.

Dann eine Straße vor uns. Als wir sie überquert hatten, rief es plötzlich. »Halt!«

Aber nicht wie gewohnt hart und kurz und deutsch, sondern anders. Es war ein langgezogenes Haaalt mit viel O in den A-Lauten. Da riefen die anderen drei »Hier«, wie besessen, und liefen mit erhobenen Armen und den weißen Fahnen auf den amerikanischen Posten zu. Ich aber …

In der Schublade

Ich aber …, damit mein Anblick, bitte, wahrgenommen sei: Unterm Stahlhelm. Den Mantel offen, nur oben am Kragen zugehakt. (Wohl dem, der einen Mantel hatte für Juli-Nächte auf blanker Erde.) Des Führers Rock zerfetzt, wie zuvor beschrieben. Die Ellenbogen hatten auch gelitten. Aber die Hosen! Man erinnere sich: Mein deutsches Wehrmachtsgut hatte weder heile Knie noch Hosenboden. Eine darunter getragene Zivilhose, Pfeffer und Salz, deckte deutsche Blöße. Abgesehen von diesen Kriegsschäden paßte die mir vom Führer und Oberbefehlshaber der Wehrmacht zugeteilte Hose noch nie. Sie war im Bund zu weit, viel zu weit, und ließ sich nur halten, mühsam, indem ich den zugeknöpften Bund eindrehte, immer wieder, ihn einverleibte in die besser sitzende, gestohlene französische Hose. Die Hosen vertrugen sich miteinander.

Nun, zum Nacherleben: Hebt man beide Hände, wird die Taille schmaler. Dabei senkt sich jedes Beinkleid. Es sei denn, die Hose paßt nach Maß oder ist gut befestigt. Meine rutschte sofort bis auf die Knöchel und erlaubte nur kleinste Schritte. So haltlos bewegte ich mich dem Feind entgegen. Ohne Halt!

Der hatte mit seinem kurzen Gewehr unmißverständliche Bewegungen gemacht. Come on! Wegen der ihm zustrebenden Drei, die ihre weißen Tücher schwenkten und blödsinnigerweise dauernd »Hier!« riefen, wo sie doch nun erblickt worden waren. Der Soldat dachte doch hoffentlich nicht, ich würde nicht wollen, weil ich so zögernd watschelte …

Schreite, wer kann, wenn ihm seine Hose um die Knöchel hängt.

Wie Michael Douglas in »Gefährliche Affaire« – eine andere, angenehmere, wenn auch hastigere Situation; es ist schon ein Unterschied, ob jemand mit einem willigen Weib vorm Leib vor lauter Eile nicht aus der Hose steigen kann, sondern bettwärts hopst …

Als ich im Film diese Szene sah, erinnerte sie mich an mich, weiland bei Saint-Lô. Aber doch nur von fern.

Der amerikanische Soldat, der eigentlich gar nicht amerikanisch wirkte, dunkelhaarig war er und klein, kam dicht heran und riß mir zuerst den oben zugehakten Mantel vom Halse. Dann durfte ich aus meinen militärischen Hosen steigen. Ich wagte nicht, mich wegen des Inhalts der Hosentaschen vor seinem Schießgewehr zu bücken. Verlor damit kostbaren Besitz. Zum Beispiel mein Taschentuch. Jeden Morgen, ehe ich mich auf den Dresdener Schulweg begab, fragte die Großmutter: Hast du ein sauberes Taschentuch?!

So schritt ich, nun tatsächlich befreit, ungehemmt dem Soldaten voran, immer die Hände erhoben. Die anderen standen, bewacht von einem, der hatte einen schwarzen Bart unter der Nase. Wie der amerikanische Filmschauspieler Clark Gable. Nun sollten wir eine ziemlich steile Böschung emporklettern; verdammte Sache mit erhobenen Händen, bloß nicht abrutschen. Dann bohrte sich die Mündung des Schnellfeuergewehrs in den Rücken; und wußte man, ob der Mann am Gewehr uns leiden mochte und ob sein Gewehr gesichert war?

Hinter Büschen standen oben Zelte. Aus dem vorderen kroch einer, der gar nicht amerikanisch aussah. Er war sehr groß und blond und hatte blaue Augen. Er zog einen Colt an langer Lederschnur und hielt ihn mit angewinkeltem Arm in die Höhe. Das sah gut aus. Für ihn. Er marschierte links neben uns her, und es machte ihm wohl unheimlich Spaß, daß er vier Nazis gefangengenommen hatte und sie vorzeigte. Dann rief er etwas, das ich sofort verstand, übersetzte und vormachte: »Helme weg!«

Der Bogen, mit dem mein Stahlhelm rechterhand durch die Luft flog ... Mir war, als hätte ich alles Bedrückende weggeworfen. Auf Nimmerwiedersehen. Alles, was mein Gehirn einengte. Tief Luft holen. Frei atmen.

Nun hielten wir vor einem unversehrten Landhaus, von dessen Terrasse amerikanische Soldaten blickten, beim Mittagsschlaf gestört. Sie schauten fröhlich erstaunt auf die Beute, die ihnen der Mann mit dem Colt herbeimarschierte, wenn auch nicht im Gleichschritt. So standen wir mit immer noch erhobenen Armen, die langsam lahm wurden. Voller Erwartung, Neugier, Ungewißheit und auch Furcht. Dann durften wir die Hände gefaltet auf unseren Kopf legen. Das war angenehmer. Schließlich hatten sie uns abgetastet nach verborgenen Waffen. … Etliche Filme erinnern mich gern daran.

Sie schienen sich über unseren Anblick zu amüsieren. Warum auch nicht? Einmal im Leben auch »Feindbild« gewesen sein.

Dann kam Clark Gable näher und fragte nach *Tanks* und *Machineguns*, die hatten wir ja nun gar nicht. Der blonde Mann mit dem Colt am Lederriemen fragte, wobei er sich mit seiner Kanone am Hinterkopf kratzte, ob wir uns freuten, daß der Krieg für uns zu Ende sei. Immer diese dummen Fragen. (Noch heute abend im beliebigen Fernsehen werden Gäste gefragt: »Wie gefällt Ihnen Berlin?«) Waren wir nicht von selber gekommen? Ganz freiwillig, ohne Schußwechsel.

Ich mischte aufgeregt: »Oui, oui, äh, nein, yes! Yes!«

Dann kam einer und fragte nach Uhren.

Es hat dann Jahre gedauert, bis unsereiner vom »Uri, Uri« der Russen 1945 in Berlin erfuhr. Irgendwie war das verständlich. Daß aber Amerikaner keine Uhren trugen? Jedenfalls fragte jener uns nach Uhren. Ich hatte keine. Rudolf aber mehrere bei sich. Die stammten vermutlich von deutschen Gefallenen. Er kramte drei aus seiner Tasche. Hielt sie bereit. Zwei Armbanduhren ohne Band. Die dritte, eine altmodische Taschenuhr, war mit einem Schlüssel aufzuziehen, der an einem Bändchen hing. Sie war wohl das Kostbarste. Der Uhrenliebhaber betrachtete sie gelangweilt und gab sie mit einem Lippenfurz zurück. Ein Experte war er nicht.

Nun zeigte uns der große Blonde mit seinem Colt den Weg. Wir durften die Hände herunternehmen.

Am linken Oberarm dieser Amerikaner befand sich ein Merkmal. Eine Art Wappen. Auf blauem Grund ein weißes Rad, geviertelt wie eine Torte. Ich weiß, Heraldikern kommen bei solcher Beschreibung die Tränen. Helf er sich. Dort, wo diese vier Geraden auf den inneren Radrand stießen, verlängerten sie sich einheitlich um einen Zentimeter nach außen. Wie ein Steuerrad mit vier Griffen. Etwas seltsam. Seefahrt andeutend. Vielleicht hätte ich längst wegen besserer Erläuterung nach Washington schreiben sollen.

Doch schon als Kriegsgefangener in den USA bekam ich heraus, dieses eigenartige Rad war das Kennzeichen der 35. Division aus New Mexiko. Und da wir zur 353. deutschen Division gehörten, war unser Entgegenkommen mathematisch korrekt. Ein fast originelles Zahlenspiel und, weil es mein Geburtsdatum betraf, wohl gesetzmäßig.

Die 35th US-Division war über den so kunstvoll angelegten künstlichen Hafen in Arromanches auf französischen Boden gelangt.

Dann führte uns der Mann mit dem Colt zu einer Landstraße, an der wir etwa zwanzig Minuten stehenblieben, weil sie nicht zu überqueren war. Ununterbrochen ratterten Panzerkolonnen vorbei und motorisierte Einheiten. Sie zu besiegen waren wir mit Fahrrad und Pferdefuhrwerk angerückt. Der Boden zitterte. Die Luft ein Kettenklirren. Eine Parade der Sieger. Mannschaftswagen sausten vorbei. Deren Insassen erkannten deutlich diese ungefährlichen Deutschen am Straßenrand, schüttelten die Fäuste und riefen allerlei. Wie wir, andernfalls. Wer bei den Siegern ist, freut sich.

Heute, und wir wußten es nicht, war der Tag des amerikanischen Durchbruchs nach Coutances und Avranches. Die Invasion als Landungsunternehmen war damit abgeschlossen. Wir hatten ahnungslos den richtigen Moment genutzt.

Später liest man: Schon vor drei Tagen hatten 2500 alliierte Bomber 4200 Tonnen Bomben auf ein kleines Gebiet westlich von Saint-Lô abgeworfen; einige zu weit, um die eigenen Truppen nicht zu treffen, andere zu früh: Die US-Infanterie verlor dabei über 650 Mann und den Generalleutnant McNair, der als Oberbefehlshaber der 1. US-Armee-Gruppe zu einer Besichtigung erschienen war. Nach diesem Bombardement war über die Hälfte der deutschen Panzer-Lehrdivision tot oder kampfunfähig. Generalleutnant Bayerlein: »... wenigstens 70 Prozent meiner Truppen waren außer Gefecht gesetzt: tot, verwundet, zerrüttet oder betäubt.«

Wir hatten unwahrscheinliches Glück gehabt.

Noch am Stadtrand von Saint-Lô wurden wir in einem kleinen Schulhof abgeliefert. Horst mußte als erster in eine große Schublade auf dem Boden treten und seine Taschen ausleeren. Ein Soldat kniete vor ihm und tastete Arme, Beine und Körper nach verborgenen Waffen ab. Da bog ein Eiliger um die Ecke. Mit einer Kamera, groß wie ein Karteikasten. Er trug eine Armbinde, auf der stand *Press*. Als Horst ihn sah, hob er fröhlich grinsend beide Arme und stellte sich in Positur. Der Photograph aber wollte ein echtes Photo und ließ den Soldaten ein Bajonett holen. Er richtete es gegen Horsts Nierengegend. Damit hatte alles seine Ordnung. Und er machte das dazugehörige patriotische Gesicht für die Menschen daheim. Der Reporter photographierte das von allen Seiten und verschwand so plötzlich, wie er gekommen war.

Der Soldat schaffte seine Waffe wieder weg. Wie sollte er sie halten, wenn er beide Hände brauchte, um die Gefangenen abzutasten. Er kam mit einem Stoß blütenweißer Beutel zurück, gerade groß genug, um all unsere Habseligkeiten aufzunehmen. Bedächtig schrieb er jeden Namen korrekt in Blockbuchstaben auf den Stoff.

Was nahm er uns weg? Das Geld. Bei mir dreihundert Francs und 41 Reichsmark, jedoch die Brieftasche mit dem ledernen Notizbuch und dem anderen, kleinen, kam in den Beutel. Auf Nimmerwiedersehen. Wie auch die schönen Flugblätter. Dazu ein paar Fragen. Antwort in unbeholfenem Englisch – schon stand einer neben mir mit randloser Brille und sechs Winkeln auf dem Ärmel – drei nach oben, drei nach unten, die trafen sich in der Mitte – und fragte auf englisch, wo ich Englisch gelernt hätte. Als ich mühsam die Schule antworten ließ, sagte der Mann in gutem Deutsch: »Kommen Sie gleich mit zum Verhör!«

Er führte mich in ein Zelt. Dort saß ein Offizier. Der zeigte mir eine Luftaufnahme der Stadt und fragte, wo wir gelegen hätten.

»Neben der Rennbahn.«

»Neben welcher?«, fragte er. »Es gibt zwei.«

Das blieb die große Verwunderung, bis wir knapp fünfzig Jahre später das Rätsel lösten.

Der Mann mit den sechs Winkeln und der randlosen Brille schrieb Vor- und Zunamen, Dienstgrad und Nummer der Erkennungsmarke – ich hatte meine doch verloren – auf ein großes Ticket aus stabilem Segeltuchpapier, das er mir um den Hals band, als ginge es zur Kinderlandverschickung. Es war alles so unerhört amerikanisch und praktisch.

Wir saßen auf an die Wand gerückten Schulpulten in einem Klassenzimmer. Die Tür blieb geöffnet, ging auf den Hof. In ihr hockte ein Wachtposten. Und wer noch nie einen Amerikaner richtig betrachten konnte, der hatte jetzt Gelegenheit dazu in aller Ruhe. Er zog an seiner Zigarette – auf Wache! Undenkbar für Deutsche! – und warf sie halb geraucht ins Freie. So gab es manches Neue.

Es waren mittlerweile rund zwanzig deutsche Kriegsgefangene versammelt. Einer spielte unaufhörlich Mundharmonika. Warum nur hatte man sie ihm nicht abgenommen! Er saß und blies sentimentale Weisen. Abziehbild des wackeren deutschen Kriegers, der sein Instrument erfolgreicher verteidigt hat als das Vaterland: so schämt er sich in Feindeshand, bläst aber unverdrossen auf seiner Mundharmonika.

Nicht alle waren so freiwillig gekommen wie wir. Statt sich ihres zunächst geretteten Lebens zu freuen, saßen sie traurig stumm. Und waren in der Mehrzahl. So ist das immer. Und deshalb wird nie etwas Gescheites aus der menschlichen Gesellschaft werden.

Am späten Nachmittag erschien ein Sergeant mit einem Berg Pappschachteln, K-Ration genannt, rechteckig flach wie Seifenpulver daheim. Ich sollte es erläutern: Eßware. Weiße Bohnen in Tomatensoße, weicher Käse, Kekse, Traubenzucker, Zigaretten, Streichhölzer, Klosettpapier. Und es gab Wasser, in dem wir den Pulverkaffee auflösen konnten. Verwirrende Realität.

Als wir noch kauten, holten sie uns in einen Anderthalbtonner mit geschlossenem Verdeck. Sprechen und Rauchen verboten.

Das nächste Lager war eine Wiese, zehn mal zehn Meter, eingezäunt mit Stacheldraht. Ein schmaler Einlaß, vor dem zwei Posten mit einem schweren Maschinengewehr wachten. Alle paar Minuten erschien die Militärpolizei und brachte Neue, bis wir rund vierzig waren. Alles besetzt.

Sogar unsere Läuse verhielten sich ruhig. Wer weiß, vielleicht hatte der Körper Stoffe produziert angesichts der neuen Lage, die unangenehm schmeckten. Anderntags aber, in der Vormittagssonne, wurden sie recht munter. Ich klaubte wohl ihrer hundert aus dem Hemd wie andere auch. Dabei wurden wir fotografiert. Wenn schon. Man sah uns das Kriegsende an. Warum es aber bis zum nächsten Mai dauern mußte, begreift sich schwer.

Aber noch war es später Nachmittag. Zwei amerikanische Offiziere kamen zu uns und fragten: »Ist jemand aus Köln?« Keiner reagierte. Falls ein Kölner dabei war, mochte er jetzt vielleicht nichts davon wissen.

»Jemand aus Berlin?«

»Hier«, sagten Horst und ich wie aus einem Munde. Die beiden, es waren wohl Lieutenants, hockten sich neben uns auf den Boden und fragten: »Steht das Brandenburger Tor noch?«

Vermutlich schon.

»Wir wollen nämlich dort hindurch einziehen.« Als selbstverständlichste Sache der kommenden Welt: »Ich habe in Berlin studiert.« Der andere, der nach Köln gefragt hatte, erwähnte nun Haidelbörg und sagte, Weihnachten sei alles vorbei und wir wären wieder zu Hause. (Es hätte Weihnachten vorbei sein können, wäre nicht den Alliierten in Frankreich das Benzin ausgegangen, weil verschoben. Und wäre ihre Führung etwas einheitlicher gewesen und die deutsche Gegenwehr nicht so unnachgiebig.)

Dann sagten sie noch, wir kämen nach den Staaten, dort sei es schön. Standen auf, nickten in die Runde und gingen. Zwei Männer, Anfang Dreißig, freundlich, neugierig, geöffnet. Manchmal denke ich an sie wegen dieser amerikanischen Minuten. Und hoffe, sie mögen ihren Sieg erlebt haben.

Dabei fallen mir zwei andere ein. Das war noch Anfang Juli gewesen, als wir hinter einem dieser langen Erdwälle hockten und keiner wußte, was eigentlich los war. Ich spähte über das Gras. Da war nichts als ein weites Feld, von Bäumen begrenzt, reichlich hundert Meter entfernt. Eine Stelle sah seltsam aus. Strauch oder Mensch. Als stünden da zwei. Oder auch nicht, denn der Schein trügt und Erwartung macht produktiv. Es war aber nur die grüne Grenze zwischen den Bäumen. Bis plötzlich, nein, ganz langsam, und langsamer als langsam, der eine seine Hand vor den Leib des Begleiters schob und ihn mit sich nach hinten drückte, ins Dunkle, in dem beide im Nu verschwunden waren. Echte Späher. Wie bei Winnetou.

Und nicht kriechend, sondern im Stehen!

Es wurde dunkel. Ein untersetzter Sergeant erschien und rief: »Jeder legt sich jetzt hin und bleibt so liegen die ganze Nacht. Wer aufsteht, wird totgeschossen. Morgen früh gibt es wieder Essen. Also legt euch hin, alle flach auf die Rücken.« O.k.

Die Posten stellten Scheinwerfer auf. Die Wachen wurden verstärkt. Lagerfeuer flackerten nahebei. Wir streckten uns aus. Die

Geräusche verstummten. Die sich nähernde Nacht sog die Juliwärme aus der Luft.

Dann aber, als es völlig dunkel geworden war, schwebte lautlos der Tod heran. Ein deutsches Flugzeug. Das erste, das wir seit Beginn der Invasion erlebten. Es kam mit abgestellten Motoren im Gleitflug, sehr niedrig. Eine Ju 88.

Wir bemerkten es erst durch die Aufregung der Wachtposten ringsum. Hatte man sie verständigt? Kaum hundert Meter entfernt, oder waren es doch mehr, glitt das Flugzeug als Schatten über den Nachthimmel. Von der Erde zischten überall rotglühende Feuergarben auf, um es zu treffen.

Und trafen. Sie trafen den Tod tödlich. Sein rechter Motor brannte und kippte in einer Glutwolke nach vorn weg. Irgendwo fern im Dunkel schlug das Flugzeug auf und explodierte dumpf. Freudengeheul der amerikanischen Soldaten am Maschinengewehr. Freudenschreie aus allen Richtungen.

Auch wir hatten geschrien wie sie, Horst und ich. Und ein paar andere, vielleicht. Nicht, daß wir uns freuten, daß ein deutsches Flugzeug mit seiner Besatzung verbrannt war. Es war wohl der uns bis dahin unbekannte Anblick, der uns den Schrei auspreßte. Darin war Aufatmen, Erleichterung, weil der Tod gerade noch rechtzeitig getötet worden war.

»Ihr seid Verräter«, zischte eine deutsche Stimme aus dem Dunkel. Ob jener jetzt noch gern von einem deutschen Flugzeug ums Leben gebracht worden wäre?

Nun konnte uns wohl kaum mehr der deutsche Tod etwas anhaben. Wir lagen unbeschädigt auf niedergetrampeltem normannischen Gras; nicht hungrig, mit heilen Gliedern, sicher bewacht – und das war viel, damals im Juli.

Beim Fußvolk erlebt

Als wir Ende 1943 von Frankfurt/Oder nach Frankreich verlegt wurden, besaß ich zwei Paar Schuhe. Ein Paar war ganz neu, das andere gut erhalten. Nach vierwöchigem Tragen löste sich bei den neuen die eine Sohle völlig, so daß ich auf der Brandsohle lief. Das andere Paar war schon Ende Januar hinüber. Der Absatz samt der halben Sohle hing lose. So präzise habe ich es nach Hause berichtet; auch, daß die Schuhe statt meiner »untauglich« geschrieben wurden: Aber »unser Schuster hat nämlich weder Nägel noch Leder«.

Schlecht und recht marschierte ich mit, was den Füßen nicht guttat. Im März bekam ich ein Paar Schaftstiefel, gebrauchte, und wieder wurde kilometerweit marschiert. »Ich hatte mir aber schon in den schlechten Schuhen die Füße etwas kaputtgelaufen, kein Wunder. Jedenfalls hatte ich nach der Rückkehr am linken Fuß fünf, rechts zwei Blasen.« Der Sanitäter schnitt sie auf, ich humpelte gottsjämmerlich herum. »Nun ist der linke Fuß schon mächtig geschwollen; ich hatte das Gefühl, als ob es ein riesiger Klumpen wäre.« Mußte so noch Wache stehen und meldete mich anderntags krank. Wurde »bettkrank«, wie das so präzise hieß, und lag übers Wochenende, hatte dann Innendienst. Nach einer Woche, obwohl ich noch immer nicht richtig auftreten konnte, machte ich den normalen Dienst mit. Denn auch ich wollte in Urlaub fahren wie die anderen. Ich wäre ohnehin der Letzte oder Vorletzte gewesen wegen meiner militärischen Leistungen. Nach der Besichtigung durch den General waren nämlich sämtliche Rekruten befördert worden zu Gefreiten. Mit einer Ausnahme.

So kam ich dann erst im April, aber um Ostern, an die Reihe.

In Berlin nutzte ich die Gelegenheit, die schon schadhaften Stiefel etwas reparieren zu lassen. Irgendwo in Moabit in einer Kaserne. Ich konnte darauf warten. Fußvolk braucht gutes Schuhwerk. Die Stiefel hielten bis Pennsylvania. Aber deshalb wird gar nicht von ihnen erzählt.

Nachdem er sich beruhigt hatte und abgeschwollen war, meldete sich der linke Fuß etwa alle zwei Wochen mit einer Vereiterung am Hacken. Eine der ehemaligen Blasen war hartnäckig, eiterte, wurde vom Sanitäter bepinselt und verschwand; aber nur, um periodisch an sich zu erinnern. Ich erwähne das nur, weil …

Die Gefangennahme erfolgte am Freitag. Am Sonnabendvormittag verlud man uns auf einen offenen Lastwagen. Ein Sergeant rief unsere Namen auf und wunderte sich, daß sich bei »Goring« keiner meldete. Auch bei »Hitler« rief niemand: »Hier!«, worauf er sagte: »Ah, not yet.« (Und ich bilde mir ein, als einziger ihn verstanden und die Pointe genossen zu haben.)

Wir fuhren auf dem Fahrzeug in Richtung Küste. Unterwegs tauchten französische Bauern auf, die uns mit Kuhdreck und Steinen bewarfen, schreiend und fäusteschüttelnd, auch schwangen sie bedrohliche Mistgabeln. Um das besser zu sehen, drehte ich mich zur Seite, wurde aber sofort belehrt durch die Mündung des Schnellfeuergewehrs des Militärpolizisten in meinem Rücken.

Das wiederholte sich zwei Wochen später im New Yorker Hafen, als die Fähre »Utica« uns nach Hoboken brachte und unsereiner die Freiheitsstatue zu erblicken hoffte, von deren Existenz er wußte. Und so hob ich mich aus dem befohlenen Schneidersitz empor, Brüder zur Sonne zur Freiheitsstatue, da dämpfte einer mit dem Holzknüppel die Sehnsucht. Warum nur, warum, falle ich zeitlebens so den Behörden auf?

Vom Lastwagen geklettert, verschwanden wir in einer wohl tausendfachen Vielzahl deutscher Kriegsgefangener in einem Areal, das mit den Augen kaum auszumessen war. Wir hockten auf dem Boden. Kein Hunger, keine Not. Die einzige Abwechslung war der Anblick eines deutschen Offiziers in weißer Uniform. Solche trugen nicht einmal unsere. Jedenfalls schleppte jener zwei schwere Koffer durch die Stacheldrahtgasse zu seinesgleichen. Wir lachten noch darüber. Er bleibt das Sinnbild dafür, wiederbelebt im deutschen Einheitskeuchen 1990, daß es doch zwei Sorten Menschen gibt und immer geben wird.

Spätnachmittags wurde mitgeteilt, Verwundete könnten sich melden. Und da meine Blase am Hacken in ihrer Regelmäßigkeit wieder eiternd schmerzte, ging ich zum Ausgang und zeigte, als ein ameri-

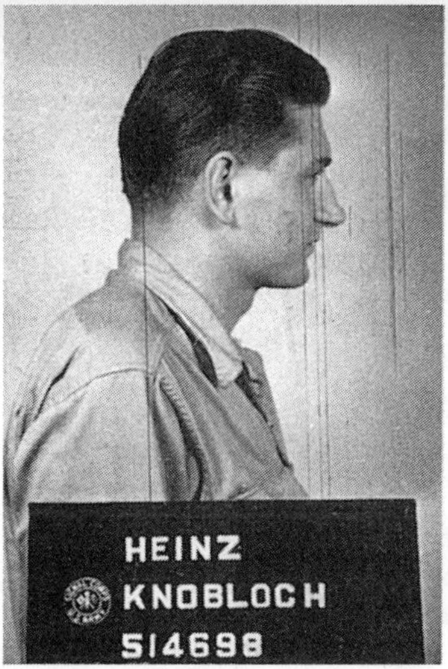

Signal Corps, US-Army

kanischer Sanitäter erschien, auf mein linkes Bein. Er fragte nach meinen Wünschen. Ich erklärte mit achtzehnjähriger Unverfrorenheit: »Ich möchte mir gern die Füße waschen.« Absurde Bitte. Wortlos ließ er mich stehen.

Kehrte zurück mit einem runden Waschbecken aus Segeltuch, das mit lauwarmen Wasser gefüllt war. Mit lauwarmen Wasser! Gab mir ein kleines Stück Seife und hockte sich, mit mildem Gesicht zuschauend, wie ich meine seit Wochen schmutzigen Füße reinigte. Dann nahm er ein Handtuch, half mir beim Abtrocknen und schien sich überhaupt zu freuen, tatsächlich, während mir die Geschichte langsam peinlich wurde, weil ich doch gar keine ordentliche Verwundung hatte.

Dann führte er mich gesäuberten Fußes in ein Zelt, wo Vielbeschäftigte wirkten und einer mir den schlimmen Hacken einpinselte. Nie wieder machte sich die eiterfrohe Stelle bemerkbar.

Diesem unbekannten amerikanischen Samariter kann ich nur

danken, weil ich dieses Erlebnis, das von keinem Geschichtsschreiber als wesentliches registriert werden würde, von einem Militärbefehlsgeber schon gar nicht, immer wieder vor Augen habe; vielleicht zunehmend mit den Jahren, wenn wir endlich darüber nachzudenken beginnen, was wir weitergeben müssen.

Mémorial

Im Juni 1988 wurde in Caën, der 1944 schwer umkämpften Stadt, das Mémorial eröffnet. Ein Museum für den Frieden. Mit allen modernen Mitteln der Kommunikation …

Auf dem nach Dwight D. Eisenhower benannten Platz vor dem Eingang befindet sich ein gerundetes Schaufenster. Einige Besucher werden wissen, daß Eisenhower die Alliierten Streitkräfte befehligte an jenem 6. Juni 1944.

Hinter dem Glasfenster sind 13 sich ganz und gar voneinander unterscheidende Steinblöcke – weiß, bräunlich, schwarz, beige. Es wirkt wie – Verzeihung – die Ausstellung eines Grabmalausstatters. Aber es sind ja Grabsteine. Menschen aus dreizehn Ländern kämpften hier, litten, starben. So bedeutet dieser Anblick viel.

Dreizehn Friedens- und Hoffnungsbotschaften sind auf den Blöcken zu lesen. Der Reihe nach. Von links nach rechts:

Norwegen: »Sohn verteidige die Freiheit, die dein Vater erkämpft hat.«

Tschechoslowakische Sozialistische Republik: »Zur Erinnerung an die tschechoslowakischen Kämpfer gegen den Faschismus.« Mag es die CSSR mittlerweile schon nicht mehr geben, wir stutzen über die Eiseskälte, mit der sie sich am Mémorial beteiligt hat; als Verbündete der Alliierten.

Niederlande: »Die hier erworbene Freiheit verdient es, jeden Tag verteidigt zu werden. – Königreich der Niederlande«

Deutsche Demokratische Republik: »Das Vermächtnis der Helden der Antihitlerkoalition mahnt uns, alles zu tun, damit die heutigen und kommenden Generationen für immer in Frieden und Freiheit leben können.« Viel Wort, wenig Aussage. Sozialistisches Amtsdeutsch. Mit »Antihitlerkoalition« ließ sich der alliierte Anteil abdecken. Unsereiner schämt sich nachträglich für solche Formulierung, die vom Außenministerium der DDR kam, abgesegnet im Zentralkomitee der SED, nein, zuvor vom Politbüro bestätigt, doch erst nach Rückfrage im Kreml … Die UdSSR verzichtete auf Teilnahme. Stalins Fluch über die Hilfswilligen gilt noch. Dessen ungeachtet bleibt der Ruf nach »Frieden und Freiheit«! Der DDR-Stein steht, nur draußen fehlt einem Mast die Fahne. Der dreizehnte, der DDR-Fahnenmast, ist leer. Da könnte sich nun die Slowakei hinhängen.

Canada: »Der Krieg ist der Tod. Der Frieden ist das Leben. Die Freiheit ist die Hoffnung.«

USA: »Die ganze Welt blickt auf euch. Die Hoffnung und die Gebete aller Völker mit dem Willen für die Freiheit begleiten euch. – Aus dem Tagesbefehl General Dwight D. Eisenhowers zum 6. Juni 1944«, dem D-Day.

Frankreich: »Ich bin geboren, um dich zu kennen, um dich zu nennen, Freiheit. – Paul Eluard, 1942«

Großbritannien: »Zur Erinnerung an die, die in der Normandieschlacht für die Freiheit gekämpft haben. 6. Juni bis 22. August 1944. Vereintes Königreich«

Bundesrepublik Deutschland: »Das deutsche Volk bekennt sich zu unverletzlichen und unveräußerlichen Menschenrechten als Grundlage jeder menschlichen Gesellschaft des Friedens und der Gerechtigkeit in der Welt.« Da schämt man sich als neuer Bundesbürger erneut. Wieder nur Phrasen. Diplomatischer Quatsch. Kein offenes, ehrliches Wort über den deutschen Krieg im Westen. Und warum die Alliierten überhaupt landen mußten. Fazit: Beide vormaligen Deutschlands haben eigentlich nichts damit zu tun. DDR-Deutschland fühlte sich an sowjetischer Seite als Mitsieger – das ist nachzulesen –, und dem BRD-Deutschland ist die Niederlage hier so peinlich, daß Bundeskanzler Kohl sie an SS-Gräbern in Bitburg kranzniederlegend kaschieren wollte.

Polen: »Die Polen bekämpften den Faschismus für eure und unsere Freiheit.«

Belgien: »Für die Freiheit vereinigt, bleiben wir verbunden, um den Frieden zwischen den Völkern aufzubauen. – Baudouin, König von Belgien«

Luxemburg: »Luxemburg mit seinen Freunden für Frieden und Freiheit.«

Griechenland: »Wir ziehen den Frieden dem Krieg vor.«

Und nun lese man noch einmal von vorn, was die dreizehn beteiligten Staaten den Menschen zu sagen haben ... Alpha: Die Norweger. Omega: Die Griechen. Und mittendrin, damals diplomatisch getrennt, doppeldeutsche Scheiße.

Was uns der große Moritz erzählt

Im nordwestlichen Lettland, in dem aus der Geschichte als Kurland bekannten Landesteil Kurzeme, gibt es einen großen See, von dem ein Drittel unter Naturschutz steht; schon seit 1912, so daß sich ringsum Fuchs und Gans in aller Ruhe gute Nacht sagen können. In diesem, den Touristen verwehrten Teil des Usmas-Sees, liegt eine Insel, die auf den reizvollen Namen Moritzinsel hört.

Wer dieser Moritz war? Jahrgang 1696. Einziger Sohn der schönen Aurora von Königsmarck. Nicht der einzige von August dem Starken, des Königs von Polen und Kurfürsten von Sachsen, den die deutsche Geschichtsschreibung vernachlässigte, denn er liebte die Frauen mehr als den Krieg.

Trägt vielleicht, ohne daß wir es wissen, eine Kaserne im derzeitigen neuen Deutschland seinen Namen?

Moritz, in Berlin und Warschau als Graf von der Raute erzogen, hieß später Moritz von Sachsen, dann sogar Marschall von Sachsen, obgleich nicht dort tätig. Er hatte in mehreren Kriegen mitgefochten: vor Stralsund gegen die Schweden, dann vor Belgrad gegen die Türken. Schließlich trat er, weil er Frankreich mochte, 1720 in dortige Dienste, kaufte 1722 ein deutsches Regiment, das nun seinen Namen führte, während er sich mit Kriegsbaukunst, Mathematik und Mechanik beschäftigte. Dennoch suchte er in seiner Welt eine Stellung. Standesgemäß und mit Aufstiegsmöglichkeit.

Wie kommt es, daß sein Name hier unter Naturschutz steht?

In Kurland regierte damals Herzogin Anna, eine stramme Witwe. Die ließ den gutaussehenden, dynamischen und dreißigjährigen Moritz von ihrem Landtag zum Herzog wählen. Noch vor der Hochzeit. Auf Befehl geht alles. Fast alles.

Den Anliegern gefiel das nicht. Größere, Rußland und Preußen, hatten Kurland bereits unter sich aufgeteilt. Auch Juniorpartner Polen meldete Ansprüche. Annas Wahl galt als ungültig. Das Übliche geschah: Die Russen marschierten ein. Wie 1956, wie 1968. Was wundert das euch?

Da riet sogar Vater August als König von Polen dem Sohn zur Ausreise und bot 3000 Dukaten als Zuschuß. Die hätten aber nicht für das Fußvolk gereicht.

Zu Kämpfen kam es nicht.

Still ruht der Moritzsee. Ungeachtet solcher Abenteuer regierte zumindest die Herzogin Anna, Zarentochter und Nichte von Peter dem Großen. Immerhin! Sie hatte ihrem Zukünftigen eine Wohnung eingerichtet in ihrem Palast. Ahnte aber nicht, daß ihr Moritz – er war bereits geschieden worden wegen »Unbestandes«, vielbedeutend –, mit einem ihrer Hoffräuleins ein Verhältnis angefangen hatte. Wir kennen ihren Namen nicht. Sie wohnte ihm gegenüber im Erdgeschoß. Als sie eines Abends bei Moritz war, hatte es zu schneien begonnen. Um ihr Schuhwerk oder ihre Füße zu schonen, die er gestreichelt hatte, nahm Moritz seine Schöne huckepack und trug sie über den Hof.

Der gutmütige Sachse. Sohn eines starken Vaters. Im Sinne seiner schönen Mutter – seht ihr ihn? Leise rieselt der lettische Schnee. Auf übermütigen Zehenspitzen trägt Moritz seine kichernde Geliebte ins Haus gegenüber.

Warum wird diese Geschichte nicht beim Abitur verlangt?! Wer reif genug ist, sich zum Wehrdienst – oder wie das gerade genannt wird – zu melden, dem wird doch solch zärtliches Bild nicht schaden.

Aber wie das so ist und immer war und sein wird: Wie bei Adam und Julia, Eva und Abälard, Romeo und Heloise und wie wir jeweils heißen – merkt niemand, daß es heutzutage keine Liebespaare mehr gibt, von denen erzählt werden kann?

Was denn, in diesem Moment kommt eine Alte über den Schloßhof getrippelt. Das alte Mütterchen. Es gehört zur Weltgeschichte. Und ist eine Studie wert. Die schreibt keiner.

Hat es nicht, als Jan Hus auf dem Scheiterhaufen stand, ihr Scherflein Holz herbeigetragen? Stand es, um Jahrhunderte zu überspringen, nicht gerührt am Straßenrand: Als der schlimme Krieg zu Ende war ... Als »im Felde unbesiegt« die Söhne und Männer heimkehrten. Das alte Mütterchen weinte gerührt, als der Kaiser ins Ausland flüchtete; doch man mußte schon hinsehen, ob es vielleicht Freudentränen waren. Ihre Augen wurden feucht, als Rosa

Luxemburgs Leichnam endlich seine Ruhe fand; aber der greise Reichspräsident von Hindenburg, als er so mannhaft in alter Uniform am Spalier vorbeischritt, entlockte ihr wieder Tränen der Rührung.

Ersparen wir uns mancherlei. Das alte Mütterchen, immer bei den Reportern beliebt, denn es gibt passende Antwort auf jede benötigte Frage. Es nimmt Abschied von Horst Wessel; es steht am Straßenrand, als der Trauerzug mit den erschossenen Kommunisten vorbeizieht. Es tupft mit dem Taschentuch über die Augen, als Hitler den Fackelzug grüßt. Es winkt dem olympischen Feuer, hebt die Arme dem Führer entgegen an seinem 50. Geburtstag. Weinte, als der neue Krieg erklärt wurde; freute sich, daß Polen so schnell besiegt worden war.

Um es kurz zu machen: Kurz vor Kriegsende ließ sich das alte Mütterchen eine Panzerfaust geben. Gegen die Russen. Stand in der Zeitung. Mit Foto. Als Vorbild für die Jungen, Ende April 1945. Mitte Mai empfing es gerührt Brot aus sowjetischer Soldatenhand. Das Bild in der Zeitung. Für die nächsten Jahrzehnte. Denn alte Frauen, egal in welcher Situation, haben etwas Rührendes für die Mitwelt. Seht mal! Sogar sie!

So bewegt sich das alte Mütterchen durch die Geschichte. Zumindest durch die deutsche. Denn es ist auch wachsam. Es weiß, wer im Haus ungewöhnlich viel Besuch empfängt. Welche Ehe »in Ordnung« ist, was auch immer das zu bedeuten haben mochte für das DDR-Ministerium für Staatssicherheit. So wird die alte Frau, nun schon in nächster Generation lebend, immer neu geboren. Sie kocht aber auch Kamillentee für den kranken Nachbarn, füttert streunende Katzen und hat manchmal manches und manchmal gar nichts gesehen.

Zurück in den Neuschnee von 1727, als die Alte ausgerechnet jetzt und nicht ein paar Minuten später über den Hof muß, mit der Laterne in der Hand. Gerade jetzt, als Moritz mit seiner Hübschen auf dem Rücken ihr in die Quere kommt.

Die Alte erblickt im Funzelschein das Tier mit dem doppelten Rücken. Ungewohnt und bedrohlich. Es hat zwei Köpfe wie der Gottseibeiuns – sie kreischt vor Schreck, hat aber nicht mit Moritz gerechnet, der geistesgegenwärtig die Laterne mit einem Fußtritt löscht. Jetzt ist Verdunkelung erste Bürgerpflicht. Doch er ruscht aus – Neuschnee! – und fällt mit dem Mädchen, das nun auch schreit, zu Boden und auf die alte Frau. Es wird, wie wir gleich sehen werden, zum weltgeschichtlichen Moment, als Moritz von Sachsen auf zwei Frauen liegt.

Die Alte schreit wie am Spieß.

Den ergreift die herbeieilende Wache. Alarm. Wer da? Wer da! Hände hoch! Mehr Licht! Sie holen den Wachhabenden. Wer da? Dem Amte wohlbekannt. Der Schreiber trägt's ins Wachbuch ein. Muß das sein?

Oh, du kleiner Mann, du Armer, der du jemals Posten gestanden hast, wo auch immer. Du bist in Lebensgefahr. Wenn dich nicht die Gegnerischen abmurksen, still und unerkannt, dann verurteilen dich die Eigenen wegen Wachvergehens. Weil du das Gewünschte nicht gesehen, das zu Verschweigende gemeldet hast. Den Vorgesetzten mit dem fremden Eindringling verwechselt, den eigenen Kundschafter erschossen hast oder am Leben ließest. Was war befohlen! Im Grunde nichts. Parole? »Heimat.« Nun danket alle Gott. Auf nach Belgrad. Mit Herzen, Mund und Händen. Denn wir fahren gegen Enge-land. Habt ihr nicht den kleinen Cohn gesehn? Auf auf zum Kampf, daß nie eine Mutter mehr ihren Sohn, Shalom, peng peng, melde gehorsamst, bitte anschnallen, der allböse Feind, marschiert im Geiste mit, das müssen wir schon selber tun, vor dem großen Tor, wir sind die Moorsoldaten, danach laßt uns alle streben, es dauert nur noch kurze Zeit? – oh weh, und was der tausend Gedanken sind, die einem bedauernswerten Wachposten im Kopfe zischen: Woyzeck, er hat schon wieder nicht präsentiert. Wer sagt dem armen Menschen, ob wir heute nacht für oder gegen Mozart sind?

Der Wachposten erzählt es dem zugeneigten Küchenmädchen. Die der Friseuse. Wie viele Sekunden dauert's, da hat Anna alles auf dem Frühstückstablett und die Heiratspläne schmecken ihr nicht mehr.

Moritz, ahnungslos, reiste zunächst nach Sachsen, denn er hatte kein Geld und konnte daher kaum eine Armee mit hundert Mann engagieren und ernähren. Es war damals Sitte, daß Soldaten vor Arbeitsbeginn erst einmal Geld sehen wollten. Den Sold, nach dem sie heißen. Ein vollkommen gesunder Standpunkt, denn auch Moritz hatte sich zunächst Kurland und dann die etwas jüngere Herzoginwitwe angesehen. (Der englische Geschichtsschreiber Carlyle spart nicht mit Bosheit: »Die dicke Witwe entdeckte, daß er Westfälische Schinken nicht in dieser besonderen Form mochte, daß er nur vorgab, sie zu mögen.«)

Moritz, verkleidet, kehrte nach Polen zurück. Wurde zwar unterwegs erkannt, aber von ihm Zugeneigten. Glückspilz. Per Schiff fuhr er nach Kurland, wo ihn der Adel mit Jubel empfing. Das hat, wie Zeitgenossen aus dem 20. Jahrhundert erlebten, nicht allzuviel zu bedeuten.

Mittlerweile war in Petersburg die Zarin gestorben. Sie hatte viel von Moritz gehalten. Anna, als Frau gekränkt, hielt ihn nicht mehr. Daher riet General Lascy, der mit 8000 Russen in Riga stand, Herrn Moritz zur baldigen Abreise.

Daraufhin zog sich Moritz mit seinen Leuten auf die erwähnte Insel im Usmas-See zurück und ließ dort, wie es jeder Vorgesetzte angeordnet hätte, Befestigungen ausheben. Gräben und Schanzen, solcherart, wie sie Jahrhunderte später die Heimatforscher aufjauchzen lassen.

Moritz bat um zehn Tage Bedenkzeit und bekam, wie das so ist bei den Russen und anderen jeweiligen Eroberern, zwei.

Moritz sah die Russen anrücken, war als Sachse gescheit genug, ein unnützes Blutbad zu vermeiden, und gab seinen Soldaten einen Befehl, der in der deutschen Geschichte höchst selten ist, außerordentlich und unerwartet. Nämlich, sich nicht zu verteidigen. Du mußt es dreimal sagen, sagt Goethe, und der mußte es wissen, hatte er doch mit schwerhörigen Feldmarschällen zu tun gehabt.

Also am 19. August 1727, den uns das Armeemuseum vorenthält, schwamm Moritz von Sachsen mit seinem Pferd durch den See davon. Seine Armee – 12 Offiziere, 33 Bediente, 98 Dragoner und 104 Mann Infanterie –, wohl dem, der sie heute hätte, um weitere Seen für den Naturschutz zu verteidigen, zum Beispiel in Mecklenburg-Vorpommern …, seine Armee geriet in Gefangenschaft.

Der Chronist weiß zu nennen: »Später erfolgte ihre Auslieferung an Polen; die Gemeinen wurden unter die Regimenter gesteckt, die Offiziere entlassen.« Moritz bekam seine zurückgelassene Garderobe zugestellt. So ist das immer. Aber mir Gemeinem hat man meine beiden Notizbücher nicht zurückgegeben.

Was aber den kurländischen Adel angeht, er wußte von nichts. Die Wahl jenes, wie hieß er doch gleich?, Maurice oder Moritz? Man hatte den Ausländer nie gewollt, nie gewählt. Falls es eine Wahl gegeben haben sollte – konnte sich überhaupt jemand daran erinnern? –, so war sie ungültig. Die Wahlurkunde blieb verschollen für alle Zeit.

So hat die Alte mit ihrer Laterne im Schnee entschieden.

Knapp drei Jahre später wurde Anna Kaiserin von Rußland. Also wäre Moritz, als ihr Mann – Jedenfalls hätte es einen Zaren gegeben, dessen Mutter Aurora hieß.

Moritzholm oder Moritzsala heißt die schöne Insel im naturgeschützten See.

Ihm zu Ehren, weil er den sinnlosen Kampf vermieden hat? Gewöhnlich stehen mitten in Städten unter Natur- und Denkmalschutz solche, die bis zum letzten Mann eine Stellung zu halten befahlen. Darüber wächst dann ziemlich bald Gras.

Moritz von Sachsen ging nach Frankreich, wurde Feldherr und starb als Statthalter der Niederlande nach »ausschweifigem Leben«.

Jochmann, der unruhige Dichter und Chronist (1789–1830), schreibt: »Der Marschall von Sachsen tröstet sich beim Anblick eines leichenvollen Schlachtfeldes mit dem Gedanken, daß die Freuden einer Nacht zu Paris den ganzen Verlust ersetzen.« So rechnen die Minister seit eh und je.

Jochmann konnte schwerlich schreiben, daß es sein Zeitgenosse Napoleon war, der diesen Ausspruch tat und dabei Friedrich den Großen in Kolin zitierte, während schon 1674 der Prinz von Conde nach der verlustreichen Schlacht von Seneffe erklärt hatte: »Das bringt eine Nacht in Paris alles wieder ein.« Und es stimmt sogar. Menschenblut steht nicht unter Naturschutz.

»Die Landesbevormundung«, schreibt Jochmann, und er war selber Offizier gewesen, »will bald Beförderung des Kinderzeugens, bald Verhütung desselben, je nachdem, ob man die zahlreichere Menschenherde verbrauchen zu können oder fürchten zu müssen meint.« Da sehen wir doch gleich bei uns zulande nach …

Seine jungen Verweigerer

Und es begab sich zu der Zeit im Oktober 1989, als die DDR schon recht brüchig geworden war, daß die Österreichische Botschaft wie alle Jahre einlud zu ihrem Nationalfeiertag. Dort gab es, solange der Vorrat nicht ausgetrunken war, vorzüglichen Wein. Man traf einander, Kollegen und Bekannte, sah betreßte Militärs und kirchliche Würdenträger sich unterhalten. Warum denn nicht. Bei solcher Gelegenheit, wenn Leute miteinander sprechen, kam manches in Ordnung. Oh, du mein Österreich, du hast manches getan in der DDR. (Zum Beispiel wußte gerade diese vergangene deutsche »Ostmark« sehr wohl zu unterscheiden zwischen zweierlei Literatur in zweierlei Deutschland.)

Dort beim Empfang stand im Gespräch Michael Schmitz vom ZDF. Wir hatten zusammen 1987 für »Kennzeichen D« einen kleinen Film gemacht. Zur 750-Jahr-Feier der Halbstadt sollten sich fünf DDR-Autoren eine Straße aussuchen. Ich nahm die Große Hamburger mit ihrer vergangenen Gegenwart. Warum wohl?

Fortan kannten wir uns. Und es tat mir weh, im Fernsehen zu erleben, wie Michael Schmitz 1989 von Stasi-Schlägern weggeprügelt wurde bei Ereignissen, die der Staat verschweigen wollte. Also ging ich hin, um ihm guten Abend zu sagen. Schmitz machte mich mit seinem Gesprächspartner bekannt. Er schien mich zu kennen, denn sein erster Satz lautete: »Wann lesen Sie vor meinen jungen Wehrdienstverweigerern?« Es war der bis heute Bartgenosse von Ulbricht und Lenin, damals noch DDR-Pfarrer und Oppositioneller.

Ich hatte mehrfach, bei Lesungen nach Vorhaben befragt, von meinen Erlebnissen im Kriege erzählt, von einem Buch, in dem die Deserteure geehrt werden sollten, die meist Namenlosen. Wohl daraufhin hatten DDR-Wehrdienstverweigerer mir geschrieben. Ich sollte und wollte bei ihnen lesen; es mußte aber etwas Brauchbares sein. Mir ging es bereits um ein Denkmal für den unbekannten Deserteur, nachdem ich das in Bremen-Vegesack erlebt, es gesehen hatte dank meiner Freunde bei Radio Bremen. Hörte, daß die örtliche Bundeswehr dagegen protestiert hatte, vergebens, denn das Denkmal stand in einem Bürgerhaus. (Das gab es bei uns zulande nicht. Die Nationale Volksarmee kam überall hinein.) Die Blumen, die dort immer wieder hingelegt wurden, die brachten Frauen. Ältere Frauen. Die dachten wohl auch an die Söhne anderer Mütter.

Sogar in Bonn sollte es ein Denkmal für den Unbekannten Deserteur geben. Das erlaubte die Stadt nicht. Daher steht es seit der Wende in Potsdam. Diese Stadt ist geradezu ein Sinnbild gewesen für deutschen Militarismus.

Wie gesagt, mein Buch sollte autobiographisch sein, speziell über meine Kriegsgefangenschaft in den USA berichten. Ich wollte das zeigen, weil es darüber so gut wie nichts zu lesen gab.

Die Arbeit an dem Buch ging chronologisch vor sich. Zuweilen arbeitet unsereiner der Reihe nach als Handwerker. Deshalb antwortete ich dem drängenden Pfarrer: »Ja, im Juni, wenn ich beim Desertieren angelangt bin.« Daraufhin er, mir seine Karte gebend: »Ich werde Sie erinnern! Ich habe ein gutes Gedächtnis!« Ich aber auch.

Am 31. März 1990 unterzeichnete jener, nunmehr als Der Minister im Ministerium für Abrüstung und Verteidigung der Deutschen Demokratischen Republik, einen Brief an Herrn »Generalleutnant Lorenz!«, in dem es heißt: »meinen herzlichen Dank für Jahrzehnte gesellschaftlich notwendiger Arbeit, von hoher Verantwortung und Verläßlichkeit getragenen Dienstes in den Reihen der Grenztruppen der DDR«. Jener hatte »verdienstvoll gewirkt, Ihr Herz, Ihre Lebenserfahrungen, Ihr Wissen und Können für den Schutz der Staatsgrenze und des friedlichen Lebens der Bürger der DDR eingesetzt. Auch dank Ihrer Tätigkeit sind Generationen leistungsbereiter, solide befähigter Kommandeure und Stabsarbeiter, Generationen junger Grenzer herangewachsen.«

Die aber, nicht die leistungsbereiten Stabsarbeiter, wurden vor Gericht geholt und verurteilt. Weil sie »unserem Volk und den Traditionen der Grenztruppen fest verpflichtet sind« – ach, gar, und wenn sie schossen auf Flüchtende? Wer hatte es befohlen? Doch nicht etwa der General, dem Lebenserfahrung und Leistung bescheinigt wurden vom Ex-Pfarrer-Minister. Der schämte sich später dafür nicht, sondern erklärte dummdreist und gottesfürchtig: »Ich war damals Minister eines Landes, das es noch gab – und es war nicht meine Aufgabe, Generale mit einem Tritt in den Hintern zu verabschieden.«

Lernt daraus, ihr zukünftig leistungsbereiten, solide Befähigten, dem jeweilig als »unserem« Volk anerkannten Volk »fest verpflichtet« – laßt Hände und Füße davon, wahrt eure gesunden Glieder. Mögen die Pfaffen noch so scheinheilig reden: Nicht die Generale, sondern ihr werdet, so ihr überhaupt überlebt – ihr, aber eure Vorgesetzten nie – ,werdet mit einem Tritt in den Hintern verabschiedet. So ihr euern Hintern samt Vorderteilen noch spürt im Rollstuhl. Rettet daher euern Hintern beizeiten.

Wer das damals Anfang 1990 betrachtet hat im Fernsehen: Wie der aufgehörte Pfarrer plötzlich in Zivil vor den Generalen der DDR-Volksarmee stand. Die Zeit war zu knapp, um eine Uniform – welche nun? – sich anmessen zu lassen. Geilheit in aller Augen. Echte Geilheit, meßbar. Er genoß als ehemaliger Bausoldat die Ergebenheit der militärischen Führung. Diese wiederum duckte sich wie gewohnt dienstwillig dem neuen Kommando. Denn sie duckt immer. War ja vereidigt. Ähnlich hatten ihre Militärahnen 1933 vor einem ehemaligen Gefreiten strammgestanden. Wiederholung ist immer Farce.

Wenn jener nun kraft seiner Macht befohlen hätte: In jedem Standort wird ein Gedenkstein errichtet für »Den unbekannten Deserteur«, der sich Hitlers Krieg verweigerte und dafür hingerichtet wurde. Auf diese Idee kam der fromme Minister nicht. Er blickte in die Zukunft. Und wurde belohnt.

Dabei hätte er sich unsterblich machen können. Er wäre nicht nur ins Guinessbuch der Rekorde eingegangen, sondern in die Weltgeschichte. Wenn er kraft seines Amtes in diesem Staat DDR, den es damals im Frühling 1990 noch gab, die Wehrpflicht abgeschafft hätte.

Nur für einen Tag.

Nur bis morgen. Nur für einen Tag, denn dann, festgenommen, konnte er reklamieren, er hätte es als nun befreiter Mensch im Geist seines christlichen Glaubens getan. In Erinnerung an eigene Vergangenheit als DDR-Bausoldat; die immer noch angenehmer war, als für Jahre ins Gefängnis zu gehen wie Jehovas Zeugen. Die ließen sich lieber einsperren ...

Und wenn die neunziger DDR-Regierung ihn wegen dieser unerhörten Eigenmächtigkeit fristlos gefeuert hätte? Im Zorn und aus Bange vor Bonn? Er hätte vor der Weltpresse – und die wäre gekommen! – sagen können wie Bruder Martin Luther: »Hier stehe ich. Ich kann nicht anders. Ich mußte die Wehrpflicht abschaffen. Gott helfe mir. Amen.«

Er hat es nicht getan. Er hat die weltgeschichtliche Stunde versäumt. Deshalb wird sein Name weggelassen.

Seit Juni 1990 wartete ich auf seine Einladung, vor »seinen« jungen Wehrdienstverweigerern zu lesen. Aber heute ist das nicht mehr »opportun«. Quasi stellvertretend lese ich den jungen Menschen vor, was Wolfgang Koeppen über den Deserteur Alfred Andersch (1914–1980) schrieb: »Ich war sein Freund, wie ich der Freund der Fahnenflüchtigen aus allen Heeren der Welt in den bitteren Jahren des verfluchten Krieges war. Ich schrieb, Gott wird die Deserteure streicheln, wenn sie zu ihm in den Himmel kommen, die Mutigen, die nein sagten, gejagt, gefoltert, erschossen oder gehängt.«

Gott wird die Deserteure streicheln ...

Ganz gewiß. Und vielleicht braucht er dazu gar keine Militärpfarrer.

Doppelt nützt auch nichts

»Ich schwöre bei Gott diesen heiligen Eid, daß ich dem Führer des deutschen Reiches und Volkes, Adolf Hitler, dem obersten Befehlshaber der Wehrmacht, unbedingten Gehorsam leisten und als tapferer Soldat bereit sein will, jederzeit für diesen Eid mein Leben einzusetzen.«
Der Eid wurde also unter Zwang geleistet. Auf seine Verweigerung stand der Tod. Er war damit null und nichtig.
Alfred Andersch, »Die Kirschen der Freiheit« 1952

»Ich schwöre bei Gott diesen heiligen Eid ...« – warum denn auch noch »heilig«? Gott allein genügt Ihnen wohl nicht?

Auch »die Fahne« wird dazu benötigt, und ein paar als ehrtauglich Aufgefallene dürfen eine Hand auf sie legen beim Schwur. Eigentlich müßten genau andere, die sich schon bei der ersten Ausbildung wie dazu gezwungen benahmen, dort stehen, damit ihnen der mit der Vereidigung verbundene Schauer den nötigen Respekt einflöße, und Furcht!

Jedenfalls ist es eine althergebrachte Zeremonie, ohne die kein Militär auskommt. Sie dient zur Einschüchterung der Einberufenen, der Unfreiwilligen, der Erpreßten. Die sollen sich vor der unangenehmen Begegnung mit Gott fürchten, falls sie davonlaufen. Aber wir hatten ja bereits das Erlebnis, daß Gott auch von der Gegenseite unter Vertrag genommen wird.

Was nun die Gottlosen angeht, Stalin gab den Seinen Wodka. Ließ sie natürlich auch einschwören. Besann sich in höchster Not auf die Popen und Schulterstücke für Offiziere wie zu Zarenzeiten; benannte sogar seine Rote Armee um in Sowjetarmee. Alles half gegen Hitler. Gut so. Aber wer zu wenig Munition hat, spart nicht mit Soldaten. Getreu der selten öffentlich offenbarten Wahrheit: Menschen gibt es mehr als alles andere.

In der DDR versuchte man es mit dem Begriff »Ehre«. Wer eingezogen wurde, durfte »Ehrendienst« leisten. Aus einer Parade wurde »Ehrenparade«, und wer weiß, was noch für Brimborium ausgedacht oder vom Großen Bruder übernommen wurde. Oder werden mußte. Anstatt überall ehrlich zu sagen: Wir brauchen euch. Es kann euch das Leben kosten. Aber wir bezahlen anständig für das Risiko. Wer möchte mitmachen? In dem Wort Soldat steckt doch der Sold, die Bezahlung.

So kam es Ende 1985 an der Purdue-Universität im US-Staat Indiana für mich zu einem seltsamen Erlebnis. Eingeladen zu Lesungen vor Deutsch Studierenden, fand am Vormittag auch eine öffentliche Veranstaltung statt, in der ich in die Landessprache übersetzte Texte vortrug und aus meinem Leben erzählte. Auch von 1944 in der Normandie. Da meldete sich in einer der vorderen Reihen ein Mann. Er war etwas älter als ich und sagte vorwurfsvoll: »Das finde ich aber nicht gut, daß Sie Ihre Kameraden (your buddies) im Stich gelassen haben!«

Als erste Antwort fiel mir ein, ob er mir nicht etwas dankbar sein müsse, weil ich nicht auf ihn geschossen hatte. Er habe offenbar als US-Soldat dort den Krieg mitgemacht, wofür ich ihm dankbar wäre bis heute. Aber er begriff es nicht. Das ist das Schlimme an den internationalen Marschierern. Sie haben alle den gleichen Berufsblick. Auch innen. Damit kann jede Regierung etwas anfangen.

Was aber die Einschwörung, die Vereidigung angeht – ich bin zweimal auf erstens »den Führer«, zweitens »und Reichskanzler« Adolf Hitler vereidigt worden. Einmal beim Reichsarbeitsdienst, wovon ich sogar ein Photo besitze, das andere Mal bei der deutschen Wehrmacht. Und jedesmal – ein klein wenig gottesfürchtig war ich noch – sagte ich zu mir: Dieser Eid gilt nicht! Er ist erzwungen! Wenn ich mich weigere, droht mir die Todesstrafe! Es ist also klüger, mitzumachen. Aber der Eid gilt nicht für mich! Ich bin nicht als Freiwilliger hier!

In mir lebte mein Großvater Heinrich, der – so wurde in der Familie oft und gern erzählt – sich mit zwei Mittagsportionen im Bauche der k.u.k. Musterungskommission als zu kurzatmig für den Ersten Weltkrieg erwies. Ich hatte keine Berater mit medizinisch wirkenden Kunstmitteln, war aber nach der Musterung zu nichts anderem tauglich als zum Fußvolk. Immerhin.

Jedenfalls brauchen sie allerorten den Eid, um alle, die nicht mitmachen wollen, oder nicht mehr, zu bestrafen, zu mißhandeln und wenn möglich zu töten. Das Gesetz erlaubt ihnen alles. Ein Mittel dagegen ist, selber fristlos zu kündigen. Das haben sie aber nicht gern. Gestatten es auch nicht, sondern machen jeden, der das tut oder versucht, verächtlich in der Öffentlichkeit. Nennen ihn beispielsweise »Überläufer«. Das spricht sich leichter aus als das Fremdwort Deserteur. Bedeutet aber etwas anderes. Wer zum Feind überläuft, kämpft anschließend in dessen Reihen mit. Der Fahnenflüchtige will seinen Frieden machen, und sei es zum Preis von Lebensjahren hinter Stacheldraht. Auch solche feinen Unterschiede und Möglichkeiten werden uns in jungen Jahren nicht erläutert.

Es gibt Erlebnisse. Im Oktober 1939, da hatte Polen kapituliert, und mein Vater war auf Urlaub gekommen, seines Alters wegen wohl Gefreiter, aber mehr nicht; er war vierzig. Er mußte sich in der Nähe des Bahnhofs Friedrichstraße melden, bei irgendeiner Kommandantur, und wir gingen beide die Friedrichstraße entlang. An der Ecke Französische Straße verkaufte mitten im Herbst eine Händlerin Veilchensträuße. Mein Vater, in Uniform, nahm sofort einen für meine Mutter; wohl nicht zum ersten Mal.

Die Sonne schien. Es war ein schöner Herbsttag, und Polen hatte kapituliert. Der Vater war aus dem ersten Monat Krieg unbeschädigt heimgekehrt. Er trug den Veilchenstrauß in der Hand. Und nur, wer eine Ahnung davon hat, wie groß ein Veilchenstrauß ist: Wir wurden deshalb angehalten von einer Doppelstreife der Feldgendarmerie.

Diese heißen heute Feldjäger. Der fremdsprachliche Anhang ist so schwer auszusprechen. Das Wort Jäger kennt jeder. Sie schiessen auf Tiere, rotten überflüssiges Wild aus; im Krieg, wenn sie dürfen, auch Menschen. Jene Feldgendarmen, wegen ihrer um den Hals gehängten Nachbildung eines Guillotinenmessers auch Kettenhunde genannt, hätten ebensogut für die Konzentrationslager getaugt, als Bewacher.

Die Doppelstreife verlangte meines Vaters Urlaubsschein und Soldbuch, beanstandete aber die Veilchen. Meinem Vater fiel keine bessere Antwort ein als: »Ich komme von der Front.« Weil er sich darunter etwas vorstellen konnte. Rotzige Antwort: »Wir auch!« Sie belehrten ihn darüber, daß ein deutscher Soldat, wenn er sich der

Innenstadt nähere, Unter den Linden und Umgebung, nichts bei sich zu führen habe, das nicht zum Dienstkleid passe!

Aber sie ließen uns laufen, während mein Vater betont zu mir sagte: »Dann trag du ihn.« Den Veilchenstrauß, der das Ansehen der deutschen Wehrmacht beeinträchtigte.

Dazu fällt mir jetzt eben eine Pointe ein: Mein Vater, was er nie gekonnt hätte, ebensowenig wie ich, antwortet: »Ich trage diesen kleinen Blumengruß im Auftrag unseres Kompanieführers zum Ehrenmal Unter den Linden, um ihn dort zum Gedenken für unsere vor Warschau gefallenen Kameraden niederzulegen. Das ist mein Befehl.«

Da hätten die geantwortet, dafür müsse er eine schriftliche Genehmigung vorzeigen. Und es wäre dabei geblieben, daß ich den Veilchenstrauß übernahm. Jedenfalls haben diese Kriegsknechte in mir den Widerwillen gegen militärische Anmaßung befördert. Es sind ja meist nur Kleinigkeiten. Aber sie sammeln sich an.

Mein 8. Mai 1945

An diesem Tag, das muß heute gesagt werden, war in Europa der Zweite Weltkrieg zu Ende. Was auch bedeutet, daß aus vielerlei Gründen weiterhin Menschen an diesem Krieg starben.

An den 8. Mai 1945 erinnere ich mich nicht mehr. Die mit ihm verbundene Nachricht war so selbstverständlich und lang erwartet gewesen. Auf den genauen Tag kam es schon nicht mehr an.

Damals wollte ich über alles einen dicken Roman schreiben. Wußte aber nicht, wie man das macht. Wollte nur schreiben. Führte dummerweise kein Tagebuch. Sammelte nur allerlei Tatsachen aus dem Alltag eines Kriegsgefangenenlagers mit deutschen Soldaten in den USA. In Pennsylvania, genauer gesagt.

Mag durch den Zeitunterschied die Nachricht später oder früher zu uns gelangt sein, jedenfalls war der 9. Mai schon ein anderer Tag. An diesem ersten Morgen nach dem Krieg wurde einer von uns in einer leeren Baracke erhängt aufgefunden. Ein junger Mensch in meinem Alter hatte Selbstmord begangen angesichts der bedingungslosen Kapitulation. Und wenn er mit seinem, von mir aus gesehen, sinnlosen Tod etwas hinterlassen hat, dann die für mich lebenswichtige Erfahrung, daß man nie annehmen darf, die anderen fühlten und dächten genau wie man selber.

Der Vorfall wurde von den amerikanischen Behörden untersucht. Immerhin hatte es Fememorde gegeben in Kriegsgefangenenlagern, wenn deutsche Soldaten vor deutschen Soldaten den Krieg für längst verloren erklärt hatten. Doch das sind andere Geschichten.

Jedenfalls verschwand der Tote ohne Aufsehen. Es gab keine Fragen: Möchte jemand seiner Beisetzung beiwohnen? Das Leben ging weiter. Genauso wie an der Front, wo die Toten nur stören, weil sie ihren Auftrag nicht mehr erfüllen. Hier war der Neunzehnjährige nur ein Ausfall beim Arbeitskommando für die Eisengießerei. Leicht ersetzbar.

Uns Lebenden wurde eine Ansprache zuteil des amerikanischen

Lagerkommandanten, der mitteilte, was uns das Kriegsministerium in Washington ausrichten ließ: Unser Krieg sei verloren!

Kein Ende, denn die Amerikaner feierten noch nicht. Gegen Japan kämpften sie noch. Erst als im August nach zwei Atombomben auch Japan kapitulierte, war der Siegesjubel so groß, daß es niemanden gab, der uns am jeweiligen Arbeitsplatz hätte beaufsichtigen oder gar bewachen können. Die Sieger fuhren in ununterbrochen hupenden Autos hin und her. Unser Sergeant schenkte uns eine Stange Zigaretten und ging. So bekamen auch wir einen freien Tag. Und waren wieder unter uns.

Niemand sprach vom »Tag der Befreiung«. Diesen Begriff gab es noch nicht. Wer wollte, fühlte sich befreit. Der amtlich-militärische Ausdruck lautete: »Unconditional Surrender«, bedingungslose Kapitulation. Davon mußten sich auch die ewigen Marschierer und Mitmarschierer überzeugen lassen.

Und wer es immer noch für eine Lüge hielt, merkte es in den nächsten Tagen. Es gab zwar reichlich zu essen, aber nicht mehr in der Qualität, wie sie für die eigene Armee galt. Die Genfer Konvention schrieb das vor, und die USA hielten sich daran. Als sie aber ihre Soldaten in deutschen Lagern ausgemergelt, fast verhungert vorgefunden hatten, war jede entsprechende Maßnahme verständlich.

Mancher deutsche Soldat, der Frau und Kinder hatte, machte sich Sorgen. Es gab schon lange keine Postverbindung mehr über das Rote Kreuz. Ich war lange davon überzeugt, nun allein zu sein auf der Welt. Der Vater im Krieg, die Mutter im zerbombten und eroberten Berlin in einer Wohnung im vierten Stock, die Großmutter in Dresden. Doch alle hatten erfahren, daß ich mich gesund in den Vereinigten Staaten befand. Weit weg.

Ältere unter uns, die bereits den Ersten Weltkrieg erlebt hatten, trübten die Freude mit Erfahrungen. Jetzt war Nachkrieg. Und wie lange der dauern würde, war unbestimmt. Sicher war nur, daß wir unser Leben lang dafür zahlen würden. Und wenn eine Voraussage eingetroffen ist, dann diese.

Ein neuer Kalender hatte begonnen. Irgendwann würde er das Datum der Heimfahrt und Freilassung anzeigen. Er bot Hoffnung und Pläne und Leben, dieser Neujahrstag im Mai 1945.

Wo ist die Rennbahn?

»Hier sind zwei«, hatte der Vernehmende gesagt. Deutlich zeigt der Stadtplan die andere. »Haras« heißt das berühmte, 1806 von Napoleon begründete Gestüt. »Saint-Lô Stadt der Pferde« lockt ein Prospekt mit einer Kutsche, vierspännig. Ihr Dirigent – Kutscher klänge zu profan – hält links die Leine, rechts die Peitsche. Er trägt eine dunkle Uniform mit Schirmmütze. Links neben ihm in roter Jacke einer, der verschränkt die Arme leger vor der Brust. So kann einer leicht herunterfallen vom Bock. Aber vielleicht imponiert es gerade deshalb.

Damals, auf dem fast dreiwöchigen Weg von der Bretagne zur Normandie, saß ich neben dem Kutscher eines Gerätewagens. Wegen der amerikanischen Jagdbomber zottelten wir stets im Schutz der Dunkelheit. Tagsüber versteckten wir uns, so gut es ging.

Das Großstadtkind und ein Gespann. Manchmal durfte ich die Zügel halten, wenn der Nebenmann einnickte. Aber ihm gehorchten sie besser, die geduldigen Kriegskameraden spürten meine ungelernte Hand. Dennoch war ich ihr Vorgesetzter. Was haben die armen, ahnungslosen Pferde in den Kriegen gelitten! Sie wußten nicht einmal, auf welcher Seite sie zugrunde gingen. Mit Mann und Roß und Wagen – wie es so schön heißt – hat uns der Herr Eisenhower sehr bald geschlagen.

Was aber das Sitzen auf Kutschers Bock anbelangt, stolz und kühn, es ist, vom Risiko des Herunterfallens abgesehen, kein reines Vergnügen: Pferde vermögen unglaublich zu furzen.

Bei der Vorführung traben die edlen Pferde mit Scheuklappen. Solche legt uns gern morgens die Zeitung an. Aber wir nehmen sie erst gar nicht.

Wo ist die Rennbahn? Meine zeigt der Stadtplan nicht, der dort, wo sie sein könnte, aufhört. So ist das immer. Lauter Werbeflächen. Die Stadt ist nicht groß. Ihre Mitte schnell erreicht am Hauptpostamt. Von hier müssen Karten verschickt werden mit dem Stempel

»Saint-Lô«! An der nächsten Ecke sind zwei junge Männer beschäftigt am Meßtisch. Jede Stadt bewegt sich ständig. Aber der Zufall, der allgegenwärtige, mit dem wir hier nicht gerechnet hatten, beschert ihnen Berliner Berufskollegen.

Sicher doch, die andere Rennbahn ist dort und dort.

So schnell gefunden, aber am angegebenen Ort nicht vorhanden. Weite Grasfläche, eingezäunt beiderseits der Straße. Zwei Dromedare, ein Esel mit Freiersglied, ein paar Pferde. Was soll das? Was nun?

Weiterfahren in Richtung Torigny-sur-Vire. Höchste Zeit zum Mittagessen! Wer zu spät kommt, den bestraft der Koch. In diesem Land der Gaumenwollust muß man um 12:00 im Lokal erscheinen und darf bis 14:00 essen. Abends erst ab 19:00, nicht früher, kaum später, und dann auch nur bis höchstens 22:00 Uhr. Wo gibt's denn so was? Hier! Bei Gott in Frankreich!

So erreichten wir die Stadt, bogen schon vor ihr links ein, »Bahnhof«, da wird wohl eine Gaststätte sein. Der Bahnhof ist ein Überbleibsel. Der letzte Zug längst abgepfiffen. Noch ist das Haus keine Erlebnisgaststätte, aber am Vorplatz öffnet sich ein Flachbau. Wem? Den Fernfahrern, Routiers genannt, die hier Rast machen. Lange Tafeln. Gedecke. In der Ecke das kalte Bufett mit erheblichen Vorspeisen und Salaten; dort auch der Nachtisch. Kaum sitzen wir, steht die Literflasche roten Landweins auf dem Tisch. Die guten Sitten. Perlhuhn oder Rehragout? Perlhuhn! Wohlgeschmack. Aber wo ist die Rennbahn?

Langsam leert sich der Raum. Die kleine Tochter der Kellnerin hüpft hin und her. Apfelkuchen zum Nachtisch.

Da kommt ein Nachzügler. Sieht, daß an unserem Tisch noch ein Gedeck liegt, grüßt, setzt sich, steht auf und holt vom Gemüsesalat eine gute Portion. Da kommt die Flasche, aber nur halbvoll. Er zögert vor der Karte, nimmt Perlhuhn.

Wir sollten aufbrechen. Die Zeit läuft. Wir wollen doch noch nach Sainte-Mère-Eglise, wo der amerikanische Fallschirmjäger am Kirchturm hängenblieb, was ihn berühmt machte. Wir wollen nach Isigny, nach Pointe du Hoc – Da fragt Jean-Claude, der sich meinetwegen heute einen freien Tag genommen hat, den Fernfahrer am Tisch, ob er vielleicht weiß, wo mal die Rennbahn bei

Saint-Lô …? Die Rennbahn ist vor vier Jahren abgerissen worden! – Auf zur Stelle, wo die Rennbahn lag! Die Dromedare und der Esel weiden dort ungestört. Das berühmte weite Feld. Nur geteilt für Fußball- oder Rugbyzwecke. Und eine lächerlich kleine Holztribüne. Keine Spur von Renntagen mehr. Also hier ist das gewesen.

Da stehst du und siehst dich nach dir um. Freies Feld. Zu frei? Ohne Deckung. Aber es kommt ja kein Tiefflieger mehr. Krieg macht Mensch zum Tier, das sich nach Schutz umsieht, den Fluchtweg ortet.

Einsteigen und weiter in Richtung Marigny. Das könnte die Straße sein, inzwischen schöner und breiter, an der wir einst lange warten mußten wegen des endlosen Lindwurms der US-Streitkräfte.

In Marigny rechts in die D29 eingebogen nach Norden. Bis zur Kreuzung, wo die D341 nach rechts bald den deutschen Soldatenfriedhof erreicht. Eingeweiht am 20. September 1961. Da waren die Deutschen gerade mit sich und der Berliner Mauer beschäftigt.

Ein abgelegenes Feld bei Marigny nahm im Sommer 1944 alle auf. Die Amerikaner begruben hier Freund und Feind. 1945/46 wurden die amerikanischen Toten auf den Friedhof St. Laurent-sur-Mer umgebettet. 1957 begann der deutsche Volksbund für Kriegsgräberfürsorge, aus zahlreichen kleinen Anlagen und Feldgräbern in rund 1400 Gemeinden die deutschen Toten umzubetten in sechs Friedhöfe in der Normandie. Marigny ist der viertgrößte mit 11169 Gefallenen.

Der Eingangsbau aus Bruchsteinmauerwerk ähnelt einer normannischen Dorfkirche. Innen fünf langgestreckte Gräberblöcke, bepflanzt; im Juli wird das voller Blüten sein. Dazwischen Gruppen massiver Steinkreuze, immer drei nebeneinander, das mittlere etwas höher; vielleicht höhere Dienstgrade repräsentierend, denn im Tode sind wir bekanntlich nicht alle gleich. Es kann aber auch eine Gestalterlaune sein, ästhetisch formiert, nach Schönheit.

Hier und dort im Gelände verteilt die drei Kreuze. Drei Kreuze schrieb der Großmutterfinger vorsichtshalber über manches. Drei Kreuze machte meine Mutter mit dem Messer auf der Unterseite jeden Brotes, bevor sie es anschnitt. Das war wohl manchen, die hier liegen, nicht fremd.

Auf quadratischen Grabzeichen aus Keramik, die über den Gräbern flach in der Erde stecken, stehen von jeweils zwei Toten »Name, Dienstgrad, Lebens- und Sterbedaten«. Es sieht so ordentlich aus. Wie ein richtiger Friedhof. Ich aber weiß, daß von manchem nur Fetzen übrigblieben. Und keine Inschrift mahnt die Überlebenden, die Nachkommen! Da kann sich die nächstmögliche Generation ansehen, wie würdig man gepflegt wird; sogar als Verlierer. Und, nicht zuletzt besonnen: Ist das der Dank des Vaterlandes, der oft erwähnte?

Aber warum müssen wir bis in den Tod uniformiert bleiben? Waren wir nicht Individuen? Groß und klein, blond und dunkelhaarig, jung und alt, und so weiter. Und müssen hier wieder militärisch geordnet liegen bis zum jüngsten Tag?

Fünfzig Jahre später, wer verirrt sich nach Marigny? Die Eltern dürften gestorben sein, die Ehefrauen wohl auch. Falls jemand käme, der Volksbund Deutsche Kriegsgräberfürsorge nennt gleich nach der Kriegsgräberstätte »Sehenswürdigkeiten um Marigny«, damit es sich lohnt. »... ein interessanter Ausflug führt zu dem berühmten Gestüt in der Nähe von Saint-Lô, wo 360 Vollblut-Pferde verschiedener Rassen gehalten werden.« Für Abwechslung ist gesorgt.

»Wenn Sie in Ihrem Urlaub in die Normandie reisen, vergessen Sie nicht, daß in diesem Teil von Frankreich erbitterte Kämpfe stattgefunden haben, deren Erbe [?] – die Soldatenfriedhöfe – abseits der Straße zu finden sind.« Und sonst kein Satz über das Warum und Wozu und Weshalb und Wofür?

Da stehst du vorn in diesem Friedhof in Marigny. Und spürst, daß auch für dich ein solches Grabzeichen aus Keramik eingelassen worden wäre mit »Name, Dienstgrad, Lebens- und Sterbedatum«. Wen kümmerst du? Deine Angehörigen, die dich ewig betrauerten, sind verblichen. Hier deutlicher sichtbar als je: Wem hätte mein Sterben in der Normandie genützt? Warum sollte ich – 11169 liegen hier – die abrundende Null geworden sein?

Wegen einer stets zu befürchtenden Zukunft mahnt der Volksbund Deutsche Kriegsgräberfürsorge nicht, denn er dient nicht zur Verhütung von Kriegsgräbern, sondern ihrer wohlgeordneten

Pflege. Gelegentliche Besucher dieser Friedhöfe spüren sein Wirken: »Samt interessantem Ausflug zum Gestüt.«

Da blieb ich wohl lieber nahe der anderen Rennbahn liegen. Und ging davon. Ins Leben.

Frauenstimmen, meist ungehört

Als Katharina die Zweite von Rußland eine Hebammenanstalt gründete, schrieb Gleim in Halberstadt ein Epigramm: Auf den Gedanken hat die Not sie wohl gebracht? / Bedenkt: Sie ließ in einer Schlacht / Durch ihre Bomben und Musketen / Zehntausende von Menschen töten!

Eingebettet in ein langes Siegeslied – und die Letten haben mehr Volkslieder als Einwohner – steht eine Klage, die ist wohl jenen Kriegen dieser Zarin und ihren Zeitgenossen zu verdanken. Plötzlich bricht der Siegesjubel zusammen, weil ein Mädchen ihren Liebsten fragt: »Wo bist du hin, Falscher? Du liebst den Krieg mehr als mich, den Tod mehr als das Leben! Wo bist du! Du hast deine Geliebte verlassen, die nach dir zielte wie ein Jäger nach Wild – nach dir sang, wie die Vögel im Frühling nach einander singen, bis sie sich gefunden haben, wo sind deine Schwüre? Was hat der Krieg, das dich reizen konnte, da du mich hattest?«

Aber vielleicht wollte, mußte er Geld verdienen durch sein Mitmachen.

»Dein Leben gehört Gott«, sagt das Mädchen, »dir und mir, oder besser Gott, mir und dir, und keinem von uns dreien gibst du es; du bringst es dem Vaterland! Kennst du dieses Ungeheuer? Ich kenne es nicht, ich mag es nicht, ich will es nicht kennen, dieses blutrünstige Tier, das seinen Weg mit Menschenleichen pflastert, um weich zu treten, und an verwüsteten Feldern und ausgebrannten Wäldern seine Lust sieht, Vaterland, wie abscheulich bist du!«

Wir verdanken diese lange Anklage – reimlos in der deutschen Fassung – dem eigenwilligen Autor Theodor Gottlieb Hippel (1741–1796), tätig als Kriminalrichter und Bürgermeister, der in seinem literarischen Hauptwerk das Leben der bürgerlichen und feudalen deutschen Herrenschicht in Kurland schildert. Geschrieben um 1780. Mit Erzähltechniken, die manche Autoren des 20. Jahrhunderts für sich erfunden zu haben glaubten.

Hippel bietet Beilagen. Bündelweise lettische Volkslieder. Die würden wir womöglich ohne ihn nicht kennen. In einem heißt es: »Ha, du Baumschänderin!« Ein Mädchen zieht den Bäumen die Rinde ab, um Leinen und Leder zu färben. »Weißt du nicht, daß die Bäume dann sterben und so langsam sterben, so langsam, wie die Leute an der stillen Ärgernis? Sieh her, du hast den Baum geärgert, zu Tode geärgert.« Das ist vor über zweihundert Jahren geschrieben und klingt, als käme es von Greenpeace.

Damals, 1773, schrieb Gottfried August Bürger seine »Lenore«, die ihren Wilhelm sucht, als das Heer zurückkehrt aus der Schlacht, in die er – mit König Friedrichs Macht – gezogen war: »Und hatte nicht geschrieben / ob er gesund geblieben.« Lenores Liebster ist nicht dabei. Er kommt nicht wieder. Verzweifelt hadert sie mit Gott und ihrem Schicksal: »Kein Sakrament mag Leben / den Toten wiedergeben.« Lenores Mutter fleht, sie möge das irdische Leid vergessen, »und denk' an Gott und Seligkeit, / So wird doch deiner Seelen / der Bräutigam nicht fehlen.«

»O, Mutter! was ist Seligkeit? / O, Mutter! was ist Hölle? / Bei ihm, bei ihm ist Seligkeit, / Und ohne Wilhelm Hölle!« Ohne ihn mag sie auf Erden nicht selig werden.

Bürgers »Lenore« ist eines der großen Gedichte, auf das wir uns berufen dürfen. Aber wer hat es gelesen? Wer lernte es kennen in der Schule?

Im lettischen Lied äußert das Mädchen ungeheure Vorwürfe gegen ihren Geliebten: »Franz, wie konntest du dich verleiten lassen? Ehre? Weißt du es? Ich weiß es nicht. Weiß dieser Fels, wenn ich sage: ein schöner Fels? Und richtet sich die abgehaune Tanne in die Höhe, wenn ich sage: ein trefflicher Baum? Hören wir, wenn wir gestorben sind? Und was ist die Ehre, wenn wir nicht hören können? Du hast falsch Geld eingewechselt, Franz; schäme dich, daß du gestorben bist!«

Das hat sich selten einer sagen lassen müssen. Mädchen haben stolz zu trauern, aber nicht zu klagen!

Doch weil es ein einfaches Mädchen ist aus dem Volke, das so spricht, und kein Berufslyriker oder Protestsänger, blieb solcher Text, für den sie bei Hitler vor den Volksgerichtshof gekommen wäre wegen Wehrkraftzersetzung, so gut wie unbekannt und wurde vergessen.

Ein Feuilletonist hat ihn wiederentdeckt. Ein zu seiner Zeit berühmter Journalist und Erzähler, der Wiener Ferdinand Kürnberger (1821–1879). Und zwar im Jahre 1870, als Preußen mit seinen deutschen Verbündeten gegen Frankreich Krieg führte.

Kürnberger: Daß ein Mädchen einen Liebhaber hatte, der im Krieg getötet worden ist: »Eine alte Geschichte! Was aber weniger alt, sondern ziemlich neu ist, das sind die Worte des Mädchens bei dieser Gelegenheit.« Kürnberger beschäftigt sich mit den Einzelheiten und sagt seinen Zeitgenossen: »Sie war eine ungebildete Person, denn sie sang gar nicht belletristisch und vaterländisch und verdienstmedaillenhaft, man findet daher ihren Gesang auch in keiner Blumenlese unserer Krieger-, Priester- und Raubstaaten, die doch so schöne Blumenlesen für ihre ›gebildete Jugend‹ haben. Ich fand ihn in einem altmodischen, längst ausgemusterten Buch, in Hippels ›Lebensläufen‹.«

Und nun wird der Feuilletonist Ferdinand Kürnberger zum geradezu klassischen Enthüller des Unterschieds zwischen der Volks- und der Poetenpoesie: »Die Poetenpoesie ließe doch reden mit sich. Sie würde deklamieren gegen den ›Krieg‹ – was sehr schön ist; gegen den ›Kabinettskrieg‹ – was noch schöner ist; gegen ›die Schlachtbank‹, auf welche die ›mündig gewordenen Völker von der Willkür der Fürsten nicht mehr sich schleppen lassen‹ – was am allerschönsten ist. Die Poetenpoesie hätte daher wohlweislich gesagt: Krieg, wie häßlich bist du! Krieg, du wohnst in einer Mördergrube! Dabei wäre alles in Ordnung geblieben. Die scheußlichen Dinge: Krieg, Kabinettskrieg, Schlachtbank läßt man sich verstecken hinter einem schönen Ding, genannt Vaterland; jene fällt man schonungslos an, dieses behandelt man mit Achtung und so macht sich die Sache. Man ist modern und human gewesen, und dabei kann doch auch die hohe Generalität, das hohe Militärbudget, der gestickte Kragen und die besternte Brust leben!«

Daran hat sich seit Kürnbergers Zeiten kaum etwas geändert. Ungeachtet zweier Weltkriege, die jener nicht einmal vorausahnen konnte. Man ist modern und human, heute wie gestern – und vielen juckt der Finger am Abzug.

Kürnberger, damals: »Wie aber, wenn man den scheußlichen Dingen ihre letzte Maske herunterreißt und das Ding geradezu bei seinem Namen nennt? Vaterland, wie abscheulich bist du! Vaterland, du wohnst in einer Mördergrube! Da hört sich alles auf. Vaterländische Poesie, vaterländische Verdienstmedaille, alles. So plump kann nur eine lettische Bauerndirne sein. Wahrscheinlich hat sie auch gar kein Vaterland – nämlich keine vaterländische goldene Verdienstmedaille.«

Kürnberger wußte genau, worüber er schrieb. In Wien ehrte man gerade die vaterländischen Toten der 1859 verlorenen Schlacht bei Solferino – das bringt eine Nacht in Wien alles wieder ein. Und in Preußen? Lieb Vaterland, magst ruhig sein.

Aber Kürnberger ist nicht ruhig. Er hat das lettische Mädchen stark im Verdacht, daß »sie auch nicht verfassungstreu ist. Alle Verfassungsurkunden aller anständigen Kulturvölker sagen nämlich, ehe sie ihre übrigen schönen Sachen sagen, gleich zuerst und im Paragraph eins: Der König hat das Recht, Krieg anzukündigen und Frieden zu schließen. Diese schöne konstitutionelle Bestimmung würde das lettische Mädchen in ihrem rohen Zorn wahrscheinlich so formulieren: Der König hat das Recht, euch umbringen zu lassen; hierauf kommen eure Volksrechte. Das schmeckt nach Hochverrat ...«

Und wenn nun Lesende, darunter viele Mädchen, Mütter und Witwen, fragen, warum solche Sätze nicht in ihren Schullesebüchern standen, also 1913, 1930, 1940 oder gar unlängst und eventuell heutzutage ...

Kürnberger: »Der Hochverrat dürfte auch sonst außer Zweifel stehen. ›Franz, wie konntest du dich verleiten lassen!‹ Wenn man bei einem Soldaten den Ausdruck ›verleiten‹ hört, so hat das nur einen Sinn: zum Treubruch verleiten. Hier aber heißt es: Zur Fahnentreue verleiten! Welche Grundsätze hat dieses Mädchen!«

Wir betrachten kopfschüttelnd die alten Photos von 1914 – blumengeschmückt von Frauen ziehen die Krieger in den Krieg, von dem sie, dank der Gnade ihrer späten Geburt, keinerlei Ahnung haben. 1939 war der Auszug stiller, bedrückter, denn die Beteiligten konnten sich erinnern. Um so heftiger war der Jubel 1940 nach dem Sieg über Frankreich ...

Kürnberger, dem »diese lettische Volksschicht ... verflucht mündig vorkam«, angesichts der vaterländischen Phrasen seiner Zeit, zitiert das lettische Mädchen: »›Schäme dich, Franz, daß du gestorben bist.‹ Hat der moderne Fortschritt dem Militärstaat je etwas Stärkeres gesagt? Ich habe die Protokolle aller Brüsseler und Genfer Friedenskongresse studiert, habe mich mit der vereinigten Weisheit von ganz Europa sattsam gesättigt; aber so imponiert hat mir nichts wie die Worte dieses Lettenmädchens.«

Das wurde vor über hundert Jahren geschrieben. Und veröffentlicht. Die Formulierung von der »vereinigten Weisheit von ganz Europa« sei nicht überlesen.

Aber wer hat es gelesen? Wer konnte, wer durfte es lesen?

Und seit wann stand auf Weitersagen die Todesstrafe?

Mag das jetzt mildernden Umständen, wie lebenslänglichem Berufsverbot – z. B. als Multiplikator – gewichen sein, so bleiben doch die unmißverständlichen Sätze des Mädchens, der Mädchen seit altersher bestehen.

Ihr müßtet nur einmal zuschauen, wie die stolzen Eltern mitsamt der Verliebten/Verlobten oder jungen Gattin der Vereidigung beiwohnen. Beiwohnen ist ein altdeutsches Wort für vollzogenen ehelichen Beischlaf.

Beiwohnen ist ein Wort für die Beiwohnenden, wenn ihr Sohn – verliebt, verlobt, verheiratet – auf dem militärisch verbrämten Altar dem Vaterland zum Opfer gebracht wird. Nicht ohne Brimborium. Das gehört dazu und ist für manchen eine Ehre. Womit wir wieder am Anfang wären …

Wie sagte das lettische Mädchen, dessen Namen wir leider nicht kennen, über das sogenannte Vaterland: »Kennst du dies Ungeheuer? Ich kenne es nicht, ich mag es nicht, ich will es nicht kennen, dieses blutdürstige Tier, das seinen Weg mit Menschenleichen pflastert …«

Was lehrt uns das?

Sie wußten, die Kriegsgefangenenlager werden sich wieder öffnen, aber die Gräber – niemals!
Stefan Heym, Reden an den Feind

Als wir zu zweit antraten, Anfang April 1942, sechzehnjährig, als verlagskaufmännische Lehrlinge im Deutschen Verlag, wußten wir, daß er einst Ullstein gehört hatte … Die Eule war noch zu sehen.

Wir landeten in der Vertriebsabteilung. Wußten nichts mit uns anzufangen am ersten Tag. Blätterten die Vertreterkartei durch, ob etwa einer so hieße wie wir. Eine freundliche Dame, klein, kurzes Schwarzhaar, beschäftigte uns irgendwomit, bis jemand unsere Laufbahn eingeteilt hätte. Als wir uns am zweiten Tag dort nutzlos umgetan hatten, sagte sie uns einen Vers auf, dessen Ende lautete: »Tedeum, ich sah Doktor Goebbels ausgestopft im Londoner Museum« – den Reichspropagandaminister. Daß sie keine Angst vor uns hatte, verblüfft mich noch heute. Oder war es ein Gesinnungstest? Eine Falle? (So wird man in jungen Jahren argwöhnisch gemacht, verliert seine Unbefangenheit.) Wir fanden den Vers unerhört komisch. Deshalb wohl blieb er haften.

Monate später. In der Vertriebsbuchhaltung, wo über ein Dutzend Leute arbeitete, brachte einer Witze mit. Über Hitler, über Göring und über den Krieg. Jeder wollte eine Kopie. Man ließ mich sie abschreiben. Ich tippte sie mit fünf Durchschlägen, dann erneut, damit sie für alle reichten. Ich war wohl in meiner Unerfahrenheit dafür geeignet. Aber war es nicht hundsgemein, daß sie mich opferten im Falle eines Falles?

Jahrzehnte später nämlich, beim Besuch der Gedenkstätte Berlin-Plötzensee, wohin jeder einmal gegangen sein sollte im Leben, las ich Todesurteile. Die hatten auch junge Menschen betroffen, hier hingerichtet, zum Beispiel wegen verbreiteter Witze über »Deutschland«, den Krieg und den Führer. Da spürte ich Hitlers Beil an meinem Hals.

Und war wieder einmal davongekommen.

Im Druckereikontor wurden wir einen Monat lang in die Technik des Zeitungsmachens eingeweiht. Lernten vom Satz bis zum Druck kennen, worauf es ankam; atmeten die inzwischen längst verflogenen Gerüche ein, der Setzerei, der Stereotypie, der Rotation. Viele Erlebnisse. In der Buchbinderei sangen die in langen Reihen sitzenden Frauen bei der Arbeit ein Volkslied nach dem anderen. Aber keines der Nazis, schon deshalb, weil man nach denen bestenfalls marschieren, aber nicht arbeiten kann. Wesentliches Merkmal.

Im Druckereikontor stand auf dem Schreibtisch des für uns zuständigen Ausbilders das Foto seines Sohnes in Uniform, postkartengroß. Darunter stand: »Er kommt nicht wieder.« Was für eine Demonstration gegen den Krieg. Und niemand wagte, etwas dagegen einzuwenden.

Wir wanderten durch die Büros. Eine Woche hier, die nächste dort. Der Ausbildungsplan war vorzüglich. Und wenn wir unsere drei Lehrjahre hätten ungestört absolvieren dürfen –

Welche Freude, fern der Schule, für das Leben zu lernen! Weil man unter Erwachsenen war, Erfahrungen sammelte, hörte und sah. Mochte Krieg sein: Er war nicht immer allgegenwärtig. Zeigte sich aber unerwartet: Mütterliche Frauen, deren Namen man wieder vergaß, sobald sie einem erklärt hatten, wie Rechnungen, Mahnungen und Belege aller Art aussehen mußten, handgeschrieben verbucht; dabei fiel mancher Satz des Bedauerns, weil ein so junger Mensch wie unsereins bald eingezogen werden würde für den Krieg … Keine meinte, aus mir müsse ein Held werden!

Eine sagte in einem der vielen Büros zu mir: »Unsere Männer, die für uns bestimmt waren, sind im Ersten Weltkrieg gefallen! Deshalb konnten wir nie heiraten!« –

Das mag am Ende des 20. Jahrhunderts lächerlich klingen in jungen Ohren. Damals aber, unter jenen Verhältnissen, war es eine Klage gegen das Schicksal. Wurde zur Anklage gegen den erlebten Krieg. Mütter waren sie nicht geworden. Jetzt hatten sie die nächste Generation vor Augen. Fühlten sich wehrlos. Waren es. Aber sie sagten es wenigstens weiter und gaben unsereinem ihre Botschaft mit auf den Weg.

Wie gesagt, wir erlebten das in den frühen vierziger Jahren des Jahrhunderts. Mancherlei wirkte so auf den sechzehnjährigen Lehrling, der sich, und das klingt gewiß wundersam, sein Eigenleben bewahrte. Ohne Einfluß vom Elternhaus. Aber vielleicht war es gerade das. Einer muß selber auf sich aufpassen und sich bewahren, vor allem vorm Unheil, das sein Staat ihm beschert.

Die Berufsschule lag nahe unserer Wohnung. Deshalb meldete ich mich so oft ich konnte zur Luftschutzwache, die wir gemeinsam mit Mitarbeitern der Stadtreinigung und anderen durchschliefen, denn erfreulicherweise erlebte ich dabei nie einen Fliegeralarm. Für jede so in schlechter Luft verbrachte Nacht bekam man zwei Mark.

Die jeweiligen Chefs wechselten ebenfalls. Zuweilen war es der Berufschuldirektor, der schickte uns zu Bett; in anderen Fällen eine Angestellte der Kartenstelle – eine Behörde, die Lebensmittelkarten und andere Bezugsscheine verwaltete. Darunter ein junges Mädchen, kaum älter als wir, und beinahe ohne Autorität. Wir saßen in dem vorgesehenen Raum – und einer stand auf und schaltete das Radio so ein, daß die BBC kam: »Hier spricht London.« Gerade zur richtigen Zeit.

Das Mädchen ließ es zu.

Das hätte ihm den Kopf kosten können. Aber wie sollte es sich gegen halbwüchsige Lümmel durchsetzen?

Wir hörten gern zu.

Was hatte ich nicht herbeigequält auf unserem Volksempfänger, der hieß so, damit das Volk nichts anderes empfangen sollte. Aber auf der Mittelwelle kam »Radio London«, wenn man sich mit Uhrmacherfingerspitzen Mühe gab. Ich hörte vielerlei.

Thomas Mann am 30. Januar 1943 zum Jahrestag: »Zehn Jahre Nationalsozialismus«. An diesem Abend aber war »Hier ist London« in Hochform. Sie sendeten kombinierte Zitate. Goebbels im Sportpalast: »Vertraut ihr dem Führer?« Und nun der Sprecher: »Dem Führer, der gesagt hat« – und darauf Originalton Hitler: Er werde Stalingrad berennen »und es auch nehmen, worauf Sie sich verlassen dürfen!«

Darauf war nun kein Verlaß mehr. Die 6. Armee hatte kapituliert. So ging es weiter, Satz für Satz. Die Goebbels-Frage: »Vertraut ihr dem Führer?« – und danach die Wahrheit, die kannten wir schon besser als er. Ein Zitat nach dem anderen. Für mich war es eine Sternstunde.

Das Gesagte, Gehörte paßte in mein Bild der Zeit, in der ich lebte. Es erwartete von mir Nachdenken und Besinnung. Auch wenn das nicht in solchen Kategorien auszudrücken geht, wenn man kaum siebzehn ist.

Das Mädchen von der Kartenstelle, wir begegneten uns einige Male, schien mich zu mögen. Es gelang nur nicht, uns zu verabreden. Die Zeit war dagegen.

Dankzettel

Ein Buch mit dem Titel »Nase im Wind« sollte Anfang 1991 erscheinen. Ein Vorhaben seit Anfang der achtziger Jahre. Dem Lesepublikum der DDR sollten die USA gezeigt werden: Wie es dort 1944/46 für einen deutschen Kriegsgefangenen ausgesehen hatte. Denn darüber war wenig veröffentlicht worden. Dazu Erlebnisse, ermöglicht 1985 durch das International Writing Programm in Iowa City, die manches Bild von damals abrundeten. Im Buch würde ein Amerika gezeigt werden, das dem DDR-genehmen USA-Bild wenig ähnelte. Bis 1988 waren Teile des Manuskripts entstanden. 1989/90 wehte neuer Wind um die Nasen der neuen deutschen Bundesbürger. Die können sich die Vereinigten Staaten nun selber ansehen.

Was aber wurde aus den ungeschriebenen Erlebnissen?

So kam es durch Zureden des Verlages zu der vorliegenden »Nase im Wind«. Schon Anfang der sechziger Jahre war eine Erzählung entstanden: »Anfang für Arche«; meine Erlebnisse im Juli 1944 in der Normandie. Die »Wochenpost« druckte die Geschichte in Fortsetzungen ab Mitte März 1970. Bald aber meldete sich die Abteilung Agitation im Zentralkomitee der SED: In meiner Erzählung kämen ja so furchtbar viele Amerikaner vor. Gerade bereite man den 25. Jahrestag der Befreiung durch die Sowjetarmee vor. Wozu da diese vielen Amerikaner!

Bei Einwänden jeglicher Art befragte man nie den Autor, sondern seine Vorgesetzten. Den Verlagsdirektor, den Cheflektor oder in diesem Falle die Chefredaktion. Erst neulich, als wir von alten Zeiten sprachen, erfuhr ich von diesen Einwänden durch Klaus Polkehn; mir seit Jahrzehnten freundschaftlich verbunden. Er amtierte seinerzeit als Stellvertreter des Chefredakteurs und reagierte schlagfertig, indem er antwortete, es sei schwer vermeidbar, an der Invasionsfront Amerikaner zu erwähnen. Dennoch kein Grund zur Besorgnis. Er kenne die nächsten Fortsetzungen, in denen kämen immer weniger Amerikaner vor.

Polkehn, um sein leichtsinniges Versprechen nachzuprüfen, las den Rest und zählt: »In Nr. 11 fand ich 25 Amerikaner, Amis und Amerika, in Nr. 12 und 13 jeweils 14, in Nr. 14 nur noch 7 und in Nr. 15 gar nur 4.« Er reduzierte die Amerikaner ein wenig und schrieb mir 1993: »Du warst entweder nicht da, oder ich hielt eine Debatte über den Vorgang für wenig sinnvoll. Jedenfalls hat die Sache geklappt – ich hatte weder trouble mit ihm noch mit Dir.« Damals hätte ich, es erfahrend, mich sicher sehr aufgeregt. Wozu? Solche Vorgesetzten wie Klaus Polkehn haben viel für das Wohlbefinden der Autoren und das damalige Weiterleben der »Wochenpost« getan.

Meine 1985 verstorbene Mutter Fridl Knobloch hat sämtliche Post von mir vom Tag der Einberufung zum Reichsarbeitsdienst, danach aus Wehrmachtszeit und Kriegsgefangenschaft aufbewahrt. Wie manch andere Mutter, die ihren Sohn beweinte, weil er nicht wiederkam. Auch mein Vater Gerhardt (1899–1968) hatte meine Briefe aufgehoben, ungeachtet aller Rückzüge. So verdanke ich meinen Eltern manche Einzelheit. Mich beruhigte seinerzeit, daß meine Eltern noch 1944 erfahren hatten, ich sei in Übersee und in Sicherheit.

Michael Augustin in Bremen sorgte 1988 dafür, daß ich zum erstenmal ein deutsches Denkmal sehen konnte: Gewidmet dem unbekannten deutschen Deserteur. Es steht, vorm Zugriff des neuen deutschen Militärs bewahrt, im Gustav-Heinemann-Bürgerhaus in Bremen-Vegesack.

Peter und Liane Hüne, Berlin, luden mich Ende 1993 in die Normandie ein, fuhren in ihrem Urlaub tagelang mit mir von Caën durch die einst umkämpfte Küstengegend bis nach Saint-Lô. Dort war Jean-Claude Tresni aus Troarn hilfreich anwesend. Autorenerlebnis: Leser fördern auf diese Weise ein Buch, das sie erwarten.

Dank für ihr Beitragen (1987) an Siegfried und Lore Krömer. Und an manch andere, die hartnäckig dieses Buch von mir verlangten. Es entstand mit freundlicher Unterstützung durch die Stiftung Preußische Seehandlung.

Gedenkzettel

Für den unvergessenen Freund Horst Bartsch (1926–1989), den Graphiker und Maler, der 1976 das Buch »Der Blumenschwejk« und darin »Anfang für Arche« so illustrierte wie eben einer, der auch dabeigewesen war.

Für meine deutschen Nebenmänner von damals, die Hitlers für sie tödlichen Krieg auch nicht gewollt hatten.

Für die alliierten Soldaten und Offiziere, die uns vom Nationalsozialismus befreiten, und alle, die dabei ums Leben kamen.

Für die deutschen Deserteure!

Berlin, im April 1994

Literatur

Alfred Andersch: Die Kirschen der Freiheit, Frankfurt/M., 1952
Norbert Haase: Deutsche Deserteure, Berlin 1987
Stefan Heym: Reden an den Feind, München 1986
Heinz Knobloch: Der Blumenschwejk, Halle/S. 1976
Janusz Piekalkiewicz: Invasion – Frankreich 1944, München 1979
Reservisten verweigern sich. Dokumentation: Dem unbekannten Deserteur, Bremen 1988